WALTER KERBER

Die Verteilungstheorie von Kenneth E. Boulding

Volkswirtschaftliche Schriften

Herausgegeben von Dr. J. Broermann, Berlin

Heft 103

Die Verteilungstheorie von Kenneth E. Boulding

Von

Dr. phil. Dr. rer. pol. Walter Kerber

DUNCKER & HUMBLOT / BERLIN

Gedruckt 1966 bei Berliner Buchdruckerei Union GmbH., Berlin 61
Printed in Germany

Inhaltsverzeichnis

Verzeichnis der wichtigsten verwendeten Symbole

Die Seitenzahlen in Klammern geben an, wo in dieser Arbeit das betreffende Symbol eingeführt wird.

C	(C_h) Haushaltsabsorption (S. 41 bzw. S. 35)
D	Gesamtheit der Ausschüttungen der Unternehmen an Haushalte in Form von Dividenden, Mietzahlungen und Zinsen (S. 34)
F	Staatliche Verschuldung (S. 84)
G_b	Nettowert der gesamten Unternehmen einer Volkswirtschaft (S. 31)
G_h	Nettowert der gesamten privaten Haushalte einer Volkswirtschaft (S. 32)
I	Unternehmensabsorption (Investition) (S. 41)
K_g	Forderungen der Unternehmen an den Staat (S. 76)
K_g'	Forderungen des Staates an die Unternehmen (S. 76)
K_h	Forderungen der Unternehmen an Haushalte (S. 31)
K_h'	Forderungen der Haushalte an Unternehmen (S. 31)
K_{hg}	Forderungen der Haushalte an den Staat (S. 79)
K_{hg}'	Forderungen des Staates an Haushalte (S. 79)
M_b	Geldbestände in Kassen von Unternehmen (S. 31)
M_h	Geldbestände in Kassen von Haushalten (S. 32)
Q_b	Güter im Besitz der Unternehmen (S. 31)
Q_h	Güter im Besitz der Haushalte (S. 32)
T	Transferfaktor: $dM_b + dK_h - dK_h' + D$ (S. 35)
T_b	Steuern, die von den Unternehmen zu zahlen sind (S. 77)
T_h	Steuern, die von den Haushalten zu zahlen sind (S. 79)
V	Bruttogewinne der Unternehmen (S. 41 bzw. S. 34)
v	Gewinnquote (= V/Y) (S. 41)
W	Gesamtes Lohneinkommen einschließlich Angestelltengehälter (S. 41 bzw. S. 35)
w	Lohnquote (= W/Y) (S. 41)

Einleitung

Die Verteilung des Volkseinkommens kann in zweifacher Hinsicht zum Gegenstand wissenschaftlicher Untersuchung gemacht werden: Man kann im Sinne einer Zielvorstellung danach fragen, welche Einkommensverteilung im Hinblick auf eine gerechte soziale Ordnung als sittlich verpflichtend aufgegeben oder als erwünscht angesehen werden kann (die *normative* Fragestellung). Man kann aber auch nach den Ursachen und wirtschaftlichen Zusammenhängen fragen, aus denen sich die tatsächliche Einkommensverteilung erklären läßt (die *explikative* Fragestellung). In beiden Fällen beschäftigt man sich nicht so sehr mit dem *individuellen* Einkommensbezug, sondern mit der relativen Höhe des Einkommens ganzer *sozialer Gruppen,* wobei sich noch die zusätzliche Frage stellt, nach welchen Gesichtspunkten die Wirtschaftssubjekte gruppiert werden sollen[1].

Die normative Fragestellung nach einer erwünschten Einkommensverteilung gehört in die *Sozialethik* und ist von der explikativen Frage nach den Gesetzmäßigkeiten der tatsächlichen Einkommensverteilung streng getrennt zu halten, mit der sich die *Wirtschaftstheorie* als Einzelwissenschaft beschäftigt. Die besondere Aufmerksamkeit, die die verteilungstheoretischen Zusammenhänge in der Geschichte der Nationalökonomie gefunden haben, wurde allerdings fast immer vom Suchen des Menschen nach einer gerechten Verteilung ausgelöst, und so sind die beiden Fragestellungen selten ganz unabhängig voneinander behandelt worden.

Wer eine bestehende Einkommensverteilung als unbefriedigend empfindet und im Sinne eines aus sozialethischen Überlegungen gewonnenen Maßstabs der Gerechtigkeit umgestalten möchte, muß zunächst die Ursachen und Zusammenhänge zu erkennen suchen, welche die tatsächliche Einkommensverteilung bestimmen. Der Wirtschaftspolitiker bedarf der Einsichten des Theoretikers, um mit seinen Maßnahmen an den Ursachen der tatsächlichen Verteilung ansetzen und ihre Auswirkungen abschätzen zu können. Im übrigen ließen sich auch gelegentlich ethische Fehlurteile leichter vermeiden, würde man die Erkenntnisse der Wirtschaftstheorie genügend berücksichtigen, die manche wirtschaftlichen Erscheinungen als unter gegebenen Voraus-

---

[1] Vgl. Erich *Preiser,* Art.: Distribution, in: Handwörterbuch der Sozialwissenschaften, Bd. II, Göttingen-Tübingen 1959, 620 f.

setzungen notwendig miteinander verknüpft, andere als unvereinbar nachweisen. In dieser Arbeit soll das Verteilungsproblem unter ausschließlich wirtschaftstheoretischer Rücksicht behandelt werden, wenn das Interesse an sozialethischen Fragen auch als ursprüngliches Motiv dahintersteht.

Die Frage nach den Bestimmungsgründen der Einkommensverteilung, die von *Ricardo* noch als das Hauptproblem der Nationalökonomie überhaupt angesehen worden war[2], hat eine Zeitlang nur verhältnismäßig geringe Beachtung gefunden. Man glaubte, sie mit den Methoden der Preistheorie im wesentlichen lösen zu können. Nach der bis vor kurzem vorherrschenden Grenzproduktivitätstheorie kam jedem der an der Produktion beteiligten Faktoren ein Entgelt in Höhe seines produktiven Beitrages zu, der nach seiner relativen Seltenheit bewertet wurde. Die Verteilungsfrage entschied sich auf dem Markt der Produktionsfaktoren. Abgesehen von monopolistischer Preisbeeinflussung ließ sich die personelle Verteilung nur durch eine nachträgliche Redistribution verändern.

Heute rückt die Verteilungstheorie wieder zunehmend in den Mittelpunkt wirtschaftswissenschaftlichen Interesses. Der Grund dafür mag teilweise auf politischem Gebiet zu suchen sein. In der westlichen Welt hatte man lange Zeit gehofft, die seit Beginn des 19. Jahrhunderts aufgetretenen sozialen Spannungen zwischen den Beziehern von Lohneinkommen und Kapitaleinkommen durch erhöhtes Wirtschaftswachstum, also durch eine Ausdehnung des Sozialproduktes, überwinden zu können. Damit wäre die geistige Auseinandersetzung mit dem marxistischen Kommunismus eindeutig zugunsten des kapitalistischen Wirtschaftssystems entschieden worden. Nahm doch der Kommunismus seinen historischen Ausgangspunkt vom Verteilungsproblem, und seine hauptsächliche Anziehungskraft liegt noch heute in dem Anspruch, eine gerechtere Einkommensverteilung als jedes andere Wirtschaftssystem zu ermöglichen. Es hat sich jedoch gezeigt, daß die Forderung nach gleichmäßigerer Einkommensverteilung auch bei steigendem Pro-Kopf-Einkommen nicht verstummt. In der Bundesrepublik Deutschland insbesondere wird es als unbefriedigend empfunden, daß der seit dem Ende des zweiten Weltkrieges erwirtschaftete Zuwachs an Produktivvermögen fast ausschließlich den Beziehern von Besitzeinkommen zugeflossen ist. Durch diese Entwicklung wurde die Aufmerksamkeit der breiten Öffentlichkeit auf die Tatsache gelenkt, daß eine allmähliche Angleichung der Einkommen und Vermögen weder über die frei wirkenden Kräfte des Wirtschaftssystems selbst, noch durch ge-

---

[2] David *Ricardo*, Grundsätze der Volkswirtschaft und Besteuerung, Nach der Ausgabe letzter Hand ins Deutsche übertragen von Heinrich *Waentig*, Jena 1923, 2.

werkschaftlichen Druck erreicht werden kann, weil in einer modernen Wirtschaft die Verteilung noch von anderen Faktoren abhängt als den Knappheitsverhältnissen auf dem Markt der Produktionsfaktoren.

Anlaß zu einer intensiveren Beschäftigung mit distributionstheoretischen Problemen waren aber vor allem auch neue Entwicklungen im Bereich der Wirtschaftswissenschaft, insbesondere die Wendung zur Makroökonomik, wie sie im Werk von J. M. *Keynes* zum Durchbruch kam. Zwar hat J. M. Keynes keine Verteilungstheorie vorgelegt, doch enthielten seine Werke Ansätze, die auf die Entwicklung einer makroökonomischen Verteilungstheorie hindrängten.

Trotz des wachsenden Interesses ist der heutige Stand der Distributionstheorie jedoch keineswegs befriedigend. Zwar besitzen wir eine ganze Fülle verschiedenartiger Ansätze und Modelle, aber noch keine so eindeutige und allgemein anerkannte Theorie, wie man es bei der Bedeutung der Frage und dem Alter der Wissenschaftsdisziplin eigentlich erwarten könnte.

Damit stellt sich die Aufgabe, einzelne repräsentative Distributionsmodelle, vor allem wenn sie zu überraschenden Ergebnissen führen, einer eingehenden und gründlichen kritischen Prüfung auf ihre methodischen Grundlagen und ihre erkenntnistheoretische und logische Unanfechtbarkeit zu unterziehen bis zu dem Punkt, wo sich über ihre richtigen und falschen Elemente klare Aussagen machen lassen. So werden sich aus der Fülle der angebotenen Modelle die falschen Ansätze ausscheiden und der Weg zu einer einheitlichen Distributionstheorie ebnen lassen.

Mit dieser Absicht soll in dieser Arbeit die Verteilungstheorie von Kenneth E. *Boulding*, einem führenden amerikanischen Nationalökonomen englischer Abstammung, dargestellt und kritisch gewürdigt werden. Boulding war einer der ersten, die die Anregungen von J. M. Keynes aufgriffen und für eine makroökonomische Verteilungstheorie moderner Prägung fruchtbar zu machen suchten. In zwei Gastvorlesungen an der Indiana University in Bloomington 1948/49 legte er zum ersten Mal den Entwurf seiner Theorie vor[3], den er später mit unwesentlichen Änderungen in sein theoretisches Hauptwerk übernahm[4]. Er suchte darin unter Anknüpfung an die Lohnfondstheorie der Klassiker die Verteilung auf bisher unbeachtete makroökonomische

---

[3] Kenneth E. *Boulding*, The Background and Structure of a Macro-Economic Theory of Distribution, in: Economic Theory in Review, ed. C. Lawrence *Christenson*, Bloomington, Ind. 1950, 66—81, künftig zitiert als: Background and Structure; The Models for a Macro-Economic Theory of Distribution, Ebd., 82—95, künftig zitiert als: Models.

[4] Kenneth E. *Boulding*, A Reconstruction of Economics, New York and London 1950, Neudruck mit neuem Vorwort New York 1962, künftig zitiert als: Reconstruction, [1]1950 bzw. [2]1962.

Zusammenhänge zurückzuführen und stellte seinen Grundgedanken in zwei mit verschiedenen Verhaltensannahmen arbeitenden Gleichgewichtsmodellen dar. In „Reconstruction" erweiterte er seinen Ansatz zu einem geschlossenen System, indem er auch den Einfluß des Geldwesens und der Finanzpolitik in seine Überlegungen einbezog. Allerdings waren die in den Modellen verwendeten Verhaltensannahmen noch wenig wirklichkeitsnah und deshalb unbefriedigend. Sein Bemühen, die ihm als entscheidend erscheinenden Zusammenhänge noch allgemeingültiger und wirklichkeitsnaher herauszuarbeiten, führte schließlich zu einem dritten Gleichgewichtsmodell, das er in zwei 1951 und 1953 veröffentlichten Vorträgen als die endgültige Fassung seiner Verteilungslehre vorlegte[5]. Boulding hat diese seine Verteilungslehre von Anfang an als einen seiner bedeutendsten Beiträge zur Wirtschaftstheorie angesehen[6] und noch 1962 seine Überzeugung von der grundsätzlichen Richtigkeit seines Ansatzes zum Ausdruck gebracht[7].

In der Fachwelt fand die Verteilungstheorie Bouldings, vor allem in der in „Reconstruction" vorgelegten Form, wenig günstige Aufnahme. Von den Einwänden kehrt vor allem der eine häufig wieder, Boulding habe die Interdependenz der in seinen Modellen verwendeten Variablen nicht genügend beachtet. Auf alle Fälle gilt Boulding aber als einer der Hauptvertreter einer Keynesschen „Witwenkrug"-Theorie der Verteilung und übt als solcher bis heute einen nachhaltigen Einfluß aus. Eine umfassende und ins einzelne gehende Darstellung und Kritik dieser Theorie in ihren verschiedenen Versionen scheint bisher noch nicht versucht worden zu sein.

Im ersten Teil dieser Arbeit soll die Verteilungstheorie von Boulding in ihren gemeinsamen Zügen und ihren drei Ausgestaltungen zunächst einmal *dargelegt* und möglichst getreu und vollständig entfaltet werden.

Im zweiten, kritischen Teil soll nicht so sehr die Wirklichkeitsnähe der gemachten Annahmen als vor allem die *Methode,* mit der Boulding zu seinen Ergebnissen gelangt, eingehend geprüft werden. Zu diesem Zweck muß die generelle Brauchbarkeit der modelltheoretischen Methode grundsätzlich untersucht werden, da deren Geltung auch heute noch immer nicht unbestritten ist. Es wird also in den beiden ersten Abschnitten des kritischen Teils auf die Angriffe einzugehen sein, die seit dem Erscheinen der Theorie Bouldings gegen die modelltheore-

---

[5] Kenneth E. *Boulding,* The Fruits of Progress and the Dynamics of Distribution, in: The American Economic Review (Papers and Proceedings) 43 (1953) 473—83, künftig zitiert als: Fruits of Progress; Kenneth E. *Boulding,* Wages as a Share in the National Income, in: The Impact of the Union, ed. David McCord *Wright,* New York 132—48, künftig zitiert als: Wages.

[6] Vgl. Reconstruction, [1]1950, Preface.

[7] Vgl. Reconstruction, [2]1962, Preface.

tische Behandlung des Verteilungsproblems von zwei entgegengesetzten erkenntnistheoretischen Richtungen aus geführt worden sind.

Ein weiterer Abschnitt wird sich mit dem Einwand auseinandersetzen, die von Boulding gewählte und in der Nationalökonomie weitgehend übliche Problemstellung sei unrealistisch, seine Analyse vollziehe sich auf einem zu hohen Abstraktionsgrad und sei deshalb für die Verteilungsfrage von vornherein unbrauchbar.

Schließlich wird Schritt für Schritt zu überprüfen sein, ob Boulding auf logisch unanfechtbare Weise seine Ergebnisse ableitet. Da er seine Modelle mit großer Eleganz zu konstruieren versteht, bleibt zu verfolgen, wie sich Mängel des Ansatzes durch die einzelnen Modelle hindurch auswirken. Dabei soll vornehmlich immanente Kritik geübt werden, ohne ein fremdes Verteilungsmodell als Maßstab der Beurteilung zugrundezulegen.

Für reiche Anregung und wohlwollende Unterstützung sei an dieser Stelle den Herren Professoren der Rechts- und Staatswissenschaftlichen Fakultät der Universität Freiburg im Breisgau gedankt, von der diese Arbeit als Dissertation angenommen wurde. Besonders herzlicher Dank gebührt Herrn Prof. Dr. J. Heinz Müller, der den Anstoß zur Wahl dieses Themas gegeben und mich bei meinen Studien in vielfacher Weise gefördert hat.

Pullach bei München, im Mai 1966

Walter Kerber

Erster Teil

Darstellung der Verteilungstheorie von Boulding

A. Grundlagenfragen

1. Die Aufgabe: Eine makroökonomische Theorie der Verteilung

Boulding legte einen neuen Lösungsversuch des verteilungstheoretischen Problems vor, weil er den Stand der Verteilungstheorie für unbefriedigend hielt. In der lange Zeit vorherrschenden Grenzproduktivitätstheorie wurde die Frage nach der Verteilung des Sozialprodukts als ein *mikroökonomisches* Problem behandelt, das sich mit den Methoden der Preistheorie behandeln läßt. Die Frage der persönlichen Einkommensverteilung unter die verschiedenen Klassen der Bevölkerung wird zurückgeführt auf die funktionale Verteilung, d. h. die einzelnen Personen oder Klassen von Personen beziehen Einkommen entsprechend den Produktionsfaktoren, die sie besitzen. Jeder Faktor „produziert" Einkommen, das dem Konto des Eigentümers des Faktors gutgeschrieben wird[1].

So läßt sich das persönliche Einkommen aus drei Elementen ableiten: dem *Vermögensbesitz* (wobei Boulding auch persönliche menschliche Eigenschaften, Wissen und Fähigkeiten zum Vermögen zählt), dem *Nutzungsgrad* dieses Vermögens und dem *Preis,* der für die Nutzung dieses Vermögens bezahlt wird. Die Vermögensverteilung wird als von außen durch historische Umstände wie Erbschaft und Ersparnisse vorgegeben angenommen; der Grad der Vermögensnutzung wird als ein Problem der Theorie der Unternehmen und Haushalte angesehen, das sich mit Hilfe von Indifferenzkurven lösen läßt; das Problem des Preises der Nutzung aber wird als ein Spezialfall der Preistheorie behandelt. Entsprechend dieser Auffassung läßt sich das Problem der Einkommensverteilung mit Hilfe der mikroökonomischen Theorie lösen.

Boulding gibt zu, daß die Grenzproduktivitätstheorie die Nachfrage der Unternehmen nach Produktionsfaktoren einigermaßen zufrieden-

---

[1] Vgl. Background and Structure, 66—69; Reconstruction, 243—45. Soweit der Text von „Reconstruction" nicht von dem früheren Aufsatz „Background and Structure" abweicht, wird im Folgenden nur nach „Reconstruction" zitiert.

stellend zu erklären vermag. Wichtige Fragen der Verteilung aber bleiben im Dunkel. Die Verteilungslehre fragt nicht nach den Einzellöhnen einer bestimmten Branche, sondern nach dem allgemeinen Lohnniveau. Die Angebots- und Nachfragekurven lassen sich aber für die Gesamtwirtschaft nicht ohne weiteres aus den Einzelkurven aggregieren, und so vermag die Theorie nichts über die Auswirkungen einer allgemeinen Lohnerhöhung auf Beschäftigung und Produktmenge auszusagen. Ferner ist die Verteilungslehre in erster Linie an den Reallöhnen, nicht an den Nominallöhnen interessiert. Eine mikroökonomische Theorie kann die Löhne einer bestimmten Branche aber nur zu dem Produkt dieser Branche in Beziehung setzen, nicht zur Gesamtheit der produzierten Güter. Weil so eine mikroökonomische Theorie die Auswirkungen einer Lohnerhöhung für einen bestimmten Sektor der Wirtschaft nur unter der Voraussetzung ceteris paribus untersuchen kann, vermag sie die eigentlich verteilungstheoretisch interessante Frage nicht zu lösen, ob eine *allgemeine* Erhöhung der Nominallöhne auch zu einer Erhöhung der Reallöhne führen wird und damit zu einer anderen Verteilung.

Darum möchte Boulding eine *makroökonomische* Verteilungstheorie entwickeln, die sich nicht mit Einzelgrößen befaßt, sondern mit aggregierten Größen, nicht mit Einzeleinkommen, sondern mit dem Gesamteinkommen, nicht mit individuellen Preisen, sondern mit den Preisspiegeln, nicht mit Einzelprodukten, sondern mit dem Sozialprodukt.

Nun gab es zwar schon vor Boulding makroökonomische Theorien der Verteilung, an die er anknüpfen konnte, doch hält er diese für wenig zufriedenstellend und in einzelnen Punkten für ausgesprochen falsch. Gegen die Lohnfondstheorie von *Smith* und *Ricardo* wendet er ein, sie verwechsle Vermögensbestände und Einkommensströme. Ihr Niedergang habe aber auch den klassischen dynamischen Ansatz in Trümmer gelegt, und „keine adäquate makroökonomische Distributionstheorie hat je diese Lücke wieder ausgefüllt“[2].

Die *Marxsche* Lohntheorie hingegen wird von Boulding nicht mehr als ein ernstzunehmender Beitrag zur Verteilungstheorie angesehen, weil sie von der Geschichte widerlegt worden sei. Die Löhne seien nicht auf das Subsistenzminimum gesunken, vielmehr lasse sich eher eine konstante oder gar steigende Lohnquote bei einem stark wachsenden Volkseinkommen feststellen. Die Gewinne zeigten keine merkliche langfristige Abnahme. Das Renteneinkommen verschlinge nicht mehr und mehr die Früchte des Fortschritts, sondern werde als Teil des Volkseinkommens immer unbedeutender. Dennoch sieht Boulding im Marxismus eine Gefahr: Eine derartige „großartige dynamische Theo-

---

[2] Fruits of Progress, 473.

rie“ scheine wegen ihrer Eleganz mächtiger zu sein als alle Tatsachen der Welt. Darum hält Boulding es für nötig, der klassischen und der marxistischen Theorie eine entsprechende makroökonomische, dynamische Theorie entgegenzusetzen, die das Grundproblem der Klassiker wieder aufgreift, wie sich nämlich das gesamte Volkseinkommen auf Arbeitseinkommen und Nichtarbeitseinkommen verteilt[3].

2. Die klassische Verteilungstheorie

Boulding legt selbst eine modelltheoretische Analyse der Verteilungslehre der Klassiker vor, die er mit eigenen graphischen Darstellungen erläutert[4]. Es geht ihm dabei offenbar nicht so sehr um geschichtliche Genauigkeit als um die Herausarbeitung eines Ansatzes, den er selbst wieder aufgreifen möchte. Die Art, wie Boulding die Klassiker darstellt, bietet somit eine gute Einführung in sein eigenes Denken und soll darum hier wiedergegeben werden.

In der klassischen Theorie wird die Lohnquote als durch den Lohnfonds bestimmt angesehen, der wiederum irgendwie von den Entscheidungen der Kapitalisten abhängt. Wie im einzelnen der Lohnfonds zustandekommt, bleibt in der klassischen Nationalökonomie unklar — und hier liegt eine Schwäche des Systems, die Boulding überwinden möchte.

Die klassische Nationalökonomie teilt das gesamte Volkseinkommen (Nettosozialprodukt zu Faktorkosten) in drei Bestandteile ein: Lohn, Grundrente und Gewinn. Boulding vereinfacht (wie Marx) die Problematik noch weiter, indem er zwischen Grundrente und Gewinn nicht unterscheidet. Nimmt man einmal mit den Klassikern den Lohnfonds als gegeben an, so ist dann das restliche Einkommen („Nichtarbeitseinkommen“) ein Residuum (der „Mehrwert“ im Sinne von Marx): Es ergibt sich als die Differenz zwischen dem Gesamteinkommen und dem Lohneinkommen. Diesen makroökonomischen Grundansatz übernimmt Boulding von den Klassikern auch für seine eigenen Modelle.

Die klassische Verteilungslehre kann *dynamisch* genannt werden in dem Sinn, daß sie eine Theorie der wirtschaftlichen Entwicklung sein will und festzustellen sucht, was im „Fortschritt der Gesellschaft“ geschieht. Grundlegend ist die Annahme, daß es eine durchschnittliche Lohnhöhe gibt, oberhalb deren die Bevölkerung unbegrenzt zunimmt, unterhalb deren sie unbegrenzt abnimmt. Diese durchschnittliche Lohnhöhe ist das Existenzminimum (nicht notwendigerweise das physische Subsistenzniveau), bei dem das Arbeitsangebot als vollkommen elastisch

---

[3] Ebd.
[4] Wages, 123—48, bes. 123—33.

angenommen wird. Diese durchschnittliche Lohnhöhe läßt sich errechnen als der Quotient aus Gesamtlohnsumme (Lohnfonds) und Bevölkerungszahl, wobei zwischen Gesamtbevölkerung und arbeitender Bevölkerung kein Unterschied gemacht wird.

Die Bevölkerungszahl ist damit langfristig eine abhängige Variable des Lohnfonds. Ist beispielsweise der Lohnfonds konstant, aber liegt der Durchschnittslohn über dem Existenzminimum, dann wird die Bevölkerungszahl wachsen, bis der Durchschnittslohn (Lohnfonds geteilt durch Bevölkerungszahl) auf das Existenzminimum gesunken ist.

In Wirklichkeit hält sich aber der Lohnfonds nicht konstant, sondern wächst mit wachsendem Kapital. Darum läßt sich die geschichtliche Entwicklung des Durchschnittslohns als das Ergebnis eines Wettlaufs zwischen dem Bevölkerungswachstum und der Kapitalakkumulation verstehen. Überholt in diesem Wettlauf das Bevölkerungswachstum die Zunahme des Kapitalstocks, so sinkt der Durchschnittslohn. Am Ende des Wettlaufs muß nach Auffassung der Klassiker das Bevölkerungswachstum siegen[5] und die Lohnhöhe auf das Existenzminimum zurückgehen.

Boulding stellt diese Zusammenhänge in eleganten Diagrammen dar. Nimmt man an, das gesamte Volkseinkommen (Y) sei eine Funktion der Bevölkerung (P) und des Kapitalstocks (C), dann stellt in Abb. 1 die Ordinate die Bevölkerungszahl, die Abszisse den Kapitalstock und die ausgezogenen Kurven (mit den Indizes 100, 200 etc.) das Volkseinkommen dar (Y-Isomeren). Der Abstand dieser Isomeren nimmt nach rechts und oben hin zu, womit das Gesetz des abnehmenden Ertragszuwachses angedeutet wird. Eine Zunahme an Kapital und Bevölkerung vermehrt das Volkseinkommen, jedoch mit abnehmender Rate, weil angenommen wird, daß ein anderer Faktor, der Boden, nicht vermehrt werden kann. Die Linkskrümmung der Y-Isomeren stellt die Abnahme der Grenzrate der Substitution zwischen Bevölkerung und Kapital dar, eine für das Modell nicht notwendige, aber der Wirklichkeit vermutlich entsprechende Annahme.

Teilt man nun das Gesamteinkommen, das den einzelnen Punkten auf dem Feld entspricht, durch die entsprechende Bevölkerungszahl, so läßt sich daraus das Pro-Kopf-Einkommen, die Einkommenshöhe, errechnen. Die gestrichelten Linien (mit den Ziffern 10, 20 etc.) geben das Pro-Kopf-Einkommen entsprechend dem verschiedenen Verhältnis von Bevölkerungszahl und Kapital an. Die Krümmung der Kurve ist eine Folge der Annahme vom abnehmenden Ertragszuwachs (wegen der Konstanz des Produktionsfaktors Boden). Damit also das Pro-Kopf-Einkommen konstant bleibt, muß das Kapital dauernd schneller

---

[5] „Creation being no match for procreation", Wages, 124.

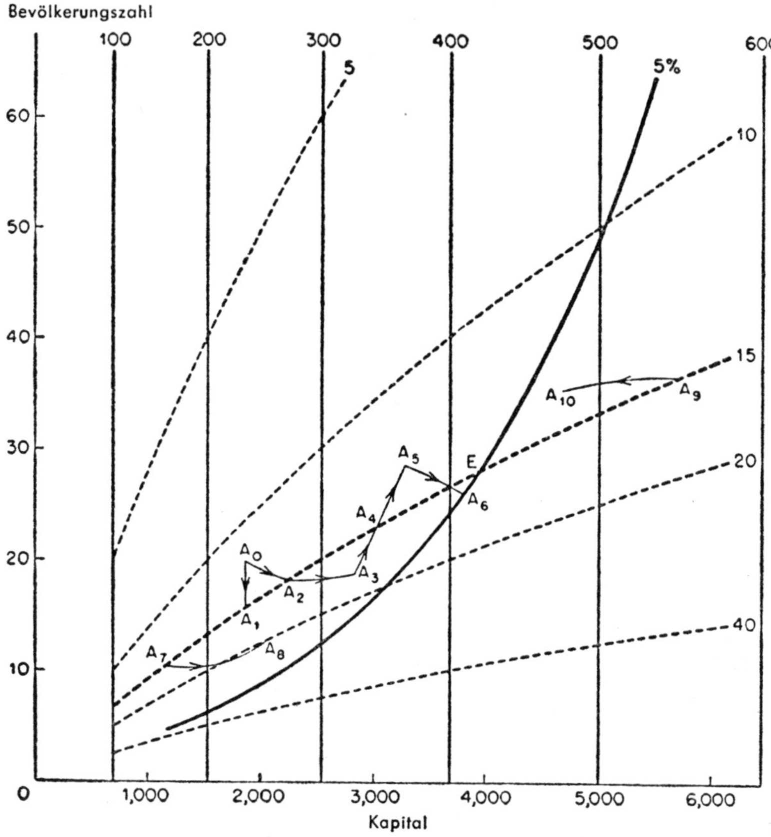

Abb. 1: Volkseinkommen

wachsen als die Bevölkerung. Ist die Wachstumsrate der Bevölkerung gleich der des Kapitals (wie durch die 45°-Linie OT dargestellt), nimmt das Pro-Kopf-Einkommen dauernd ab.

Im klassischen System wird das gesamte Arbeitseinkommen (Lohnfonds) als eine Funktion des Kapitals, nicht der Bevölkerungszahl, angesehen. Die extreme Form der Lohnfondstheorie nimmt an, daß das Lohneinkommen in *konstantem* Verhältnis zum Kapital steht; doch diese Annahme ist für das System nicht notwendig. In Abb. 2 wird in einem ähnlichen Diagramm wie in Abb. 1 zunächst der jedem Kapitalstock entsprechende Lohnfonds in senkrechten Linien abgetragen (die Linien mit den Ziffern 100, 200, 300 usw.). Der zunehmende Abstand der Linie bei zunehmendem Kapitalstock geht von der — keineswegs notwendigen, aber nicht unwahrscheinlichen — Annahme aus, daß der Lohnfonds nur mit abnehmender Rate zunimmt.

Aus diesen Kurven des Lohnfonds lassen sich die Kurven der durchschnittlichen Lohnhöhe bilden, da ja der Durchschnittslohn als der Quotient aus Lohnfonds und Bevölkerungszahl definiert ist, wenn man wieder Gesamtbevölkerung und arbeitende Bevölkerung gleichsetzt. Die gestrichelten Linien in Abb. 2 (mit den Indices 5, 10, 15, 20, 40) stellen diese verschiedenen Lohnniveaus dar, die sich je nach Kapitalstock und Bevölkerungszahl ergeben.

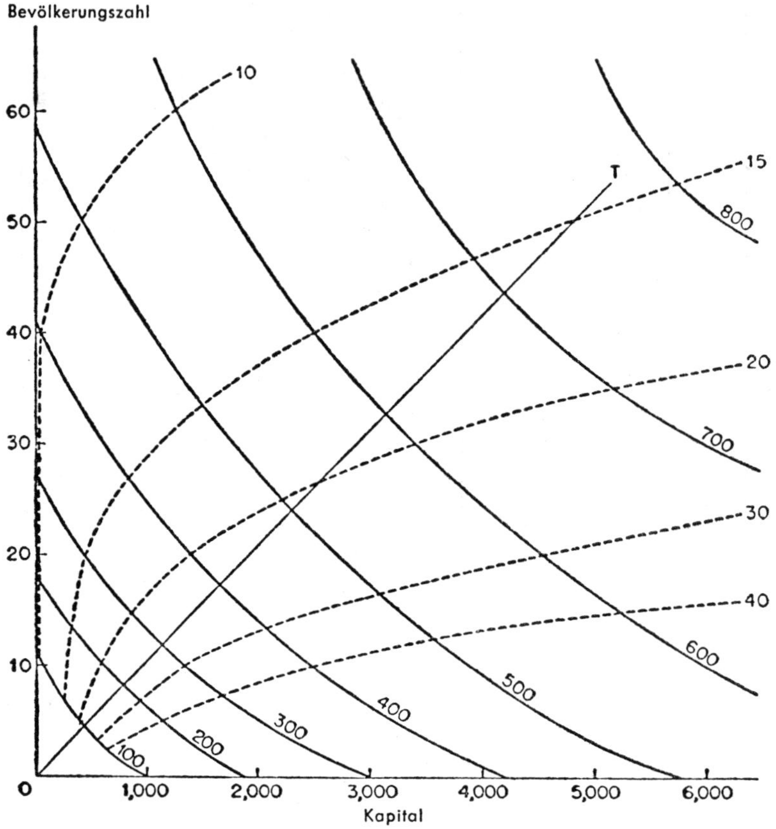

Abb. 2: Lohnfonds, Lohnhöhe und Bevölkerungszahl

Mit Hilfe dieses Modells erklärt Boulding die Bevölkerungslehre der Klassiker. Nimmt man beispielsweise an, das Existenzminimum liege bei 15 Einheiten, dann führt ein geringeres Einkommen als 15 Einheiten, in der Abbildung dargestellt durch einen Punkt oberhalb und links der Durchschnittslohnkurve 15, etwa A_0, bei gleichbleibendem

Kapitalstock zu einer Abnahme der Bevölkerungszahl in Richtung auf den Punkt A_1. Ein höheres Einkommen als 15 Einheiten, dargestellt durch einen Punkt unterhalb und rechts der Durchschnittslohnkurve 15, führt zu einer Zunahme der Bevölkerung.

Die tatsächliche Bevölkerungsentwicklung hängt einerseits von den Faktoren ab, die die Kapitalakkumulation bestimmen, andererseits von der Reaktionsgeschwindigkeit, mit der sich die Bevölkerungszahl angleicht, wenn der Lohn vom Existenzminimum abweicht. In Abb. 2 wird die Entwicklung von Bevölkerung und Kapital durch die Kurve dargestellt, die von A_0 über A_2, A_3 usw. nach A_6 führt. Würde das Kapital nicht wachsen, ginge die Bevölkerungszahl von A_0 auf A_1 zurück. Während die Bevölkerung aber abnimmt, wächst gleichzeitig der Kapitalstock, und damit steigen auch die Löhne. Die Entwicklung nimmt also den durch die Kurve in Abb. 2 dargestellten Verlauf. Da die Bevölkerungszahl sich aber nur mit einer zeitlichen Verzögerung den höheren Löhnen anpaßt, können die Löhne sogar über das Existenzminimum hinaus ansteigen und etwa den durch A_3 bezeichneten Punkt erreichen. Dieser Durchschnittlohn verursacht aber wieder ein Bevölkerungswachstum, das zum Punkt A_4 führt und noch darüber hinaus wegen der unvollkommenen Anpassung des Bevölkerungswachstums an die Lohnhöhe bis zum Punkt A_5. Von dort nimmt die Bevölkerungszahl wieder ab in Richtung auf A_6. Je rascher sich die Bevölkerungszahl dem geänderten Lohnniveau anpaßt, um so enger wird der Pfad der Bevölkerungs-Kapital-Entwicklung sich der Kurve des Existenzminimums anschmiegen.

Anhand der Abbildung läßt sich verdeutlichen, was Adam *Smith* zu der Aussage führte, die Löhne würden in einer Gesellschaft wirtschaftlichen Fortschrittes hoch sein, im Niedergang aber unter das Existenzminimum zu liegen kommen[6]. Dem liegt die Annahme zugrunde, daß die Anpassung der Bevölkerungszahl eine gewisse Zeit beansprucht, wenn der tatsächliche Lohn vom Existenzminimum abweicht, oder doch jedenfalls langsamer erfolgt, als sie sein müßte, um die Veränderung des Kapitals auszugleichen. So wird in einer Gesellschaft, in der der Kapitalstock wächst, der Lohn auch dann steigen, wenn er am Ausgangspunkt gerade beim Existenzminimum liegt, beispielsweise von A_7 in Richtung auf A_8. Die Bevölkerungszunahme bleibt dann relativ hinter dem Kapitalwachstum zurück, der Lohn fällt nicht gleich bis zur Kurve des Existenzminimums. Nimmt der Kapitalstock aber ab (wie in der Abb. 2 von A_9 nach A_{10}), geht die Bevölkerungszahl nicht rasch genug zurück, und der Lohn bleibt für längere Zeit unter dem Existenzminimum.

---

[6] Adam *Smith,* Eine Untersuchung über Natur und Wesen des Volkswohlstandes, Übersetzung von Ernst *Grünfeld,* hrsg. von Heinrich *Waentig,* Bd. I, Jena 1923, 89.

Abb. 1 stellte die Kurven des Gesamteinkommens dar, Abb. 2 die Kurven des Lohnfonds. Legt man diese beiden Zeichnungen übereinander, lassen sich auch die Kurven des gesamten Nichtlohneinkommens ermitteln (Abb. 3). Die gestrichelten Linien stellen das Nichtlohneinkommen dar bei verschiedener Bevölkerungszahl und Kapitalausstattung einer Volkswirtschaft. Das Nichtlohneinkommen ist definitionsgemäß gleich dem Gesamteinkommen abzüglich des Lohnfonds. So wird in der Abb. 3 beispielsweise die Kurve 100 des Nichtlohneinkommens durch die Schnittpunkte der Gesamteinkommenskurven mit den jeweils um 100 geringeren Lohneinkommenskurven gezogen, also Schnittpunkt von Gesamteinkommenskurve 200 mit Lohneinkommenskurve 100, von 300 mit 200, von 400 mit 300 usw.

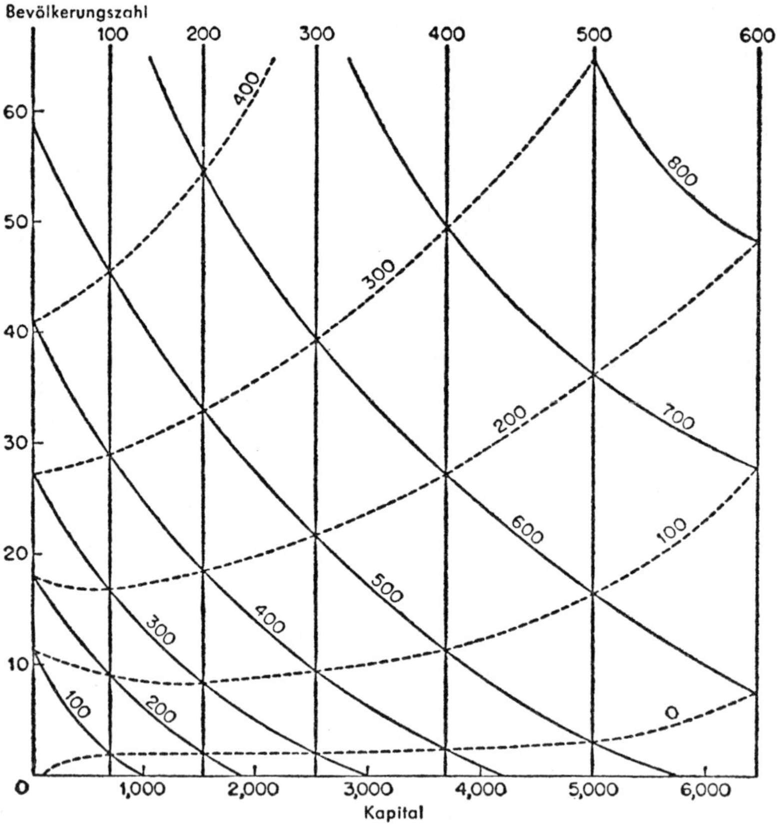

Abb. 3: Nichtlohneinkommen

Am aufschlußreichsten aber ist das Verhältnis des Nichtlohneinkommens nicht zur Bevölkerungszahl, sondern zum Kapitalstock. Ähnlich wie in Abb. 2 der Quotient aus Gesamtarbeitseinkommen und Bevölkerungszahl zum Durchschnittslohn führte, läßt sich auch das Verhältnis des gesamten Nichtlohneinkommens zum Kapital darstellen (Abb. 4). Die Kurven des gesamten Nichtlohneinkommens werden aus Abb. 3 übertragen (ausgezogene Linien) und ihnen entsprechend die Kurven der „internen Verzinsung" (rate of return) eingezeichnet (gestrichelte Linien). Daß diese Kurven nach rechts steil ansteigen, bringt zum Ausdruck, daß eine Zunahme an Kapital den internen Zinsfuß des Kapitals (rate of return) senkt, eine Bevölkerungszunahme ihn erhöht.

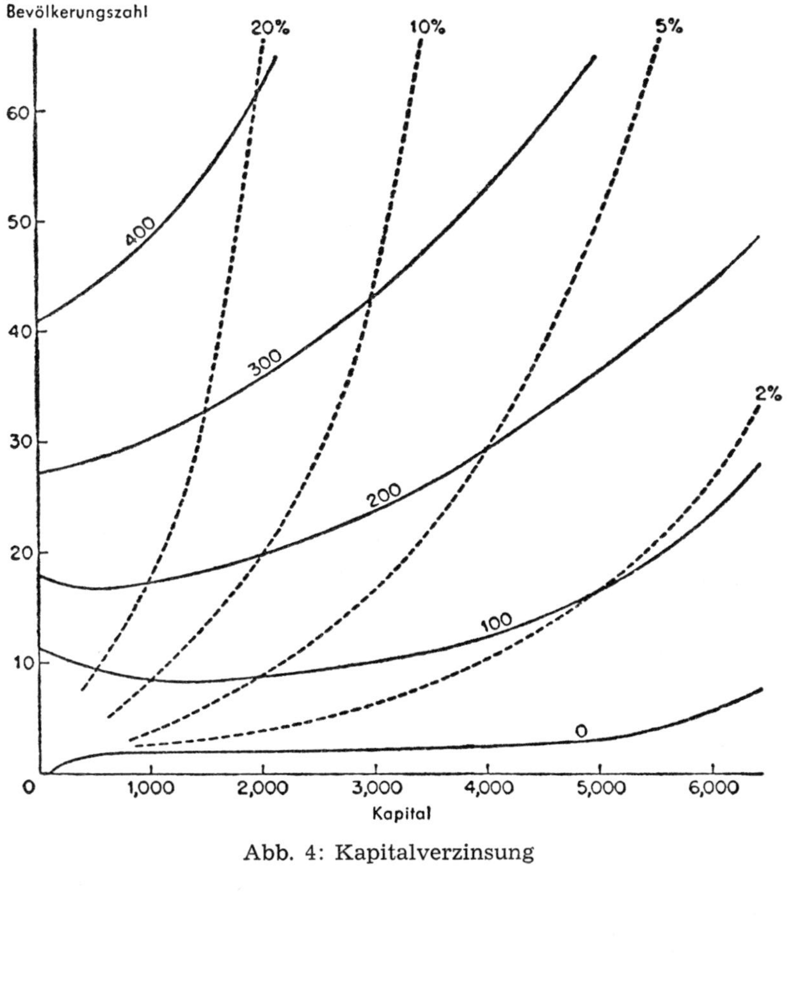

Abb. 4: Kapitalverzinsung

Man kann nun annehmen, daß es einen bestimmten internen Zinsfuß gibt, bei dem das Kapital weder wächst noch abnimmt. Damit hätte man eine „langfristige Subsistenztheorie des internen Zinsfußes" oder des Bruttogewinns begründet. Diese Subsistenzrate des internen Zinsfußes braucht nicht Null zu sein, wie *Ricardo* gelegentlich zu unterstellen scheint. In einer dem Risiko abgeneigten Gesellschaft ist sie wohl positiv, in einer das Risiko liebenden Gesellschaft könnte sie sogar negativ werden. Nimmt man einmal an, daß die Subsistenzrate des Kapitals 5 % beträgt, dann läßt sich die 5 %-Kurve von Abb. 4 auch auf Abb. 2 übertragen. Der Schnittpunkt dieser Kurve mit der Kurve für das Existenzminimum des Lohnes (Punkt E) stellt ein stabiles Gleichgewicht dar, wenn in der Darstellung die Kurve der Subsistenzrate des Kapitals die Kurve des Existenzminimumlohnes von unten schneidet.

Dieses Modell, in dem *Boulding* die für seinen eigenen Ansatz wesentlichen Züge der klassischen Verteilungstheorie zusammenfaßt, hält er für „relevanter für unsere heutigen Probleme, als man im allgemeinen zugibt"[7]. Er möchte es zusammen mit zwei Anregungen von *Keynes* benutzen, um die Grenzproduktivitätstheorie zu überwinden.

Die Schwäche des klassischen Verteilungsmodells sieht Boulding vor allem darin, daß die Klassiker in ihrer Lohnfondstheorie Vermögensbestand und Einkommensstrom nicht genügend zu trennen wußten, also annahmen, daß die Löhne aus dem Kapitalstock bezahlt würden. Diese Annahme ist für die Theorie aber nicht notwendig, wie Bouldings Darstellung zeigt. Es genügt die wesentlich einfachere Annahme einer funktionalen Abhängigkeit der gesamten bezahlten Löhne vom Gesamtkapital, mit der man sich eher wird einverstanden erklären können, weil sie weniger eng gefaßt ist[8].

Boulding bemerkt, man könnte das Modell noch leicht weiter ausbauen, indem man die Lohnsumme zu einer Funktion von Bevölkerungszahl *und* Kapital macht, obgleich sich dabei die Gefahr ergäbe, daß man nur noch rein formale Funktionen aufstellt, die keinerlei Grundlage im Verhalten der Wirtschaftssubjekte mehr haben.

Inwieweit das dargestellte Modell Bouldings die Verteilungslehre der Klassiker historisch genau wiedergibt, braucht hier nicht untersucht zu werden. Es sollte damit nur der Ansatzpunkt der Verteilungstheorie Bouldings umrissen werden. Es fällt auf, daß das Modell von äußerst vereinfachenden Annahmen ausgeht:

---

[7] Wages, 131.

[8] „This is a much less restricted assumption than is made in the usual exposition, and while it may not be particularly true, at least it is not ridiculous." Wages, 133.

a) Zweiteilung des Gesamteinkommens in Lohneinkommen und Kapitaleinkommen. Damit wird vorausgesetzt, daß nicht nur einerseits die Bezieher von Lohneinkommen, sondern auch andererseits die Bezieher der unter der allgemeinen Bezeichnung „Bruttogewinne" zusammengefaßten Einkommen eine unter der Rücksicht der Einkommensverteilung homogene Gruppe bilden.

b) Gleichsetzung von arbeitender Bevölkerung mit der Gesamtbevölkerung. Es werden also keine soziologischen Klassen unterschieden, die durch den Bezug der verschiedenen Einkommensarten als real verschiedene Personen voneinander abgegrenzt würden, sondern grundsätzlich hat die Gesamtbevölkerung Anteil an beiden Einkommensarten, wenn auch in verschiedenem Maße. Es handelt sich also um ein Modell der funktionalen Einkommensverteilung.

c) Einfache Abhängigkeit der Lohnsumme vom Kapitalstock ohne genauere Begründung dieser Abhängigkeit, — eine Annahme, die Boulding selbst für nicht besonders wirklichkeitsnah hält.

Offenbar geht es Boulding nicht darum, in seinem Modell ein möglichst wirklichkeitsnahes Bild der tatsächlichen Verteilung zu geben, sondern einen einzigen, für die Verteilungsproblematik bedeutsamen Zusammenhang möglichst klar und anschaulich herauszuarbeiten. Dies muß für die spätere Beurteilung seines eigenen Ansatzes festgehalten werden.

3. Der Einkommensbegriff

Bevor die Verteilungstheorie von Boulding selbst entwickelt werden soll, muß der Einkommensbegriff, wie Boulding ihn verwendet, noch schärfer gefaßt werden. Vier begriffliche Klarstellungen sind wichtig:

a) Boulding unterscheidet scharf zwischen *„Einkommen"* (income) und *„Abgang"* (outgo) einerseits und *„Einzahlungen"* (receipts) und *„Auszahlungen"* (expenditures) andererseits[9]. „Einkommen" und „Abgang" beziehen sich auf die Produktion: „Einkommen" ist die in Geld bewertete Produktion, „Abgang" der zu Preisen bewertete Gesamtkonsum, wobei „Konsum" von Boulding ganz allgemein definiert wird als die Vernichtung von Kapital[10]. „Ein- und Auszahlungen" beziehen sich

[9] Reconstruction, 139—41; vgl. auch: Kenneth E. *Boulding,* Professor Tarshis and the State of Economics, in: American Economic Review 38 (1948) 92—102, bes. 96, künftig zitiert als: Professor Tarshis.

[10] In diesem Sinne kann Boulding „maintenance" and „depreciation", also Kosten, die sich aus der Wertminderung der Anlagen durch die Produktion ergeben, zum „Konsum" rechnen. Vgl. Fruits of Progress, 479—80, und Professor Tarshis, 101 f.: „The ‚net' national product is usually defined as the gross product less ‚depreciation' — depreciation being usually confined to plant and machinery. But depreciation is merely one form of consumption."

auf die Geldmittel, stellen eine Vermehrung oder Verminderung der flüssigen Vermögenswerte, der Kassenbestände dar. Einkommen und Einzahlungen treten oft im Verlauf derselben Transaktion auf und werden deshalb leicht miteinander verwechselt. Eine Lohnzahlung ist nicht Einkommen, sondern nur eine Umwandlung einer Lohnforderung — für den Arbeiter eines Vermögenswertes — in einen anderen Vermögenswert: Kassenbestand oder Bankguthaben. Das Einkommen wird erworben im Verlauf der Arbeit selbst als ein Anspruch des Arbeiters an den Unternehmer. Ähnlich verdient ein Landwirt sein Einkommen, wenn seine Ernte wächst. Der Verkauf seiner Ernte stellt nur die Umwandlung dieses Einkommens in Geld dar[11].

b) Ziel wirtschaftlicher Tätigkeit ist nicht eigentlich der Konsum, auch nicht das Einkommen (Produktion), sondern die *Nutzung,* der „Genuß" von Kapital[12]. Konsum bedeutet wörtlich Vernichtung von Kapital, d. h. von realem Vermögen. Es ist zwar richtig, daß viele Güter nur im Konsum, d. h. in ihrer Vernichtung, genutzt werden können, aber dies stellt eigentlich nur einen Grenzfall dar. Würde ein Haus keinerlei Wertminderung erfahren, die Kleider sich nicht abnützen und zerfallen, die Strümpfe nicht zerreißen, so hätten wir zwar weniger Konsum, wären deswegen aber nicht ärmer, sondern reicher[13]. Daraus folgt, daß als Ziel wirtschaftlicher Tätigkeit nicht ein möglichst hohes Einkommen, sondern ein möglichst großes Vermögen angesehen werden muß.

---

[11] Diese Unterscheidungen sind nicht identisch mit denen zwischen „Einnahme" und „Ausgabe" einerseits, „Einzahlung" und „Auszahlung" andererseits, wie sie etwa Erich *Schneider* vornimmt in: Industrielles Rechnungswesen, Tübingen 1954, 4 f. Während „Einzahlung" und „Auszahlung" bei E. Schneider ebenfalls reine Kassenbegriffe sind, entstehen „Einnahmen" und „Ausgaben" bei E. Schneider nur in den Beziehungen eines Unternehmens zur Umwelt (d. h. zu anderen Wirtschaftseinheiten), also bei der Abgabe oder dem Empfang von Gütern, während „Einkommen" im Sinne von Boulding im Betrieb selbst entstehen kann vor jeder geschäftlichen Transaktion mit der Umwelt. Wird eine Maschine zerstört, stellt das „Abgang" oder „Konsum" im Sinne Bouldings, aber keine „Ausgabe" im Sinne E. Schneiders dar.

[12] „I shall argue that it is the capital stock from which we derive satisfactions, not from additions to it (production) or the subtractions from it (consumption): consumption, far from being a desideratum, is a deplorable property of the capital stock which necessitates the equally deplorable activities of production." Kenneth E. *Boulding,* Income or Welfare, in: Review of Economic Studies 17 (1949/50) 79.

[13] Boulding wendet sich ausdrücklich gegen den Keynesschen Konsumbegriff. Vgl. Kenneth E. Boulding, The Consumption Concept in Economic Theory, in: American Economic Review (Papers and Proceedings) 35 (1945) 2, und auch Reconstruction, 135 ff. Man sollte daher der Klarheit halber Bouldings Verteilungstheorie nicht in Keynesschen Begriffen diskutieren, wie es geschieht bei Erwin *Scheele,* Die makroökonomische Theorie der Einkommensverteilung, in: Jahrbuch für Sozialwissenschaft 14 (1963) 157: „Nun sind im Keynesschen Sinne alle in den Besitz der Haushalte übergegangenen Güter Konsum ($C = C_h + dQ_h$)."

c) Einkommen wird durch das Zusammenwirken ganz verschiedener Produktionsfaktoren erzielt. Insbesondere lassen sich der persönliche Arbeitsaufwand und der Beitrag der sachlichen Produktionsmittel zum Zustandekommen eines Produktes nur schwer miteinander vergleichen. Um dennoch einen einheitlichen systematischen Ansatz zu finden, leitet Boulding alle Arten von Einkommen aus *Vermögen* ab. Für den Einkommensprozeß wird also angenommen, daß die einzelnen Vermögensposten (assets) oder Produktionsfaktoren ein Einkommen erzeugen, das sich auf den Konten der Besitzer dieser Vermögensposten niederschlägt.

„Der erste Lehrsatz der Verteilungstheorie besagt, daß die Einkommensverteilung auf der Vermögens- bzw. Kapitalerweiterung beruht, da letzten Endes jede Einkommensform auf Vermögensbesitz zurückzuführen ist[14]." Das personelle Einkommen eines jeden einzelnen bestimmt sich nach der Zahl der Faktoren, die er besitzt, und der Einkommenshöhe pro Einheit des Faktors. Dabei muß Boulding, wie schon früher erwähnt, das Arbeitseinkommen als Einkommen aus dem Verfügungsrecht über den eigenen Verstand und den eigenen Körper betrachten. Nach dieser Auffassung müßte man den eigenen Körper und die eigenen Fähigkeiten mit einem Kapitalwert belegen und das Arbeitseinkommen als ein Einkommen betrachten, das aus dem im eigenen Leib verkörperten Kapital gezogen wird. „Das Problem der ungleichen Einkommensverteilung ist daher mit jenem der ungleichen Kapitalverteilung in dem allgemeinen, soeben erörterten Sinne gleichbedeutend[15]." Als zusätzliche Schwierigkeit muß in dieser Betrachtung noch der Umstand berücksichtigt werden, daß sich die einzelnen Produktionsfaktoren verschieden intensiv nutzen lassen, so daß oftmals nicht die Einheit des Produktionsfaktors, sondern die Einheit der Produktionsfaktornutzung als Bewertungsmaßstab des Einkommens zu nehmen ist. Grundsätzlich läßt sich so das personelle Einkommen aus drei Elementen bestimmen: dem *Vermögen* (einschließlich der eigenen Person und ihrer Fähigkeiten), dem *Nutzungsgrad* des Vermögens und dem *Preis* für die Einheit der Vermögensnutzung[16].

Auf diesem Wege ließe sich über die funktionelle auch die personelle Einkommensverteilung bestimmen — begegnete man nicht für die verteilungstheoretisch wirklich bedeutsamen Fragen den oben erwähnten Schwierigkeiten der mikroökonomischen Theorie[17].

d) Boulding sieht aber noch eine andere Möglichkeit, das Einkommen zu definieren. Das Einkommen einer Periode kann angesehen werden

---

[14] Kenneth E. *Boulding,* Friedenswirtschaft, Bern o. J., 138.
[15] Ebd., 140.
[16] Reconstruction, 243 f.
[17] Vgl. oben S. 15 f.

als „die Bruttoaddition zu dem Wert des gesamten Kapitalstocks, die sich ausdrückt in der *Bruttoaddition zu den Nettowerten*". Jeder Produktionsakt stellt eine Zunahme der Summe der Nettowerte dar. Das Verteilungsproblem besteht, so betrachtet, in der Frage: Wer erhält diese Zunahmen, auf wessen Bilanzen und Konten schlagen sich diese Bruttoadditionen nieder, wie verteilen sie sich auf die verschiedenen Personen, Bevölkerungsklassen oder Vermögenskategorien[18]? Boulding faßt also im allgemeinen Volkseinkommen als *Brutto*volkseinkommen auf und sucht den Begriff des *Netto*sozialproduktes zu vermeiden. Damit möchte er manchen Schwierigkeiten aus dem Weg gehen, die sich bei der Definition des Nettosozialproduktes ergeben. Zählt man nämlich den „Unternehmenskonsum", d. h. die Wertminderung der Gebäude und Anlagen einer Produktionsperiode, nicht zum Sozialprodukt, wie dies bei der Bildung des Nettosozialproduktes erfolgt, warum sollte man nicht ebenso auf seiten der Haushalte Abschreibungen an deren langfristigen Kapitalgütern wie Häusern und Automobilen vom Sozialprodukt abziehen? Besteht aber ein wesentlicher Unterschied zwischen dem Verbrauch eines langlebigen Gutes und einem Verbrauch, der im einmaligen Verzehr besteht wie bei Lebensmitteln und Brennstoff? Boulding fürchtet darum, daß der Versuch, den Begriff des Nettosozialproduktes klar zu umschreiben, indem man die Abschreibungen vom Bruttosozialprodukt abzieht, zu einer Definition führt, in der das Bruttosozialprodukt aus Nettosozialprodukt und dem gesamten Konsum der Periode besteht. Damit hätte aber eine statische Gesellschaft des Wohlstandes, in der keine Kapitalakkumulation mehr erfolgt, überhaupt kein Nettosozialprodukt mehr[19]!

Demzufolge müßte bei Boulding auch die Investition als *Brutto*investition aufgefaßt werden. Aber Boulding hält sich selber nicht immer an diese Begriffsbildung, spricht von Konsum, wo er Haushaltsabsorption meint, (vermutlich weil sich die Haushaltsabsorption doch im allgemeinen nach dem Verbrauch der Güter richten wird)[20] und von Investition, wo er dem Zusammenhang nach nur die Netto-

---

[18] Reconstruction, 243.

[19] „If we subtract one form of consumption (depreciation of industrial fixed capital), why not subtract depreciation of consumers capital, of houses, automobiles, etc.? And is there any logical difference between consumption which is spread out over a life-period of a commodity (depreciation) and the consumption of one-use goods such as fuel and foodstuffs? It would seem, therefore, that any attempt to define a net product by subtracting ‚depreciation' from a gross product will land us logically in a definition which makes the net product equal to the gross product less all consumption — which is to make the net product equal to accumulation, in which case a stationary society, however rich, would have no net product!" Professor Tarshis, 102. Vgl. auch Economic Analysis, 248—52.

[20] Vgl. beispielsweise Reconstruction, 265 f.; Wages, 141 ff.; Fruits of Progress, 477.

investition im Auge haben kann (vermutlich weil nur sie für seine Verteilungsanalyse von Bedeutung ist)[21].

4. Ausgangspunkt: Bilanzgleichungen

Boulding geht beim Aufbau seiner Verteilungstheorie von vereinfachenden Annahmen aus. Er betrachtet eine Wirtschaft, in der es nur zwei Arten von Wirtschaftseinheiten gibt: Haushalte und Unternehmen. Der Staat wird im Anfang nicht berücksichtigt bzw. als „eine besondere Art von Haushalt" betrachtet. Auch ein Bankensystem findet zunächst keine Erwähnung[22].

Wie unmittelbar einleuchtet, kann das Verteilungsproblem nicht in der Frage gesehen werden, wie sich der Wertzuwachs einer Volkswirtschaft in einer Periode auf Unternehmen und Haushalte verteilt. Der gesamte Wertzuwachs muß vielmehr eigentlich den Haushalten zugeschrieben werden, weil der „Nettowert von Unternehmen" im Grunde nur eine bilanztechnische Fiktion ist und letztlich alle Geschäftsunternehmen unmittelbar oder mittelbar physischen Personen oder Haushalten gehören. Nur gewisse gemeinnützige, nicht auf Gewinn ausgerichtete Organisationen wie Kirchen, Schulen, Waisenhäuser und caritative Anstalten fallen aus diesem Rahmen heraus, weil sie auf der Bilanz keines Haushaltes oder Unternehmens aufscheinen, und auch Boulding weiß nicht recht, ob er sie zu den Haushalten zählen oder ihren Nettowert durch eine fiktive Aufteilung denen zurechnen soll, die daraus Nutzen ziehen[23].

Wie Boulding richtig sieht, handelt es sich beim eigentlichen Verteilungsproblem um die Frage, in welchem Verhältnis sich der Wertzuwachs einer Periode auf Löhne und auf Bruttogewinne verteilt, wobei unter „Löhnen" alle Arten von Arbeitseinkommen, unter „Bruttogewinnen" die verschiedenen Formen von Besitzeinkommen, also auch Grundrenten- und Zinszahlungen, verstanden werden. In einer Gesellschaft mit großen Vermögensunterschieden ergibt sich aus einem verschiedenen Verhältnis von Bruttogewinnen und Löhnen eine unterschiedliche Verteilung des Einkommens.

---

[21] In Models, 82, verwendet Boulding einmal noch den Begriff „Net Product", ersetzt ihn aber an derselben Stelle des Textes in Reconstruction, 258, durch „Absorption".

[22] Diese einschränkenden Voraussetzungen läßt Boulding später fallen (Vgl. Reconstruction, Kap. 15 und 16). Der Vorwurf ist also unberechtigt: „Schließlich ist es auch unbefriedigend, daß Boulding eine konstante Geldmenge voraussetzt." So Erwin *Scheele,* Die makroökonomische Theorie der Einkommensverteilung, in: Jahrbuch für Sozialwissenschaft 14 (1963) 163.

[23] Vgl. Reconstruction, 248.

Soll damit die personelle oder die funktionale Einkommensverteilung erklärt werden? Bouldings Darstellung ist nicht so eindeutig, als daß es nicht zu falschen Auslegungen hätte kommen können. Ein Kritiker wirft ihm einen Widerspruch vor zwischen seiner ausdrücklichen Absicht, die personelle Einkommensverteilung zu erklären, und der durchgeführten Analyse, die sich mit der funktionalen Einkommensverteilung befaßt[24]. Dabei liegt aber ein offenbares Mißverständnis vor. Boulding untersucht durchaus die funktionale Verteilung zwischen den Besitzern des Produktionsfaktors „Arbeit" einerseits und den Besitzern der verschiedenen Produktionsfaktoren „Sachvermögen" andererseits, allerdings selbstverständlich mit dem Ziel, so auch die personelle Verteilung zu erklären. In der modernen Industriegesellschaft sind noch immer die verschiedenen Klassen weitgehend durch die Einkommensarten unterschieden, die sie beziehen. Wenn es auch Randberufe gibt, die nicht eindeutig der einen oder anderen Gruppe zuzuordnen sind, und viele Individuen heute Einkommen aus Arbeit *und* aus Sachvermögen beziehen, so bleibt die große Einteilung doch noch gültig. Das personelle Einkommen der Individuen hängt allerdings auch noch von der Bevölkerungsentwicklung in den beiden Klassen von Einkommensbeziehern ab, da Bouldings Analyse das gesamte Volkseinkommen nur in die globalen Größen von Löhnen und Bruttogewinnen aufteilt.

Das Einkommen, dessen Verteilung erklärt werden soll, wurde definiert als „Bruttoaddition zu den Nettowerten". Boulding sucht es zu erfassen durch einen Vergleich der Bilanzen am Anfang und am Ende einer Periode[25].

Auf den Bilanzen lassen sich grob drei Arten von Aktivposten unterscheiden: Güter (Realkapital) Q, Forderungen bzw. Verbindlichkeiten K und Kassenbestände M.

Die Einzelbilanz eines Unternehmens hat dann die folgende Form:

Aktiva		*Passiva*	
Kasse	m_b	Verbindlichkeiten an Firmen	k_b'
Güter (Realkapital)	q_b	Verbindlichkeiten an Haushalte	k_h'
Forderungen an Firmen	k_b	Nettowert	g_b
Forderungen an Haushalte	k_h		

Der Nettowert ist so definiert, daß die Summe der Aktiva gleich der Summe der Passiva ist. Daraus ergibt sich die grundlegende Bilanz-

---

[24] Jean *Marchal*, Les Modèles Macroéconomiques de la Répartition du Revenu National de K. E. Boulding, in: Revue d'Économie Politique 70 (1960) 376; vgl. auch ebd. 326, künftig zitiert als: J. *Marchal*, Modèles.

Zum Beweis werden Stellen herangezogen aus Reconstruction, 243 („different individuals, different classes of people, or different categories of assets") und aus Wages, 123 („ranks of the people").

[25] Zum Folgenden vgl. Reconstructions, 246—52; Wages, 132—41; Fruits of Progress, 476—79.

gleichung (Definitionsgleichung — „Balance-sheet-identity") eines Unternehmens:

(1) $$m_b + q_b + k_b + k_h \equiv k_b' + k_h' + g_b$$

Um zu einer Sammelbilanzgleichung für alle Unternehmen einer Volkswirtschaft zu gelangen, kann man die Bilanzen aller Einzelunternehmen addieren und erhält:

(2) $$M_b + Q_b + K_b + K_h \equiv K_b' + K_h' + G_b$$

Dabei bedeutet M_b ($= \Sigma\ m_b$) die Summe der Kassenbestände aller Firmen. Q_b ($= \Sigma\ q_b$) ist der Wert des gesamten Güterbestandes aller Unternehmen: Lagerbestände, halbfertige Güter, Materialbestand, aber auch Grundstücke, Gebäude und Fabrikanlagen usw. Man kann sich auch immaterielle Güter wie Patentrechte darin eingeschlossen denken, soweit sie nicht als Verbindlichkeiten auf anderen Bilanzen erscheinen. Werden sie in zwei Bilanzen aufgeführt, gehören sie entweder zu K_b, der Summe der Forderungen von Unternehmen an Unternehmen, oder zu K_h, der Summe der Forderungen von Unternehmen an Haushalte. Die gesamten Forderungen der Haushalte an Firmen werden auf der Passivseite unter K_h' aufgeführt; sie werden vor allem aus festverzinslichen Wertpapieren bestehen[26].

Bei der Summierung der Bilanzen entfallen offenbar die Forderungen der Unternehmen gegeneinander: Es sind dieselben Forderungen, die einmal auf der Aktiv-, zum anderen auf der Passivseite erscheinen. Es gilt also:

(2a) $$K_b' \equiv K_b$$

Darum läßt sich die Gleichung (2) vereinfachen, und man erhält durch Umformung die Definitionsgleichung für den Nettowert sämtlicher Unternehmen einer Volkswirtschaft („business-net-worth-identity"):

(3) $$G_b \equiv M_b + Q_b + (K_h - K_h')$$

Geht man mit Boulding typisierend davon aus, daß alle Unternehmen die Form der Aktiengesellschaft aufweisen, dann steht in dieser Definitionsgleichung G_b für den Wert aller Aktien, die sich in den Händen von privaten Haushalten befinden, während Aktien im Besitz von Unternehmen unter K_h bzw. K_h' wie Forderungen der Unternehmen untereinander erfaßt werden sollen, damit sich ein klares Bild für die Verteilungsfrage ergibt. Die Richtigkeit der Gleichung leuchtet unmittelbar ein: Der Wert aller Unternehmen einer Volkswirtschaft, ausgedrückt im Aktienbesitz der privaten Haushalte, ist gleich den

---

[26] Reconstruction, 246 f.

Kassenbeständen, dem Wert sämtlicher Güterbestände einschließlich Kapitalgüter und sämtlichen Forderungen der Unternehmen gegenüber Haushalten.

In ähnlicher Weise lassen sich auch Bilanzen der Haushalte aufstellen und addieren. Die Einzelbilanz eines Haushalts erhält dann die folgende Form:

Aktiva		*Passiva*	
Kasse	m_h	Verbindlichkeiten von Haushalten an Unternehmen	k_{hb}'
Wert aller Güter	q_h	Verbindlichkeiten von Haushalten an andere Haushalte	k_{hh}'
Forderungen an Unternehmen	k_{bh}	Nettowert des Haushalts	g_h
Nettowert der Unternehmen im Besitz der Haushalte	g_{bh}		
Forderungen an andere Haushalte	k_{hh}		

Daraus läßt sich wieder die Bilanzgleichung für den Einzelhaushalt (Definitionsgleichung) bilden:

$$m_h + q_h + k_{bh} + g_{bh} + k_{hh} \equiv k_{hb}' + k_{hh}' + g_h \tag{4}$$

Summiert man die Bilanzen sämtlicher Haushalte einer Volkswirtschaft, so ergibt sich:

$$M_h + Q_h + K_{bh} + G_{bh} + K_{hh} \equiv K_{hb}' + K_{hh}' + G_h \tag{5}$$

Nun entfallen auch hier bei der Summierung die Forderungen der Haushalte gegeneinander:

$$K_{hh} \equiv K_{hh}'$$

Ferner ist die Gesamtheit der Verbindlichkeiten von Haushalten an Unternehmen definitionsgemäß gleich der Summe der Forderungen der Unternehmen an Haushalte, also:

$$K_{hb}' \equiv K_h$$

und umgekehrt

$$K_{bh} \equiv K_h'$$

und schließlich

$$G_{bh} \equiv G_b$$

So läßt sich Gleichung (5) vereinfachen und umformen in:

$$G_h \equiv M_h + Q_h - (K_h - K_h') + G_b \tag{6}$$

Aus der Verbindung von Gleichung (6) und (3) läßt sich bilden:

$$G_h \equiv M_h + Q_h + M_b + Q_b \tag{7}$$

Diese Gleichung besagt, daß der Nettowert der Haushalte gleich ist der gesamten umlaufenden Geldmenge ($M_h + M_b$) und dem Gesamtwert aller Güter im Wirtschaftssystem ($Q_h + Q_b$). Diese Gleichung macht besonders deutlich, daß alle Vermögenswerte einschließlich der Kassenbestände letztlich den Haushalten gehören müssen. Wie die Gleichung ebenfalls zeigt, bedeutet die Nichtberücksichtigung des Staates und des Bankensystems nur, daß die umlaufende Geldmenge in der Periode als unverändert angesehen wird, jedoch keineswegs, daß nicht schon ein Währungssystem vorausgesetzt wird, dessen Einflüsse im Verlauf der weiteren Analyse in die Untersuchung mit hereingenommen werden könnten[27].

5. Die Bestimmungsfaktoren der Bruttogewinnsumme und der Lohnsumme

Wie die Bilanz Aufschluß gibt über den Wert von Unternehmen und Haushalten, so läßt sich aus der *Veränderung* der Bilanz der Wertzuwachs (Einkommen weniger „Abgang“) im Verlauf einer Periode erkennen. Die oben gebildeten Bilanzgleichungen lassen sich darum differenzieren und stellen dann die Veränderungen im Wert der gesamten Unternehmen oder Haushalte dar. So lautet für die Unternehmen die differenzierte Gleichung (3):

$$dG_b \equiv dM_b + dQ_b + (dK_h - dK_h') \tag{8}$$

Diese „Firmenspargleichung“ („business-savings“-identity) macht eine Aussage über die Veränderungen im Nettowert aller Unternehmen während einer Periode, beispielsweise eines Jahres. Die Größe dG_b bezeichnet die Ersparnisse aller Unternehmen in der Periode und besteht aus dem Teil der Gesamtgewinne, der nicht in Dividenden ausgeschüttet wurde. Die Größe dM_b stellt die Zunahme der Kassenbestände aller Unternehmen dar, die Größe dQ_b die Zunahme in den Güterbeständen der Unternehmen, also die Nettoinvestition, dK_h die Zunahme der Forderungen der Unternehmen an Haushalte, dK_h' die Zunahme der Verbindlichkeiten der Unternehmen an Haushalte[28].

Boulding macht ausdrücklich darauf aufmerksam, daß es sich hierbei um reine Definitionsgleichungen handelt, um Selbstverständlichkeiten (truisms). Es sind dies aber, meint er, bedeutungsvolle Selbstver-

---

[27] Reconstruction, 247 f.

[28] Boulding verwendet diese Zeichen nicht immer in derselben Weise. In Fruits of Progress, 478—80, bedeutet dK_b die Zunahme der Forderungen von Unternehmen an Haushalte, dK_b' die Zunahme der Verschuldung der Unternehmen gegenüber den Haushalten. Sachlich ergeben sich keinerlei Unterschiede, und hier wird darum eine einheitliche Terminologie beibehalten.

ständlichkeiten, da die in die Definitionsgleichungen eingehenden Größen verhältnismäßig unabhängig voneinander zustande kommen und etwas über die Entwicklung des gesamten Wertzuwachses eines Unternehmens aussagen, wie er sich aus individuellen Entscheidungen ergibt. Dabei macht Boulding zum ersten Mal auf ein „makroökonomisches Paradox" aufmerksam: Das „Firmensparen" ergibt sich nicht aus einem Entschluß der Unternehmen zu sparen, sondern aus einem Komplex von verschiedenen anderen Einzelentscheidungen, die vollkommen unabhängig von der Rücksicht der einzelnen Unternehmer auf das „Sparen", d. h. auf die Erhöhung des Nettowerts der Unternehmen, zustandekommen.

Nun lassen sich auch die Bruttogewinne aller Unternehmen bestimmen, die sich zusammensetzen aus den unverteilten Gewinnen (Erhöhung des Nettowertes = „Firmensparen") und allen Ausschüttungen an Dividenden, allen Mietzahlungen und Zinsen. Es gilt also:

$$V \equiv dG_b + D \qquad (9)$$

Dabei stellt V den Bruttogewinn der Unternehmen und D den gesamten in irgendeiner Form an die Haushalte ausgeschütteten Gewinn dar[29].

Unter Zuhilfenahme von Gleichung (8) folgt daraus:

$$V \equiv dQ_b + dM_b + dK_h - dK_h' + D \qquad (10)$$

Mit dieser Gleichung, die auf einfachen Definitionen beruht, ist schon ein zentraler Punkt in der Verteilungslehre Bouldings erreicht.

Ähnlich läßt sich auf seiten der Haushalte auch Gleichung (7) differenzieren. Man erhält dann den Netto-Wertzuwachs der gesamten Haushalte innerhalb einer Periode:

$$dG_h \equiv dQ_h + dQ_b + dM_h + dM_b \qquad (11)$$

Da ein Wirtschaftssystem mit konstanter Geldmenge vorausgesetzt wird, muß eine Zunahme von Geld in den Kassen der Haushalte eine entsprechende Abnahme in den Kassen der Unternehmen bedeuten. Es gilt also: $dM_b + dM_h = dM = O$. Somit kann die Gleichung (9) vereinfacht werden zu:

$$dG_h \equiv dQ_b + dQ_h \qquad (12)$$

[29] Als Symbol für die Bruttogewinne verwendet Boulding in „Reconstruction" an dieser Stelle (249—51) und später (273 ff.) den Buchstaben V, dazwischen aber (258—69) den Buchstaben P. In „Wages" und „Fruits of Progress" verwendet er ausschließlich V. Diese Bezeichnung soll auch hier beibehalten werden, zumal der Buchstabe P in „Reconstruction" gelegentlich noch in anderer Bedeutung als Bezeichnung des Bruttosozialprodukts auftritt (vgl. 251). — Man beachte, daß auch V und D Periodengrößen sind wie die Differenzengrößen dG_b, dQ_b, dM_b usw.

Das besagt nicht mehr, als daß bei konstanter Geldmenge der Wertzuwachs der Haushalte gleich sein muß dem Wertzuwachs der gesamten Wirtschaft, da ja alle Unternehmen letztlich im Besitz von Haushalten sind.

Ähnlich wie die Bruttogewinne der Unternehmen lassen sich auf seiten der Haushalte auch die Löhne bestimmen. Der Bruttowertzuwachs aller Haushalte einer Periode besteht aus den verdienten Löhnen (W)[30], den von Unternehmen an Haushalte ausgeschütteten Zinsen, Renten und Dividenden (D) und dem gesamten Wertzuwachs der Unternehmen, der ja auch den Haushalten letztlich zugeschrieben werden muß (dG_b), abzüglich des Konsums der Haushalte in der Periode (C_h)[31]. Es ergibt sich also:

(13) $$dG_h \equiv W + D + dG_b - C_h \equiv dQ_h + dQ_b$$

Setzt man den Wert von dG_b aus Gleichung (8) und von dG_h aus Gleichung (12) ein, erhält man:

(14) $$W \equiv C_h + dQ_h - (dM_b + dK_h - dK_h' + D)$$

In dieser Gleichung der Löhne erscheinen Glieder, die in derselben Ordnung schon in der Bruttogewinngleichung (10) auftauchen: $dM_b + dK_h - dK_h' + D$. Sie sollen zusammengefaßt werden im „Transferfaktor“:

(15) $$T = dM_b + dK_h - dK_h' + D$$

An dieser Stelle greift nun Boulding doch auf den Begriff des Nettosozialproduktes zurück, den er sonst zu vermeiden sucht[32]. Das Nettosozialprodukt (Y_n)[33] wird definiert als das Bruttosozialprodukt abzüglich des „Unternehmenskonsums“, d. h. der Wertminderung der Produktionsanlagen (C_b). Für das Verteilungsproblem ist nur das Nettosozialprodukt von Bedeutung, da der Unternehmenskonsum kein „Einkommen“ darstellt. Man kann nun die Lohn- und Gewinngleichungen zusammennehmen und zeigen, wie sich das gesamte Volkseinkommen auf Löhne und Gewinne verteilt. So ergibt sich:

(16a) $$W \equiv C_h + dQ_h - T$$

(16b) $$V \equiv dQ_b + T$$

(17) $$Y \equiv W + V \equiv C_h + dQ_h + dQ_b$$

---

[30] Boulding macht darauf aufmerksam, daß die verdienten Löhne nicht identisch zu sein brauchen mit den ausgezahlten Löhnen. Reconstruction, 251. Vgl. oben S. 25 f.

[31] Auch C_h ist also eine Periodengröße.

[32] Vgl. oben S. 27—29.

[33] Background and Structure, 75. In Reconstruction, 251, verwendet Boulding für das Nettosozialprodukt an dieser Stelle das Symbol P_n.

Das Nettosozialprodukt läßt sich betrachten einmal als zusammengesetzt aus Gesamtkonsum der Haushalte (C_h) und Gesamtakkumulation ($dQ_b + dQ_h$), zum andern als zusammengesetzt aus Haushaltsabsorption ($C_h + dQ_h$) und Unternehmensakkumulation (dQ_b), d. h. Nettoinvestition. Unter dieser zweiten Rücksicht stellt Gleichung (17) nur eine andere Form der bekannten Keynesschen Einkommensgleichung $Y = C + I$ dar. „Akkumulation“ wird als Oberbegriff verwendet für die Zunahme der Güter der Unternehmen (Nettoinvestition) und der Haushalte (Haushaltsakkumulation). „Haushaltsabsorption“, d. h. die Summe aller Güter und Dienstleistungen, die Haushalte von Unternehmen kaufen, wird von Boulding nicht einfach dem „Konsum“ gleichgesetzt, weil er den Ausdruck „Konsum“ dem Verbrauch, d. h. der tatsächlichen Vernichtung eines Gutes vorbehält[34]. Sein Beispiel: Kauft jemand in einem Jahr sechs Hemden (Haushaltsabsorption) und verschleißt er vier (Haushaltskonsum), dann hat sich sein Bestand um zwei Hemden vermehrt (Haushaltsakkumulation)[35]. Aus dieser Gleichung läßt sich durch eine kleine Umformung auch die bekannte Keynessche Identität von Investition und Ersparnis ableiten, nämlich: $Y_n - C_h = dQ_h + dQ_b$[36].

Gleichung (17) ist notwendigerweise erfüllt: Alle produzierten Güter und Dienstleistungen einer Periode befinden sich ursprünglich in den Händen der Unternehmen (Y_n). Was ihnen von den Verbrauchern nicht abgekauft wird, bleibt im Besitz der Unternehmen und bedeutet darum eine Zunahme ihres Güterbestandes (dQ_b).

Abb. 5: Verteilung des Sozialprodukts

Abb. 5 soll die Verteilungsverhältnisse noch einmal graphisch verdeutlichen. Das Gesamteinkommen AB setzt sich einerseits zusammen

---

[34] Vgl. oben S. 25 f.

[35] Boulding nennt dieses Prinzip der Akkumulation scherzhaft das „Badewannen-Theorem“: „Die Produktion wäre dann dem Wasser, das dem Hahn entströmt, die Konsumtion dem Wasser, das durch den Abfluß abrinnt, zu vergleichen. Die Differenz zwischen Wasserzufluß und -abfluß bildet die Geschwindigkeit, mit welcher das Wasser in der Badewanne — dem Gesamtgüterlager — akkumuliert.“ Kenneth E. *Boulding*, Friedenswirtschaft, Bern o. J., 7.

[36] Background and Structure, 75.

aus der Unternehmensakkumulation AC (Nettoinvestition) und der Haushaltsabsorption CB, andererseits aus den Bruttogewinnen AD und der Gesamtlohnsumme DB. Die für die Verteilung entscheidende Größe ist dann die Differenz zwischen der Vermögensakkumulation und der Lohnsumme: der Transferfaktor CD. Boulding will nun versuchen, die einzelnen Elemente der Definitionsgleichungen, die in dieser Abbildung zum Ausdruck kommen, als Verhaltensparameter zu erweisen. Läßt sich die Zusammensetzung des Transferfaktors auf relativ konstante menschliche Verhaltensweisen zurückführen, dann hofft Boulding, daraus auch Einsichten in den Prozeß der Einkommensverteilung ableiten zu können[37].

6. Der Transferfaktor

Der Transferfaktor T wird so in Bouldings Analyse zur entscheidenden strategischen Größe für die gesamte Verteilung. Boulding analysiert eingehend die Glieder, aus denen er sich zusammensetzt[38].

a) Der Posten dM_b, die Zunahme im *Kassenbestand* der Unternehmen, ist ein reiner Ausdruck der „Zahlungsbilanz“[39] zwischen Haushalten und Unternehmen. Da zunächst die Geldmenge der Volkswirtschaft als konstant angenommen wird, bedeutet eine Zunahme des Kassenbestandes der Unternehmen eine entsprechende Abnahme des Kassenbestandes der Haushalte und umgekehrt. Wird die Voraussetzung der konstanten Geldmenge aufgegeben, so wird die grundsätzliche Richtigkeit der angestellten Überlegungen nicht angetastet, wie später noch gezeigt werden soll[40].

Die Zahlungsbilanz zwischen den beiden Großgruppen der Volkswirtschaft kann nicht langfristig positiv oder negativ sein. Sonst würde sich der gesamte Geldbestand der Volkswirtschaft bei den Unternehmen oder den Haushalten ansammeln, was für beide Teile unerwünscht wäre.

Die Größe von dM_b wird bestimmt durch die relative Liquiditätsvorliebe der Unternehmen und Haushalte. Je nachdem, ob die Liquiditätsvorliebe der einen Seite mehr zunimmt als die der anderen, fließt das Geld aus den Kassen der Unternehmen in die Kassen der Haus-

---

[37] Vgl. Reconstruction, 252.

[38] Zum Folgenden vgl. Reconstruction, 252—58; Wages, 137—41; Fruits of Progress, 479 f.

[39] Boulding verwendet hier den Ausdruck „Zahlungsbilanz“ in einem vom üblichen Sprachgebrauch abweichenden Sinne. Man wird also in diesem Zusammenhang nicht an den internationalen Zahlungsverkehr denken dürfen.

[40] Vgl. unten Abschnitt I. E.

halte oder umgekehrt. Auf lange Sicht wird sich daraus aber kein bedeutsamer Einfluß auf die Verteilung ergeben. Der Faktor dM_b tendiert also auf lange Sicht gegen Null.

b) Das zweite Glied in der Transferfaktorgleichung (15), dK_h, bedeutet die Zunahme der *Verschuldung der Haushalte* an Unternehmen. In der Hauptsache wird es sich dabei um Abzahlungskredite handeln, doch spielen auch gewöhnliche Buchkredite und Kundenkonten eine nicht unbedeutende Rolle. Mit der Zunahme dieser Kredite wird ceteris paribus auch der Transferfaktor größer. Damit erhöhen sich auch die Bruttogewinne entsprechend Gleichung (16 b), und die Verteilung verschiebt sich zuungunsten der Lohnempfänger. Boulding glaubt, daraus die Vorliebe der Unternehmer für die Gewährung von Kundenkrediten erklären zu können, obwohl es sich dabei nur um ein unterbewußtes Erfassen solcher Zusammenhänge handeln könne, das jedoch bisher offenbar noch nirgendwo analysiert wurde. Auf seiten der Arbeitnehmerschaft läßt sich jedoch offenbar keine entsprechende Abneigung gegen Käufe auf Abzahlung feststellen. Der einzelne Arbeiter hat seinen persönlichen Vorteil im Auge und bemerkt nicht, daß er damit den Anteil seiner Gruppe am Sozialprodukt vermindert, nach Boulding ein klarer Fall eines „makroökonomischen Paradoxes“.

c) Das dritte Glied in der Transferfaktorgleichung (15), dK_h', besteht hauptsächlich aus den festverzinslichen *Schuldverschreibungen der Unternehmen*, die die Haushalte während der Periode neu erworben haben. Aus der Tatsache, daß dieses Glied mit negativem Vorzeichen in der Transferfaktorgleichung erscheint, schließt Boulding, daß ceteris paribus die Gewinne der Unternehmen um so größer sind, je kleiner dieser Posten ist. Daraus zieht Boulding die praktische Folgerung, daß es für die Unternehmer als Klasse vorteilhaft wäre, möglichst wenig Obligationen der Arbeitnehmerklasse zum Kauf anzubieten, so großen Nutzen auch das *einzelne* Unternehmen aus dem Verkauf solcher Obligationen zu ziehen vermag. Das Einzelinteresse steht in diesem Fall wieder im Gegensatz zum Klasseninteresse der Unternehmerschaft als ganzer, wie im Falle der Kundenkredite der einzelne Arbeitnehmer Vorteile, die Arbeitnehmerschaft als ganze aber Nachteile zu erwarten hatte[41].

d) Das vierte und letzte Glied der Transferfaktorgleichung (15), D, das die *verteilten Gewinne und Zinsen* darstellt, führt zu den überraschendsten Beobachtungen. Hier wird das „makroökonomische Paradox“ am augenfälligsten: Je mehr die Unternehmen an Dividenden und

---

[41] Der Zusammenhang zwischen Investitionen (dQ_b) und der Emission von Wertpapieren (dK_h'), auf den Boulding in Fruits of Progress, 478 f., eingeht, wird bei der Darstellung von Gleichgewichtsmodell III diskutiert werden. Vgl. unten S. 57 f.

Zinsen verteilen, um so mehr kommt wieder zu ihnen in Form von Gewinnen zurück. Im Anschluß an eine Bemerkung von J. M. *Keynes*[42] prägt Boulding den Ausdruck „Witwen-Krug-Effekt" für diesen Zusammenhang. Wie in der Bibel des Alten Testamentes das Öl aus dem Krug der Witwe zu fließen nicht aufhörte, solange die Witwe nur davon in andere Gefäße ausgoß[43], so verfügen die Unternehmen über einen unerschöpflichen Strom von Gewinnen, solange sie sie nur in Zinsen und Dividenden an die Haushalte ausschütten. Hören sie aber mit den Ausschüttungen auf, so werden auch die Gewinne zu fließen aufhören. Suchen die Unternehmen durch geringere Ausschüttungen „zu sparen", so wird der Krug zu einem Faß der Danaiden: je weniger sie verteilen, um so weniger bleibt ihnen zum Verteilen. Somit können die Unternehmen durch die Entscheidung, die Bruttogewinne im Unternehmen zurückzuhalten (zu sparen) oder in Dividenden und Zinsen zu verteilen, die Höhe ihrer eigenen Gewinne selbst bestimmen. Dies gilt jedoch nur für die Unternehmen als Gruppe betrachtet. Die einzelnen Unternehmen werden andere Erfahrungen machen, wenn sie unabhängig voneinander ihre Dividendenpolitik verändern.

Die im Faktor D enthaltenen Zins- und Mietzahlungen sind vertraglich festgelegt, wenigstens für die kurzfristige Analyse. Was aber die Dividendenpolitik der Unternehmen im einzelnen bestimmt, ist schwer festzustellen. Je nach der Art des Unternehmens lassen sich in dieser Hinsicht große Unterschiede beobachten.

Wird eine Dividende verteilt, verringern sich jedenfalls die liquiden Mittel des Unternehmens, und die Entscheidung der Direktoren wird davon abhängen, welche Investitionsmöglichkeiten sie dafür werden opfern müssen. Ähnlich unbestimmt bleibt, wie die Aktionäre die Dividenden verwenden. Ob nun Dividenden ausgeschüttet werden oder nicht: Der Wertzuwachs des Unternehmens kommt in jedem Fall den Aktionären zugute. Sie können auch an sich selber Dividenden verteilen, indem sie Kursgewinne durch den Verkauf eines entsprechenden Teils ihrer Aktien zu Geld machen.

Boulding weist auch auf die Möglichkeit von Einflüssen der vier Posten des Transferfaktors untereinander hin, glaubt aber, diese Einflüsse auf längere Sicht vernachlässigen zu dürfen. Solche Gegenwir-

---

[42] John Maynard *Keynes*, Vom Gelde, Übersetzt von Carl *Krämer*, Berlin 1931, 113. Keynes behandelt an dieser Stelle die Auswirkungen des Unternehmerkonsums auf die Gewinne: „Welchen Teil ihrer Gewinne ... die Unternehmer auch für den Konsum verwenden, der Vermögenszuwachs zugunsten der Unternehmer bleibt der gleiche wie zuvor. Somit sind die Gewinne, als eine Quelle der Kapitalakkumulation bei den Unternehmern, unerschöpflich wie der Krug der Witwe, wie viel davon auch immer einer ausschweifenden Lebensführung dient."

[43] Vgl. 2 Kön. 4, 1—7.

kungen auf die „Zahlungsbilanz“ zwischen Unternehmen und Haushalten treten kurzfristig vor allem bei einer Veränderung der Verschuldung oder der Dividenden auf. So verbleiben ausgeschüttete Dividenden möglicherweise zunächst in den Kassen der Haushalte, ohne ausgegeben zu werden. Damit ändert sich kurzfristig das Verhältnis der Kassenbestände zwischen Unternehmen und Haushalten, der Posten dM_b nimmt ab. Je länger aber die Periode, um so größer wird D sein; denn Ausschüttungen erfolgen dauernd. Die Zahlungsbilanz aber weist keine langfristige Tendenz auf, da das Geld nur zwischen den verschiedenen Konten hin- und hergeschoben wird[44]. Ähnlich mag eine Zunahme der Kundenkredite noch teilweise dadurch verstärkt werden, daß dadurch die Haushalte in die Lage versetzt werden, mit geringeren Kassenbeständen auszukommen.

Um ein Verteilungsmodell zu konstruieren, muß Boulding zu den Identitätsgleichungen noch Verhaltensgleichungen einführen. In „Reconstruction“ legt er zwei verschiedene Versionen vor. Von der ersten gibt er selber zu, sie sei zwar „instruktiv, aber nicht sehr realistisch“[45]. Die zweite bezeichnet er als „vielleicht realistischer als die erste“[46], ohne jedoch sich klar darüber auszusprechen, welchen Grad der Wirklichkeitsnähe er damit erreicht zu haben glaubt. Auf die Kritik der Rezensenten seines Buches „Reconstruction“ hin entwickelte Boulding später noch ein drittes Modell, das als die endgültige Version seiner Verteilungstheorie angesehen werden kann[47]. Alle diese Modelle unterscheiden sich nur in den Verhaltensgleichungen und sollen hier nacheinander dargestellt werden.

---

[44] Reconstruction, 257.

[45] Ebd., 258.

[46] Ebd., 264 f.

[47] Fruits of Progress, 473—83. Boulding glaubt, damit ernste Fehler der Darstellung in „Reconstruction“ korrigiert zu haben. Vgl. Reconstrution, ²1962, Preface.

B. Gleichgewichtsmodell I

1. Der Grundansatz des Modells

Im Gleichgewichtsmodell I arbeitet Boulding mit der Verhaltensannahme, daß die Haushaltsabsorption und die Unternehmensabsorption in ihrer Größe abhängig sind von der proportionalen Verteilung des Sozialproduktes auf Löhne und Bruttogewinne[1]. Je größer also der Anteil des Lohnes am Sozialprodukt (Lohnquote) und je geringer der Anteil der Bruttogewinne (Gewinnquote) ist, um so größer ist die Absorption der Haushalte (Konsumausgaben) und um so geringer die Absorption der Unternehmen (Investitionen). Im Gleichgewicht ist die Gesamtabsorption gleich der Gesamtproduktion; der Markt wird geräumt. Die entscheidende Größe, wie Boulding betont, ist in diesem Modell der Transferfaktor.

Bouldings Modell arbeitet zunächst mit sieben Variablen, zu denen später noch der Transferfaktor tritt, der anfangs als gegeben vorausgesetzt wird. Es sollen bedeuten:

C	die Haushaltsabsorption
I	die Unternehmensabsorption (Investition)
Y	das Sozialprodukt (= Gesamtabsorption)
W	das Lohneinkommen, das auch die Angestelltengehälter einschließt
V	das Bruttogewinneinkommen, das auch Zinsen, Mieten und Grundrenten einschließt
w	die Lohnquote (= W/Y)
v	die Gewinnquote (= V/Y)

Diesen sieben Unbekannten entsprechen sieben voneinander unabhängige Gleichungen, nämlich die Funktion der Haushaltsabsorption:

(18) $$C = f_C(w) \quad \text{(Konsumfunktion)}$$

die Funktion der Unternehmensabsorption:

(19) $$I = f_I(v) \quad \text{(Investitionsfunktion)}$$

die Identitätsgleichungen:

(20) $$Y \equiv C + I \quad \text{(Volkseinkommen: Verwendungsseite)}$$

(21) $$Y \equiv W + V \quad \text{(Volkseinkommen: Verdienstseite)}$$

(22a) $$W \equiv C - T \quad \text{(Transfergleichung: Lohnseite)}$$

(22b) $$\text{bzw. } V \equiv I + T \quad \text{(Transfergleichung: Gewinnseite)}$$

---

[1] Zum Folgenden vgl. Models, 82—88, und Reconstruction, 258—64.

und die Definitionsgleichungen:

(23) $w = W/Y$ (Lohnquote)

(24) $v = V/Y$ (Bruttogewinnquote)

Die Gleichungen (22 a) und (22 b) stellen zusammen nur *eine* unabhängige Gleichung dar. Somit ergibt sich ein Gleichungssystem von sieben Unbekannten und sieben voneinander unabhängigen Gleichungen. Eine Lösung ist deshalb möglich.

Boulding hat in zwei verschiedenen Formen eine geometrische Darstellung seines Modells versucht[2]. Abb. 6 stellt die spätere, verbesserte Fassung dar. Auf der Basislinie O_wO_p wird die proportionale Vertei-

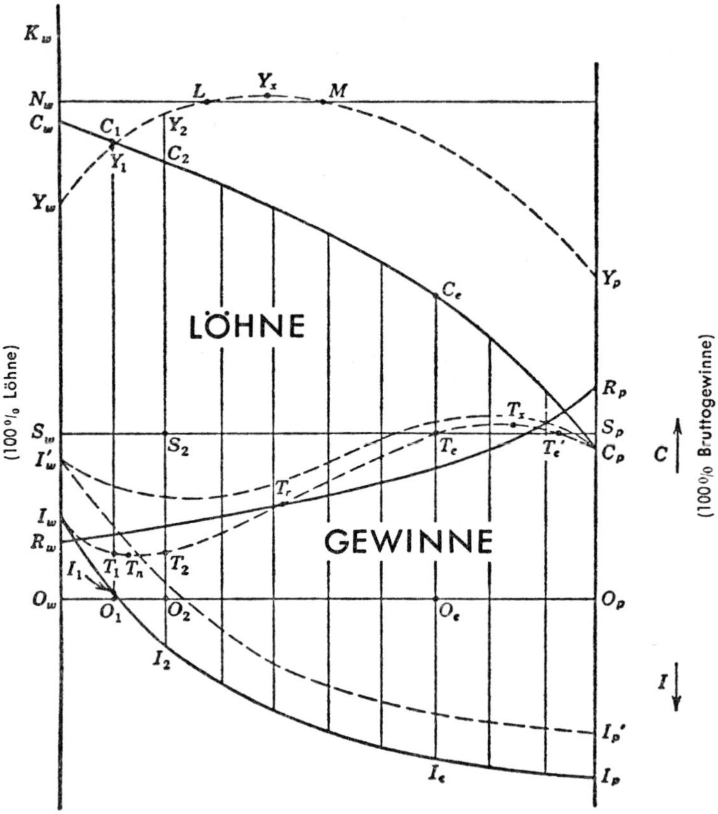

Abb. 6: Gleichgewichtsmodell I

[2] Vgl. Models, 83 f. und Reconstruction, 259 f.

lung abgetragen, d. h. in welchem Verhältnis sich das Sozialprodukt in Löhne und Bruttogewinne aufspaltet. Die Punkte O_w und O_p bezeichnen die Extremfälle. In O_w machen die Löhne 100 % des Sozialproduktes aus; in O_p geht das gesamte Sozialprodukt als Bruttogewinne an die Unternehmen.

Die der jeweiligen proportionalen Verteilung entsprechende Haushaltsabsorption wird von der Grundlinie O_wO_p aus *nach oben* abgetragen. C_wC_p stellt dann die Funktion der Haushaltsabsorption dar, gemessen in absoluten Größen. Die Unternehmensabsorption (Investition) wird entsprechend der jeweiligen proportionalen Verteilung von der Grundlinie O_wO_p aus *nach unten* abgetragen. Es ergibt sich I_wI_p als die Investitionsfunktion der Unternehmen[3].

Boulding geht davon aus, daß die Haushaltsabsorption („Konsum“) mit wachsendem Lohnanteil größer wird, aber mit abnehmender Rate[4]. In ähnlicher Weise steigt die Unternehmensabsorption mit abnehmender Rate, wenn die Bruttogewinnquote sich erhöht.

In der folgenden Weise erläutert Boulding sein Modell: Bei einer proportionalen Verteilung O_2, in der der Gewinnanteil 20 %, der Lohnanteil 80 % des Sozialproduktes ausmacht, stellt O_2C_2 den Konsum, O_2I_2 die Investition, I_2C_2 das gesamte Sozialprodukt dar ($I_2C_2 = O_2C_2 + O_2I_2$). Wird diese Strecke I_2C_2 von der Basislinie aus nach oben abgetragen, gelangt man zum Punkt Y_2, der auf der Kurve $Y_wY_2Y_p$ liegt, die die Größe des gesamten Sozialprodukts bei den verschiedenen Verteilungsverhältnissen darstellt. Diese Kurve hat ein Maximum im Punkte Y_x, für den die Konsumkurve und die Investitionskurve die gleiche Neigung haben. Das bedeutet, daß die Absorption der Haushalte mit gleicher Rate abnimmt, wie die Investition der Unternehmen (bei wachsenden Bruttogewinnen) zunimmt. Dieses Maximum braucht nicht notwendigerweise im Bereich von O_wO_p zu liegen, sondern könnte möglicherweise auch rechts von O_p (Lohnanteil negativ) oder links von O_w (Gewinnanteil negativ) zu liegen kommen.

Die Linie I_1C_1, die das gesamte Sozialprodukt bei einer relativen Verteilung von 10 % Gewinnquote, 90 % Lohnquote darstellt, wird nun geteilt in dem Punkt T_1. Für ihn gilt:

---

[3] In der Darstellung in „Models“ wurden beide Absorptionsfunktionen in der gleichen Richtung abgetragen, was die Übersicht nicht ganz so leicht machte. Dieser ersten Darstellung lag eine ausgeführte Zahlentabelle zugrunde, die jedoch in „Reconstruction“ keine Berücksichtigung mehr fand.

[4] „We assume in this figure that household absorption rises as the proportion of wages increases, but at a diminishing rate.“ Reconstruction, 260. In „Models“, 84, führte Boulding aus: „In the figure we have supposed that consumption falls as the proportion going to wages falls, but at a decreasing rate.“ Dies entsprach aber nicht der Zeichnung und der Tabelle, derzufolge der Konsum bei fallender Lohnquote mit *zunehmender* Rate abnahm.

$$I_1T_1 = \frac{O_wO_1}{O_wO_p} I_1C_1$$

und

$$T_1C_1 = \frac{O_1O_p}{O_wO_p} I_1C_1$$

In der Abbildung ist O_wO_1 ein Zehntel von O_wO_p. Dementsprechend ist I_1T_1 10 % von I_1C_1. I_1T_1 stellt also den gesamten Bruttogewinn bei der Verteilungsproportion O_1 dar, nämlich ein Zehntel des ganzen Sozialproduktes. T_1C_1 gibt den gesamten Lohn wieder, nämlich 90 % des Sozialproduktes. Ähnlich lassen sich die Bruttogewinne und Löhne für alle anderen Verteilungsproportionen in die Abbildung einzeichnen. Bei einer Verteilung O_2, bei der die Lohnquote 20 % und die Bruttogewinnquote 80 % ausmacht, teilt T_2 die Gerade I_2C_2 in der Weise, daß $I_2T_2 = 1/5\ I_2C_2$ und $T_2C_2 = 4/5\ I_2C_2$ betragen, und so weiter für alle anderen Verteilungsverhältnisse.

Die Kurve $I_wT_2C_p$, die *Transfer-Faktor-Linie*[5], teilt das gesamte Einkommen (Sozialprodukt) in Löhne (obere Hälfte) und Bruttogewinne (untere Hälfte) für jedes Verteilungsverhältnis. Beispielsweise ist bei der Verteilung O_2 der Gleichgewichts-Transfer-Faktor $T = O_2T_2$ (= V— I, d. h. I_2T_2 — O_2I_2, oder, was dasselbe ist, C — W, d. h. O_2C_2 — T_2C_2). In der Abbildung hat T ein Maximum bei T_x und Minimum bei T_n. Diese Punkte brauchen selbstverständlich nicht innerhalb des Bereiches O_wO_p zu liegen.

2. Das Gleichgewicht bei gegebenem Transferfaktor

Boulding nimmt zunächst den Transferfaktor als vorgegeben an[6], also beispielsweise gleich O_wS_w, und sucht daraus W und V abzuleiten. Das gesamte System befindet sich dann im Gleichgewicht im Punkt T_e,

[5] Die Bedeutung dieser Kurve wird von Boulding nicht sehr deutlich herausgearbeitet, was leicht zu Mißverständnissen führt. Die Transferfaktorlinie stellt nicht einfachhin die *tatsächliche* Verteilung zwischen Löhnen und Gewinnen in realen Größen dar bei gegebener proportionaler Verteilung, so daß beispielsweise I_2T_2 als durch O_wO_2 *bestimmt* zu denken wäre. Wie aus den weiteren Ausführungen Bouldings hervorgeht, liegt die Bedeutung der Transferfaktorlinie vielmehr darin, daß beispielsweise O_2T_2 den Transferfaktor darstellt, aus dem sich ein Gewinnanteil von I_2T_2 entsprechend O_2T_2 *ergibt*. In der Wirklichkeit muß also O_wO_2 als durch I_2T_2 bestimmt gedacht werden. Zur Konstruktion muß man allerdings umgekehrt vorangehen. Auf die Schwierigkeiten dieser Auffassung wird im 2. Teil dieser Arbeit ausführlich eingegangen werden, vgl. besonders S. 147—50.

[6] In Models, 84, erklärt Boulding den Transferfaktor als durch seine verschiedenen vorher erwähnten Komponenten bestimmt.

wo die waagrechte Linie von S_w die Transferfaktorkurve von oben schneidet. Das Distributionsverhältnis ist O_e, die Investition O_eI_e, Absorption der Haushalte O_eC_e, Sozialprodukt I_eC_e, Bruttogewinne insgesamt I_eT_e, Lohnsumme T_eC_e.

Boulding macht auch Angaben über die Dynamik und Stabilität dieses Gleichgewichts. Entspricht beispielsweise die Verteilung dem Punkte O_2, so ist der tatsächliche Transferfaktor O_2S_2 größer als der, bei dem sich eine Distribution entsprechend dem Punkt O_2 ergeben würde[7]. Die Gewinne werden auf Kosten der Löhne steigen, d. h. die Verteilung wird sich von O_2 nach rechts verschieben in Richtung auf O_e zu. Liegt umgekehrt der tatsächliche Transferfaktor O_wS_w unter dem Gleichgewicht wie beispielsweise bei T_x, wird sich die Verteilung zugunsten der Löhne verschieben, d. h. nach links, wieder auf O_e zu. T_e ist also der Punkt eines *stabilen Gleichgewichts.*

Der Punkt T_e' aber, in dem die Gerade S_wS_p die Transferfaktorkurve von unten schneidet, stellt ein *labiles Gleichgewicht* dar. Eine kleine Bewegung von T_e' aus nach links wird eine weitere Linksbewegung auslösen, bis das stabile Gleichgewicht in T_e erreicht ist. Eine kleine Verschiebung nach rechts aber wird eine weitere Bewegung nach rechts auslösen, die das System bis O_p führt oder vielleicht noch darüber hinaus. T_e' ist also der Punkt eines labilen Gleichgewichts.

3. Das Gleichgewicht bei variablem Transferfaktor

Man kann nun aber auch die Voraussetzung eines exogen vorgegebenen Transferfaktors fallen lassen und T als Variable des Systems von der verhältnismäßigen Verteilung abhängig machen[8]. Damit wird in das Gleichungssystem (vgl. S. 41 f.) eine neue Variable, T, und eine neue Gleichung eingeführt:

$$T = F_t(v)$$

In der Abbildung soll die Kurve R_wR_p, genannt die R-Kurve, diese Gleichung darstellen. Im Schnittpunkt der R-Kurve mit der Transferfaktor-Kurve (T-Kurve) in T_r ist das gesamte System im Gleichgewicht.

Welche Eigenschaften hat diese R-Kurve? Sie stellt die Veränderungen von T als abhängig von der proportionalen Verteilung dar. Nach der Definitionsgleichung (15) gilt nun aber:

$$T \equiv dM_b + dK_h - dK_h' + D$$

---

[7] Vgl. Reconstruction, 261.

[8] Vgl. Reconstruction, 261 ff. Models, 93 f. enthält diese Analyse noch nicht.

Die ersten beiden Glieder der rechten Seite der Gleichung sind offenbar nicht mit der proportionalen Verteilung in irgend einer klar bestimmbaren Weise verknüpft. Bei steigender Lohnquote werden sich auf lange Sicht weder der *Kassenbestand* der Haushalte im Verhältnis zu dem der Unternehmen noch die *Konsumentenkredite* wesentlich erhöhen. Das dritte Glied der Gleichung, dK_h', hängt eng zusammen mit dem Umfang der Investition. Würden in einem extremen Fall die gesamten Investitionsmittel durch Fremdfinanzierung, d. h. durch *Verkauf von Wertpapieren* an Haushalte, aufgebracht, so würde gelten:

$$dK_h' = I$$ [9]

Das vierte Glied, D, das die *verteilten Gewinne* darstellt, ist wohl abhängig von der Höhe der Gewinne. Je größer die Gewinne sind, um so mehr davon wird wohl auch in Form von Dividenden ausgeschüttet werden. Würden die gesamten Bruttogewinne unmittelbar verteilt, so ergäbe sich

$$V = D$$

Im Extremfall gilt also:

$$dK_h' = I$$
$$D = V$$
$$dM_h + dK_h = O$$

Dann gilt aber nach (15)

$$T = V - I$$

Damit wäre die R-Kurve identisch mit der T-Kurve, und die Lösung wäre unbestimmt. Ein indifferentes Gleichgewicht würde gelten auf der ganzen Breite.

Im Normalfall aber werden bei geringen Gewinnen auch wenig neue Wertpapiere von Unternehmen an Haushalte verkauft werden, da keine Investitionen zu finanzieren sind, und die Verteilung der Gewinne wird sich auf vertraglich festgelegte Grundrenten-, Miet- und Zinszahlungen beschränken. Je mehr die Bruttogewinne die vertraglich festgelegten Verpflichtungen zu Gewinnverteilungen überschreiten, um so mehr werden auch D und dK_h' zunehmen. Da bei positivem T die Bruttogewinne größer sind als die Investition, wird D vermutlich schneller zunehmen als dK_h'; die R-Kurve wird dementsprechend leicht ansteigen. Ist die Dividendenpolitik aber rein konventionell bestimmt und wenig von den Gewinnen abhängig, andererseits die Neigung zur Fremdfinanzierung groß, kann sich auch die andere Alternative ergeben, d. h. die R-Kurve leicht fallen.

[9] An dieser Stelle wird I ganz offenbar im Sinne der Nettoinvestition, nicht im Sinne der Gesamtabsorption der Unternehmen verwendet.

Wenn die Neigungen der T-Kurve und der R-Kurve ähnlich sind, wird das Gleichgewicht, wenn sich überhaupt eines ergibt, sehr unbeständig sein, d. h. eine kleine Veränderung der zugrundeliegenden Funktionen wird eine große Veränderung der Gleichgewichtslage herbeiführen oder sogar die Möglichkeit eines Gleichgewichts ganz aufheben. Liegt die R-Kurve ganz oberhalb der T-Kurve, ergibt sich kein Gleichgewicht, sondern der Gewinnanteil wird dauernd steigen, bis das Modell an seine Grenzen stößt. Ähnlich wird sich, wenn die R-Kurve ganz unterhalb der T-Kurve liegt, der Lohnanteil dauernd vergrößern.

Boulding glaubt, für sein Modell auch eine Bestätigung in der Erfahrung zu finden. Sinkt nämlich die Investitionsbereitschaft geringfügig (in der Darstellung durch die Verschiebung von $I_w I_p$ nach $I_w' I_p'$ ausgedrückt), verschiebt sich auch die Gleichgewichts-Transfer-Kurve (im Modell dargestellt durch die gestrichelte Linie $I_w' C_p$). Ist nun die R-Kurve fest verankert, insbesondere im Punkt R_w (zum Beispiel durch vertraglich festgelegte Renten- und Zinsaufwendungen), kann es leicht geschehen, daß die T-Kurve ganz oberhalb der R-Kurve verläuft. Eine Entwicklung dieser Art hat sich möglicherweise im Jahre 1929 ergeben. Die Verschiebung der Verteilung zugunsten der Löhne und zuungunsten der Gewinne, die daraufhin einsetzte, müßte mit der sich daran anschließenden Arbeitslosigkeit dann verstanden werden als eine „Flucht in die Löhne“, verursacht durch eine Verschiebung der Investitionskurve und eine entsprechende Veränderung der T-Kurve (in Abb. 6 durch die gestrichelten Linien angedeutet). Ein Rückgang der Konsumfunktion könnte möglicherweise die umgekehrte Situation herbeiführen, in der die R-Kurve ganz oberhalb der T-Kurve verläuft, doch ist die Konsumfunktion wesentlich beständiger als die Investitionsfunktion, und so ist dieser Fall in jüngster Zeit nie eingetreten.

4. Ergebnisse aus dem Gleichgewichtsmodell I

Der Wert des Modells liegt nach Boulding in den Folgerungen, die sich bei allen Bedenken gegen einzelne unwirkliche Annahmen aus ihm ziehen lassen[10]. Sie seien kurz zusammengefaßt:

1. Eine Zunahme in der Funktion der *Haushaltsabsorption* verändert die *Verteilung* zugunsten der Löhne, eine Zunahme der Investitionsfunktion verändert die Verteilung zugunsten der Bruttogewinne.

2. Eine Veränderung der proportionalen *Verteilung* als Folge einer Veränderung des Transferfaktors kann eine günstige oder ungünstige Wirkung auf die *Gesamtausbringung* (Sozialprodukt) und die Beschäf-

[10] Vgl. Reconstruction, 263 f.

tigung haben je nachdem, auf welcher Seite des Maximums der Gesamtabsorptionskurve das System sich gerade befindet. Nimmt man, wie in der Darstellung, an, daß die Gesamtabsorptionskurve ein Maximum in Y_x hat, dann wird eine Zunahme der Gewinnquote und eine Abnahme der Lohnquote eine günstige Wirkung auf Gesamtausbringung und Beschäftigung haben, wenn sich das System links von Y_x befindet. Umgekehrt aber liegt der Fall, wenn sich das System rechts von Y_x befindet: Eine Zunahme der Gewinnquote und eine Abnahme der Lohnquote würde die Gesamtausbringung vermindern. Im einzelnen hängen diese Wirkungen natürlich von der Form der Haushalts- und Unternehmensabsorptionsfunktionen ab. Schränkt eine Abnahme des Konsums den Lohn mehr ein, als eine Zunahme der Gewinne die Investition sich ausdehnen läßt, dann wirkt sich eine Abnahme der Lohnquote ungünstig auf die Gesamtbeschäftigung aus.

3. Das *Maximum des Sozialproduktes* (in der Darstellung bei Y_x) fällt nicht zusammen mit der *Gleichgewichtsausbringung* (im Modell bei T_r). Boulding weist auch besonders darauf hin, daß das Maximum der Ausbringung nicht notwendigerweise ein Optimum irgendwelcher Art darstellt. Es könnte sein, daß die optimale Ausbringung noch größer ist als Y_x (z. B. K_w). Eine solche Ausbringung läßt sich ohne Veränderung der Konsum- bzw. Investitionsfunktion durch keinerlei Verteilungsmanipulationen herbeiführen. Liegt dagegen das soziale Optimum unterhalb des Maximums Y_x, z. B. bei N_w (= Vollbeschäftigung), dann läßt sich dieses Optimum auf zwei Verteilungsweisen erreichen, die durch die Punkte L und M dargestellt sind. Eine Gleichgewichtsverteilung existiert dabei aber im Modell weder bei L noch bei M.

4. Das Modell sagt nichts darüber aus, wann das Sozialprodukt seine *Kapazitätsgrenze,* d. h. Vollbeschäftigung, erreicht. Das Modell läßt das Sozialprodukt wachsen mit der Fähigkeit des Systems, die produzierten Güter aufzunehmen. Bei Vollbeschäftigung kann sich das Sozialprodukt aber nicht mehr weiter vergrößern, nicht wegen begrenzter Aufnahmefähigkeit, sondern wegen ausgelasteter Produktionskapazität, was sich in Preisinflation oder (bei Preiskontrolle) in Warenverknappung ausdrückt.

5. Für besonders wichtig hält Boulding die Einsicht, daß die Wirkung der Veränderung der proportionalen Verteilung auf das Beschäftigungsniveau davon abhängt, welche *Ursachen* eine solche Verschiebung der Verteilungsproportion herbeigeführt haben. Eine solche Veränderung kann sich ergeben entweder als Ergebnis einer Veränderung des Transfer-Faktors (der R-Kurve) oder als Ergebnis einer Veränderung der Konsum- oder Investitionsfunktionen. Für die Wirtschaftspolitik zieht Boulding daraus die Folgerung, daß eine Veränderung des Verteilungsverhältnisses infolge einer Veränderung des Transferfak-

tors die Beschäftigung heben oder senken kann je nach dem Verlauf der Konsum- und Investitionskurven. Verändert sich aber das Verteilungsverhältnis als Folge einer Zunahme der Konsum- oder Investitionsfunktion, folgt daraus beinahe immer eine günstige Wirkung auf das Beschäftigungsniveau (sofern noch Kapazitätsreserven zur Verfügung stehen). Nehmen diese Funktionen jedoch ab, werden sich die daraus sich ergebenden Veränderungen fast immer ungünstig auf das Beschäftigungsniveau auswirken.

5. Schwächen des Gleichgewichtsmodells I

Eine grundsätzliche Kritik der Verteilungstheorie Bouldings soll erst im zweiten Teil dieser Arbeit erfolgen. Dennoch sei hier schon auf die besonderen Schwächen der *Einzel*modelle hingewiesen, auf die in der Gesamtwürdigung dann nicht mehr eingegangen zu werden braucht. Boulding selbst erkennt viele dieser Schwächen an und hat deshalb selbst Modelle mit anderen Verhaltensannahmen vorgelegt.

Von den das Modell konstituierenden Gleichungen[11] erscheinen vor allem die Verhaltensgleichungen fragwürdig. Eine Funktion der Haushaltsabsorption von der Form $C = f_c (W)$, daß also der Konsum mit wachsendem Einkommen der Nichtunternehmer wächst, wenn auch mit abnehmender Rate, kann als grobe Annäherung Gültigkeit für sich beanspruchen. Die Konsumfunktion Bouldings $C = f_c (w)$ aber, derzufolge der Konsum als eine Funktion des *relativen* Anteils der Nichtunternehmer am Sozialprodukt angesehen wird, erscheint als wenig wirklichkeitsnah. Sie würde bedeuten, daß die Nichtunternehmer auch dann noch ihren Konsum erhöhen, wenn ihr Einkommen sinkt, vorausgesetzt nur, daß das Einkommen der Unternehmer (in Zeiten eines Konjunkturrückganges) noch stärker abnimmt als das ihre und so der *relative* Anteil der Arbeitnehmer am Volkseinkommen immer noch steigt.

Ähnlich unwahrscheinlich ist die Investitionsfunktion dieses Modells $I = f_I (v)$, daß also die Höhe der Investitionen nicht von der absoluten Höhe der Gewinne, sondern von der Gewinn*quote* abhängt. Dies würde bedeuten, daß die Unternehmer ihre Investitionen auch dann noch erhöhen, wenn die Gewinne sinken, aber der *relative* Anteil der Gewinne am Sozialprodukt größer geworden ist im Verhältnis zu den Löhnen, weil die Löhne noch stärker zurückgegangen sind.

Das Modell berücksichtigt in keiner Weise die Einflüsse einer erhöhten Nettoinvestition auf den Gesamtkonsum und erhöhten Konsums auf die Nettoinvestition, also die Multiplikator- und Akzeleratorwirkungen.

---

[11] Vgl. S. 41 f.

C. Gleichgewichtsmodell II

1. Der Grundansatz des Modells

Boulding hat selbst sein erstes Gleichgewichtsmodell als nicht ganz befriedigend angesehen. In „Models“ wie auch in „Reconstruction“ legt er anschließend an das erste gleich noch ein zweites Gleichgewichtsmodell vor, das mit anderen Verhaltensannahmen arbeitet[1]. In diesem 2. Modell geht er von der Voraussetzung aus, daß der Konsum nicht von der Lohnquote abhängig ist, sondern von der absoluten Höhe des Volkseinkommens (Sozialprodukt) und daß die Investition eine Funktion der absoluten Höhe der Gewinne ist. Diese Annahmen, schreibt er, „mögen realistischer sein als die des ersten Modells“[2], ohne daß er einen empirischen Nachweis ihrer Wirklichkeitsgeltung versucht.

Unter Benutzung derselben Symbole wie auf S. 41 enthält das Modell fünf Unbekannte: C, I, Y, W und V. Die drei voneinander unabhängigen Identitätsgleichungen bleiben dieselben wie im vorigen Modell:

(25) $$Y = C + I$$ (Volkseinkommen: Verwendungsseite)

(26) $$Y = W + V$$ (Volkseinkommen: Verdienstseite)

(27) $$W = C - T \text{ bzw. } V = I + T$$ (Transfergleichung)

Dazu kommen die beiden voneinander unabhängigen Verhaltensgleichungen:

(28) $$C = f_C(Y)$$ (Konsumfunktion)

(29) $$I = f_I(V)$$ (Investitionsfunktion)

Damit läßt das Modell eine eindeutige Lösung zu.

In Abb. 7 wird wieder eine geometrische Illustration des Modells geboten. Auf der horizontalen Achse wird das gesamte Sozialprodukt abgetragen, auf der vertikalen Achse seine einzelnen Komponenten. Die *Konsumfunktion* wird durch die Kurve CC' dargestellt und zeigt die Höhe des Konsums an entsprechend der jeweiligen Höhe des gesamten Sozialprodukts (Volkseinkommen). Wird der Transferfaktor als unabhängig vom Gesamteinkommen angenommen, z. B. entsprechend dem Abstand CW, so verläuft die Lohnkurve WW' unterhalb der CC'-Kurve in gleichmäßigem Abstand. Die Kurve WW' zeigt dann die ab-

[1] Models, 88—93; Reconstruction, 264—69.

[2] Reconstruction, 265.

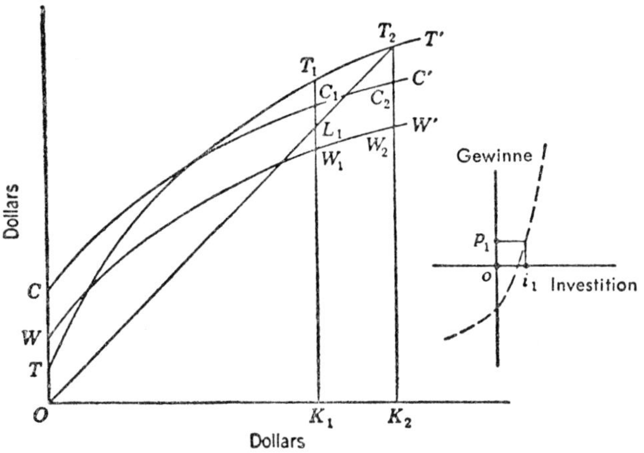

Abb. 7: Gleichgewichtige Einkommensverteilung

solute Lohnhöhe an entsprechend der jeweiligen Höhe des (Gleichgewichts-) Sozialprodukts. Für jedes beliebige Sozialprodukt OK_1 ist K_1C_1 die entsprechende Haushaltsabsorption, K_1W_1 der Teil des Sozialprodukts, der in Form von Löhnen den Haushalten zufließt. Wenn die 45°-Linie K_1C_1 bei L_1 schneidet, dann ist K_1L_1 die tatsächliche Höhe des Sozialprodukts (= OK_1, wie sich aus der Konstruktion ergibt). W_1L_1 stellt die Gewinne, C_1L_1 die Investitionen dar. (In der Abbildung sind die Investitionen negativ, es wird desinvestiert.)

Die *Investitionsfunktion* wird nun zunächst in der kleinen Abbildung daneben dargestellt, und zwar soll die geplante (Netto)-Investition abhängig sein von den Gewinnen. Bei einer Höhe der Gewinne von L_1W_1 (= op_1 in der kleinen Abbildung) wird die geplante Investition C_1T_1 sein (d. h. oi_1 in der kleinen Abbildung). K_1T_1 ist dann die geplante Gesamtabsorption bei einem Gesamt-Sozialprodukt OK_1. Mittels einer ähnlichen Hilfskonstruktion läßt sich die gesamte Kurve für die geplante Absorption TT' zeichnen. In der kleinen Abbildung wird angenommen, daß die Investition selbst dann noch positiv ist, wenn keinerlei Gewinne mehr gemacht werden, doch ist diese Annahme für das Modell nicht notwendig[3].

Der *Gleichgewichtspunkt* des Modells ergibt sich bei T_2, wo die 45°-Linie die Kurve für die gesamte (geplante) Absorption schneidet. Im

---

[3] Diese Annahme der Hilfskonstruktion erscheint allerdings als unvereinbar mit der Hauptdarstellung, in der bei C_1L_1 schon desinvestiert wird. Vgl. oben und Reconstruction, 265.

Gleichgewicht ist das Sozialprodukt gleich OK_2 (= K_2T_2), die Investition C_2T_2, der Konsum K_2C_2, die Lohnsumme K_2W_2 und der Gesamtgewinn W_2T_2.

Boulding sucht nun zu bestimmen, welche Wirkungen die drei entscheidenden Variablen des Modells ausüben, und nimmt nacheinander an:

1. Eine Veränderung des Transferfaktors;
2. Eine Veränderung der Konsumfunktion;
3. Eine Veränderung der Investitionsfunktion.

2. Das Gleichgewicht bei Veränderung des Transferfaktors

Eine autonome Erhöhung des *Transfer-Faktors* hat zur Folge, daß ein größerer Anteil des Sozialprodukts auf die *Gewinne* entfällt[4]. Die daraus sich ergebenden Veränderungen werden in Abb. 8 dargestellt. Die Kurven WW', CC', TT' werden aus der vorhergehenden Abb. 7 übernommen. Aus der Erhöhung des Transferfaktors folgt eine neue Lohnkurve W_1W_1', die unterhalb der alten Kurve WW' verläuft, da der Transferfaktor, der ja als unabhängig von der Höhe der Gesamtproduktion angenommen wird, sich von CW auf CW_1 vergrößert hat. Entsprechend erhöhen sich die Gewinne auf jeder Ebene des Sozialprodukts, und so ergibt sich eine neue Kurve für die gesamte geplante

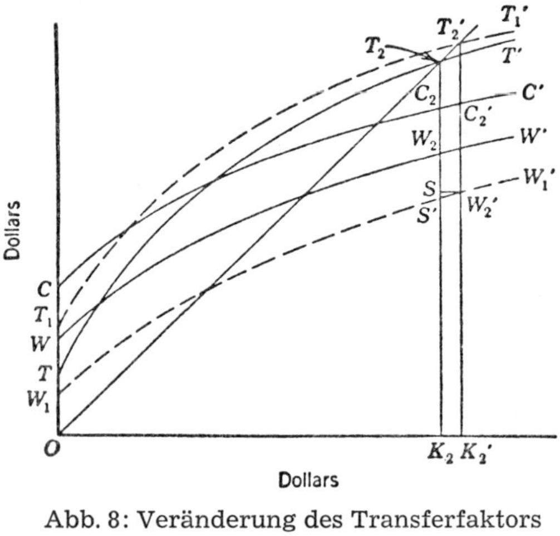

Abb. 8: Veränderung des Transferfaktors

[4] Nach Gleichung (27) hängt die Höhe der Gewinnsumme ja ceteris paribus vom Transferfaktor ab.

Absorption T_1T_1' (entsprechend der kleinen Figur in Abb. 7), die ganz oberhalb der alten Kurve der Gesamtabsorption TT' verläuft. Voraussetzung war, daß der Konsum nicht von der Verteilung des Einkommens, sondern nur von der Höhe des Gesamteinkommens abhängt. Damit verschiebt sich der Gleichgewichtspunkt von T_2 nach T_2', das Sozialprodukt nimmt zu von OK_2 nach OK_2', die Gesamtgewinne nehmen ebenfalls zu von W_2T_2 nach $W_2'T_2'$, die Löhne aber nehmen ab von K_2W_2 nach $K_2'W_2'$. Diese Abnahme der Lohnsumme ist jedoch geringer als die Veränderung des Transfer-Faktors, in der Zeichnung SW_2 statt $S'W_2$. Die Zunahme der Gewinne ist jedoch größer als die Veränderung des Transferfaktors. Boulding unterscheidet hier zweierlei Wirkungen, die von einer Veränderung der Einkommensverteilung zugunsten der Gewinne ausgehen: einen „Transfer-Effekt", bei dem die Zunahme des Transferfaktors den Gesamtgewinnen zugezählt und von der Lohnsumme abgezogen wird, und einen „Einkommens-Effekt", bei dem die Erhöhung des Volkseinkommens, die von dieser Veränderung der Verteilung ausgeht, sich positiv auf Löhne und Gewinne auswirkt, indem die Löhne nicht ganz so stark zurückgehen, die Gewinne aber noch mehr steigen. Wie diese beiden Wirkungen einer Änderung des Transferfaktors sich zueinander verhalten, hängt von den relativen Neigungen der Konsum- und Investitionsfunktionen ab. Der Anteil der Löhne am „Einkommens-Effekt" wird um so größer sein, je steiler die Konsumfunktion ansteigt (entsprechend dem Abstand SS' in der Zeichnung).

Boulding weist darauf hin, daß in diesem Modell also eine Verlagerung der Verteilung zugunsten der Gewinne und zuungunsten der Löhne immer zu einer Erhöhung des *Sozialprodukts* führt, sofern nicht die Kapazitätsgrenze erreicht wird. Dies folgt aus der Annahme, daß der Konsum nur vom Gesamteinkommen abhängt und nicht von seiner Verteilung. Würde der Konsum als Folge einer sinkenden Lohnquote abnehmen, dann würde das die produktionssteigernden Wirkungen einer solchen Verteilungsveränderung vermindern und möglicherweise sogar zu einem Rückgang des Sozialproduktes führen wie im ersten Modell.

3. Das Gleichgewicht bei Veränderung der Haushaltsabsorptionsfunktion und der Investitionsfunktion

Auf ähnliche Weise bestimmt Boulding die Wirkungen, die sich aus einer Änderung der Haushaltsabsorptionsfunktion *(Konsum-Funktion)* ergeben. In Abb. 9 werden Konsum-, Lohn- und Gesamtabsorptionskurve zunächst angenommen wie bisher mit einer Gleichgewichtsproduktion von OK (= KT), einer Lohnsumme von KW, Bruttogewinnen von WT, Konsum von KC, Investition von CT, alles dargestellt durch die ausgezogenen Linien. Nun soll sich der Konsum autonom erhöhen, wie durch die gestrichelte Linie bei C' angedeutet. Der Transferfaktor wird als unverändert angenommen, so daß sich die Lohnkurve im selben Maße wie die Konsumkurve nach oben verschiebt zu der gestrichelten Linie bei W'.

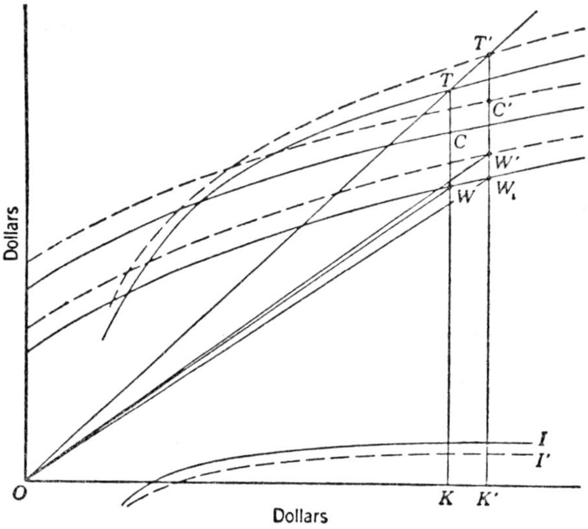

Abb. 9: Veränderung der Absorptionsfunktionen

Das bedeutet eine Veränderung der Verteilung zugunsten der *Löhne* für jede beliebig angenommene Höhe des Gesamtsozialprodukts. Dies kommt daher, daß die Verteilung des Sozialprodukts von seiner Zusammensetzung abhängt. Somit führt die Verschiebung der Konsumkurve nach oben ohne jede Veränderung der Investitionsfunktion zu einer Veränderung der Verteilung zugunsten der Löhne und zuungunsten der Gesamtgewinne, wie aus der Gleichung W = C — T folgt. Die Investitionskurve verschiebt sich deshalb etwas nach unten von I nach I', und die Kurve der Gesamtabsorption T' ist relativ niedriger gegenüber C' als T gegenüber C[5]. Ist der Rückgang der Investitionsfunktion nicht sehr groß, wird die Kurve für die Gesamtabsorption immer noch oberhalb der T-Kurve liegen, und das Ergebnis einer Er-

[5] In der Zeichnung Bouldings (Reconstruction, 267), die in Abb. 9 wiedergegeben wird, trifft dies allerdings nicht für die ganze Länge der Kurve zu.

höhung der Konsumfunktion wird eine Zunahme des Sozialprodukts sein, wie in der Abbildung dargestellt. Ist hingegen die Investition äußerst empfindlich gegenüber den Gewinnen, so daß sich aus einem Rückgang der Gewinne eine sehr starke Verschiebung der Investitionskurve ergibt, dann kann eine Zunahme der Konsumfunktion zu einem Rückgang des Sozialprodukts führen, wenn nämlich die Abnahme der Investition die Zunahme des Konsums bei der Gleichgewichtsproduktion überschreitet.

Eine autonome Erhöhung der *Investitionsfunktion* verschiebt nur die T-Kurve nach oben, beispielsweise von T nach T'. Dies bedeutet immer eine Erhöhung des Sozialprodukts. Der größte Teil dieser Zunahme geht aber in die Gewinne; die Lohnsumme dehnt sich nur geringfügig aus, von KW nach K'W_i, während die Erhöhung der Gewinne beträchtlich ist, von WT nach W_iT'. Eine Erhöhung der Investition verbessert also die absolute und relative Gewinnlage der Unternehmen.

4. Ergebnisse aus dem Gleichgewichtsmodell II

In diesem Modell führt eine *Zunahme des Sozialprodukts,* die von einer Erhöhung der Investition hervorgerufen wird, mit großer Sicherheit zu einem Rückgang des Durchschnittslohnes. Um ein stabiles Gleichgewicht zu ermöglichen, muß die T-Kurve die 45°-Linie von oben schneiden, d. h. sie muß eine Steigung von weniger als 45° haben. Die Steigung der W-Kurve ist noch geringer als die der T-Kurve, muß also ebenfalls unter 45° liegen. Wenn man die Produktion als Maß für das Beschäftigungsniveau annimmt, was annäherungsweise der Wirklichkeit entspricht, so ist der Durchschnittslohn im Ausgangsgleichgewicht verhältnisgleich dem Tangens WOK (KW/OK). Nach der Erhöhung der Investitionsfunktion entspricht der Durchschnittslohn dem Tangens W_iOK, der kleiner ist als der Tangens WOK. Ist die Erhöhung des Sozialprodukts aber die Folge einer Zunahme der *Konsumfunktion,* kann der Durchschnittslohn sich erhöhen, z. B. von Tangens WOK nach Tangens W'OK'. Das muß aber nicht notwendigerweise eintreffen; denn wenn die Investition sehr empfindlich auf Veränderungen der Gewinne reagiert und so eine große Ausdehnung der Investition die Erhöhung des Konsums begleitet, wird der Durchschnittslohn möglicherweise gleichbleiben oder sogar sinken.

5. Schwächen des Gleichgewichtsmodells II

Die Verhaltensgleichungen dieses Modells entsprechen eher der Wirklichkeit als die des Gleichgewichtsmodells I. Die Schwierigkeit, die private *Nettoinvestition* in eindeutiger Weise mit den anderen volkswirtschaftlichen Größen zu verbinden, ist allgemein bekannt. Daß die Investition von der Höhe der gemachten Gewinne abhängt, ist zumindest eine plausible Annahme, für deren Wirklichkeitsgeltung auch empirische Unterlagen beigebracht werden können[6]. Die Frage, von den Gewinnen welcher Zeitperiode die Investitionen abhängig gemacht werden sollen, braucht in diesem statischen Modell keine Beachtung zu finden. Man wird sich also mit der Wahl der Investitionsfunktion einverstanden erklären können.

Die *Konsum*funktion mag vielleicht nicht ganz so restlos zu überzeugen, weil die Höhe des Konsums nicht nur von der absoluten Höhe des Volkseinkommens, sondern wohl auch von seiner Verteilung mit abhängt. Die Unzulänglichkeit der vereinfachenden Annahme dieser Konsumfunktion hat Boulding aber insofern wieder ausgeglichen, als er auf modifizierende Faktoren in der Analyse seines Modells selbst hinwies[7]. Ist man bereit, überhaupt ein Modell als sinnvoll anzuerkennen, das auf viele sehr komplizierte Feinheiten verzichtet, wird man gegen diese Konsumfunktion keine wesentlichen Einwendungen erheben können. Dennoch hat Boulding später versucht, für die Verhaltensgleichungen seines Grundmodells noch eine allgemeinere Form zu finden, die nicht solche speziellen Annahmen voraussetzt, wie gleich noch gezeigt werden soll.

Auf eine Schwäche dieser statischen Modelle macht Boulding selbst aufmerksam: Im tatsächlichen, dauernd sich wandelnden Wirtschaftsprozeß wird man den Transferfaktor nicht als unveränderlich vorgegeben annehmen können, ebenso nicht die Konsum- und Investitionsfunktionen. Aber derartige Modelle können grundsätzlich nicht die Wirklichkeit voll wiedergeben, sondern nur bestimmte Zusammenhänge herausarbeiten, bestimmte Seiten des Wirtschaftssystems beleuchten. Sie erheben nicht den Anspruch auf volle Wirklichkeitsgeltung. Sie geben uns vielleicht, meint Boulding, mehr „Einsicht" als „Wissen". Aber gerade dadurch brächten sie die komplexe Natur der Wirklichkeit zum Ausdruck, in der wir leben[8].

---

[6] Vgl. Jan *Tinbergen,* Statistical Evidence on the Acceleration Principle, in: Economica N.S. 5 (1938) 164—76; ders., Vérification Statistique des Théories des Cycles Économiques I, Une Méthode et son Application au Mouvements des Investissements, Genf 1939, bes. 56: „Des preuves assez sérieuses démontrent que les fluctuations des investissements sont déterminées en majeure partie par les fluctuations des profits réalisés par l'ensemble de l'industrie quelques mois auparavant."

[7] Vgl. oben S. 53 f.; Reconstruction, 267.

[8] [These models] „are therefore to be taken as illustrative rather than definitive pictures of the economic system, and yield us perhaps more insight than knowledge. They serve to illustrate, however, the complexities of the real world." Reconstruction, 269.

D. Gleichgewichtsmodell III

1. Der Grundansatz des Modells

Boulding war offenbar von der Form, die seine Verteilungstheorie in „Reconstruction“ gefunden hatte, nicht voll befriedigt. Im selben Jahr wie „Reconstruction“ (1951) legte er ein weiteres, verbessertes Modell vor[1]. Zwei Jahre später faßte er in einem Vortrag vor der American Economic Association dieses Modell noch einmal zusammen, entwikkelte es in einzelnen Punkten weiter und ging dabei auf die Kritiken ein, die in Besprechungen von „Reconstruction“ geäußert worden waren[2]. Somit kann dieses dritte Modell als die endgültige Fassung seiner Verteilungslehre angesehen werden.

Boulding legt wieder dieselben Identitätsgleichungen zugrunde:

(30) $Y = W + V$ (Volkseinkommen: Verteilungsseite)

(31) $Y = C + I$ (Volkseinkommen: Verwendungsseite)

(32a) (32b) $W = C - T$ bzw. $V = I + T$ (Transfergleichung)

Die letzte Gleichung, die Transfergleichung, erfährt in ihrer zweiten Form (als Gewinngleichung) in dem Vortrag „The Fruits of Progress“ noch eine genauere Interpretation. Boulding setzt sich mit dem Einwand auseinander, die Faktoren I und T seien nicht unabhängig voneinander, sondern höben sich teilweise gegenseitig auf und stellten darum keine exakte Bestimmung von V dar, wie in einer Besprechung des Buches „Reconstruction“ beanstandet worden war[3]. Löst man nämlich T in seine Komponenten auf, so lautet die Transfergleichung:

(33) $$V = I + dM_b + dK_h - dK_h' + D$$

Nun werden Investitionen aber weitgehend durch den Verkauf von Wertpapieren finanziert, so daß im Grenzfall $I - dK_h' = O$ ist.

In dieser Form ist der Einwand nicht schwer zu beantworten. Boulding wählt einen recht umständlichen Weg, indem er die (Netto-)Investition in zwei Komponenten aufspaltet, nämlich I_n, die aus eigenen

---

[1] Kenneth E. *Boulding*, Wages as a Share in the National Income, in: The Impact of the Union, ed. by David McCord *Wright*, New York 1951, 123—48.

[2] Kenneth E. *Boulding*, The Fruits of Progress and the Dynamics of Distribution, in: The American Economic Review (Papers and Proceedings) 43 (1953) 473—83.

[3] Ralph *Turvey*, in: Economica N.S. 18 (1951) 203—07.

Mitteln finanzierte Investition, und I_e, die durch die Emission von Wertpapieren finanzierte Investition[4]. I_e ist damit gleich dK_h'. Die Gleichung (33) lautet dann:

$$V = I_n + D + dM_b + dK_h \tag{34}$$

bzw. (als Lohngleichung)

$$\begin{aligned} W = Y - V &= C + I - I_n - (dM_b + D + DK_h) \\ &= C + I_e - (dM_b + D + dK_h) \end{aligned} \tag{35}$$

Man kann nun die Summe sowohl der selbstfinanzierten Investitionen (I_n) als der fremdfinanzierten Investitionen (I_e) als das Ergebnis von Entscheidungen betrachten, die die einzelnen Unternehmer treffen. Man kann sie also im Modell entweder als exogene Variablen einführen oder als Funktionen von anderen Variablen des Systems abhängig machen. Boulding verfolgt den Gedanken nicht weiter, welche Änderungen dabei gegebenenfalls für sein Modell notwendig werden. Er gibt sich damit zufrieden zu zeigen, daß alle Komponenten des Transferfaktors bestimmten menschlichen Entscheidungsbereichen entsprechen.

Die aufgeworfene Schwierigkeit hätte sich vermutlich auch einfacher beseitigen lassen. Die Komponente dK_h' des Transferfaktors mindert in der Transfergleichung (32 b) die Bruttogewinne um genau den Betrag der fremdfinanzierten Investitionen. Insofern die Investitionen durch die Emission von Wertpapieren finanziert werden, vergrößern sich die Gewinne nicht. Die formale Richtigkeit dieser Gleichung läßt sich also nicht bezweifeln[5]. Damit ist allerdings noch nichts darüber entschieden, ob der eigentliche Einwand von *Turvey* wirklich getroffen und widerlegt ist, doch soll die Behandlung dieser Frage erst im zweiten Teil dieser Arbeit erfolgen.

Während also die den Ansatz bestimmenden Identitätsgleichungen in allen drei Gleichgewichtsmodellen im Grunde immer dieselben bleiben, ändert Boulding in diesem dritten Modell noch einmal die Verhaltensgleichungen[6]. Die Haushaltsabsorption wird als Funktion nicht einfach des gesamten Volkseinkommens, sondern als Funktion des Volkseinkommens und der Lohnsumme dargestellt. Ähnlich wird I, die Unternehmensabsorption, als Funktion des Volkseinkommens und der Gewinne angenommen. Da das gesamte Volkseinkommen sich aus der

[4] Fruits of Progress, 478 f.

[5] Dabei wird vorausgesetzt, daß Boulding den Transferfaktor in seiner Gesamtheit und nicht seine einzelnen Komponenten als strategische Variable verstanden wissen will, was wohl auch dem Aufbau des Modells entspricht. Vgl. zu dieser Frage J. *Marchal,* Modèles, 368 f., der dieser Auffassung, wenn auch mit einigem Zögern, beipflichtet.

[6] Wages, 141 f.; Fruits of Progress, 477.

Lohnsumme und der Bruttogewinnsumme zusammensetzt, können Konsum und ebenso Investition auch jeweils als Funktionen von beiden, Lohnsumme und Gewinnsumme, geschrieben werden. So kommen zu den bekannten drei Identitätsgleichungen noch zwei Verhaltensgleichungen hinzu:

(36) $C = f_C\,(V, W)$ (Konsumfunktion)

(37) $I = f_I\,(V, W)$ (Investitionsfunktion)

Nimmt man an, daß der Transferfaktor durch die Einzelentscheidungen, die seine Komponenten ausmachen, festgelegt ist, enthält das Modell fünf Unbekannte: Y, W, V, I und C und fünf voneinander unabhängige Gleichungen.

Man kann aber auch annehmen, daß der Transferfaktor von V und W abhängt[7]. Dann wird zwar T ebenfalls zur Variablen; dafür kann man dem System eine neue Gleichung einfügen:

(38) $T = f_T\,(V, W)$ (Transferfunktion)

Die graphische Darstellung des Modells erfolgt in drei zusammenhängenden Zeichnungen. Die Bruttogewinne werden dabei auf der Abszisse, die Lohnsumme auf der Ordinate abgetragen. Damit entspricht jeder Punkt des Koordinatensystems einer bestimmten Höhe der Lohnsumme und der Bruttogewinnsumme. Da aber nach Gleichung (36) die Haushaltsabsorption durch die Höhe der Lohnsumme und der Bruttogewinnsumme bestimmt wird, entspricht jedem Punkt des Koordinatensystems auch eine bestimmte Höhe des Gesamtkonsums. Die ausgezogenen Kurven in Abb. 10 stellen *Konsum-Isomeren* dar. Sie verbinden die Punkte gleicher Haushalts-Absorption entsprechend der Konsumfunktion (36)[8].

Für die Form dieser Konsumkurven gelten die folgenden Annahmen:

a) Bei gleichem Volkseinkommen erhöht eine Änderung der Verteilung zugunsten der Löhne den Konsum. In der Zeichnung kommt das dadurch zum Ausdruck, daß man in den Bereich von um so höheren Konsum-Isomeren gelangt, je weiter man auf der Geraden gleichen Volkseinkommens (beispielsweise $Y_v Y_w$) sich dem Punkt nähert, in dem das gesamte Volkseinkommen den Löhnen zufließt (in der Zeichnung: Y_w).

b) Wenigstens von einer gewissen Höhe des Volkseinkommens an wächst der Konsum nicht mehr proportional zum Volkseinkommen, sondern mit abnehmender Rate (gleichbleibende Verteilung vor-

[7] Wages, 142.

[8] Wages, 143.

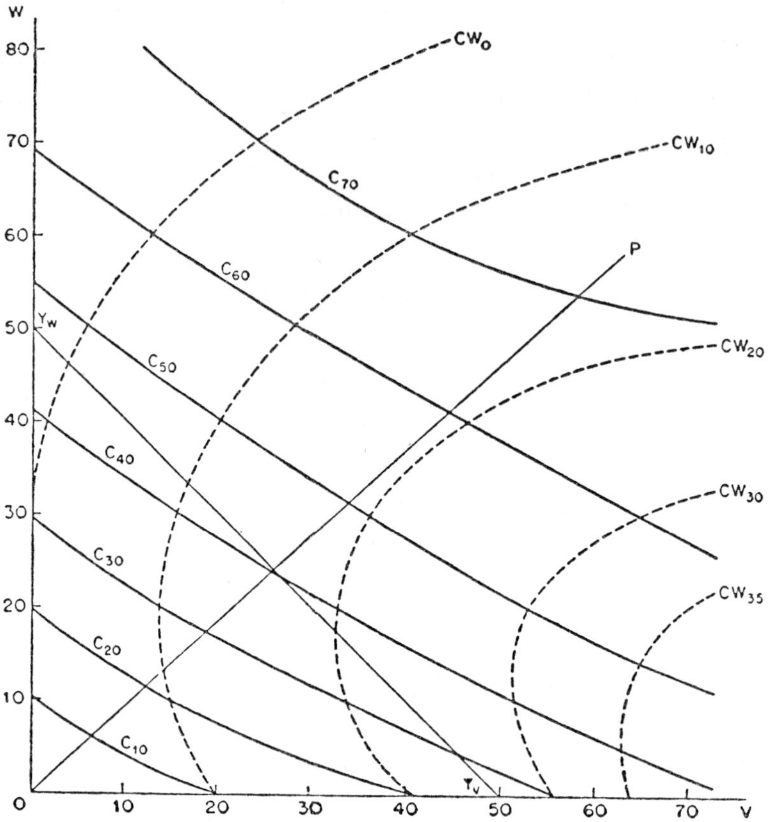

Abb. 10: Modell III: Konsumfunktionen

ausgesetzt). Das wird in der Zeichnung so dargestellt, daß die Abstände der Isomeren immer größer werden, je weiter man auf der Geraden OP nach rechts und oben geht.

c) Schließlich deutet die leichte Krümmung der Isomeren an, daß der Konsum bei gleichmäßigerer Verteilung etwas höher sein wird als bei stark einseitiger Verteilung.

Die gestrichelten Linien mit der Bezeichnung CW_0, CW_{10}, CW_{20} usw. sind Isomeren, die die Differenz zwischen Haushaltsabsorption und Lohnsumme darstellen, also Isomeren des Transferfaktors, wie er sich von der Konsum- und Lohnseite her ergibt entsprechend der Gleichung (32 a): $T = C - W$. Die CW_0-Isomere verbindet die Schnittpunkte der C_{30}-Isomere mit der Geraden für $W = 30$, der C_{40}-Isomere mit der Geraden für W = 40, der C_{50}-Isomere mit der Geraden für W = 50 usw. Die CW_{10}-Isomere verbindet die Schnittpunkte von C_{40} und W_{30}, von C_{50} und W_{40}, von C_{60} und W_{50} usw.

Ähnlich lassen sich in Abb. 11 die *Investitions-Isomeren* einzeichnen für die Funktion I = f_I (V, W)[9]. Diese haben ähnliche Eigenschaften wie die C-Isomeren; nur sind sie wesentlich stärker gekrümmt, so daß der Punkt auf der Geraden gleichen Volkseinkommens, in dem diese Gerade eine I-Isomere berührt und der demzufolge den höchsten Investitionsindex besitzt, eher in die Mitte der Volkseinkommensgeraden rückt. Das ist eine zwar naheliegende, aber nicht notwendige Annahme. Im übrigen wird ebenfalls unterstellt, daß die Investition nicht mit derselben Rate wie das Volkseinkommen zunimmt, sondern mit abnehmender Rate.

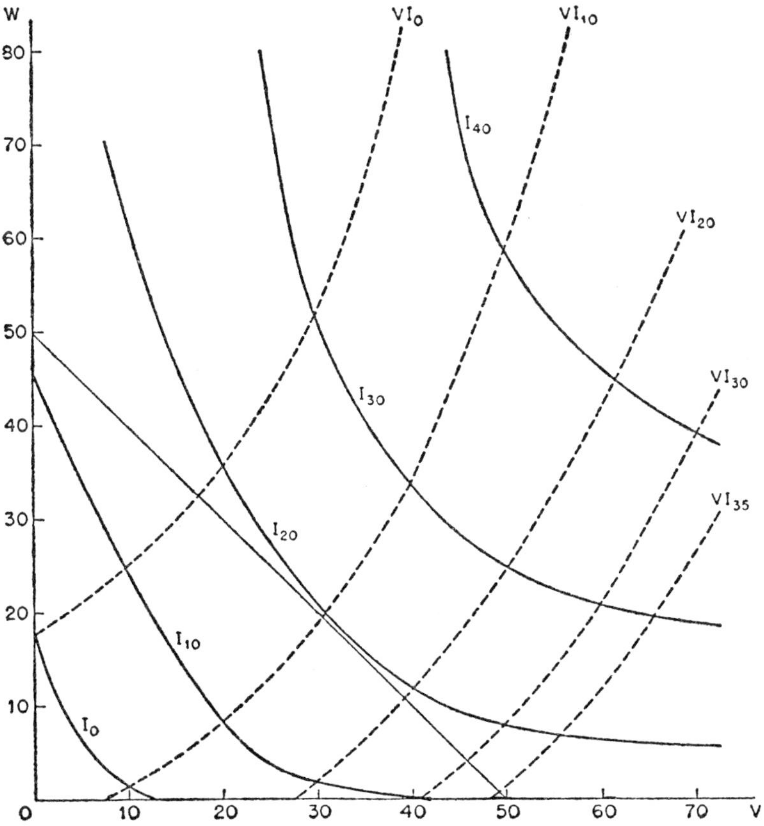

Abb. 11: Modell III: Investitionsfunktionen

[9] Wages, 144.

Die gestrichelten Kurven VI_0, VI_{10}, VI_{20} usw. sind wieder *Transferfaktorisomeren,* aber diesmal von der Gewinn- und Investitionsseite her entsprechend der Gleichung (32 b): T = V — I. Sie werden auf ähnliche Weise konstruiert wie die CW-Isomeren der Abb. 10. So verbindet die VI_0-Isomere die Punkte, in denen I_0 die Gerade für V = 0, I_{10} die Gerade für V = 10, I_{20} die Gerade für V = 20 schneidet usw. Dementsprechend verbindet die VI_{10}-Isomere die Schnittpunkte von I_0 und V = 10, I_{10} und V = 20, I_{20} und V = 30 usw.

Die gestrichelten Linien von Abb. 10 und Abb. 11 werden nun in Abb. 12 zusammen in eine einzige graphische Darstellung übertragen, also die CW-Isomeren und die VI-Isomeren[10]. Die ausgezogene Linie KLMN verbindet dann die Schnittpunkte der CW_0-Isomere mit der

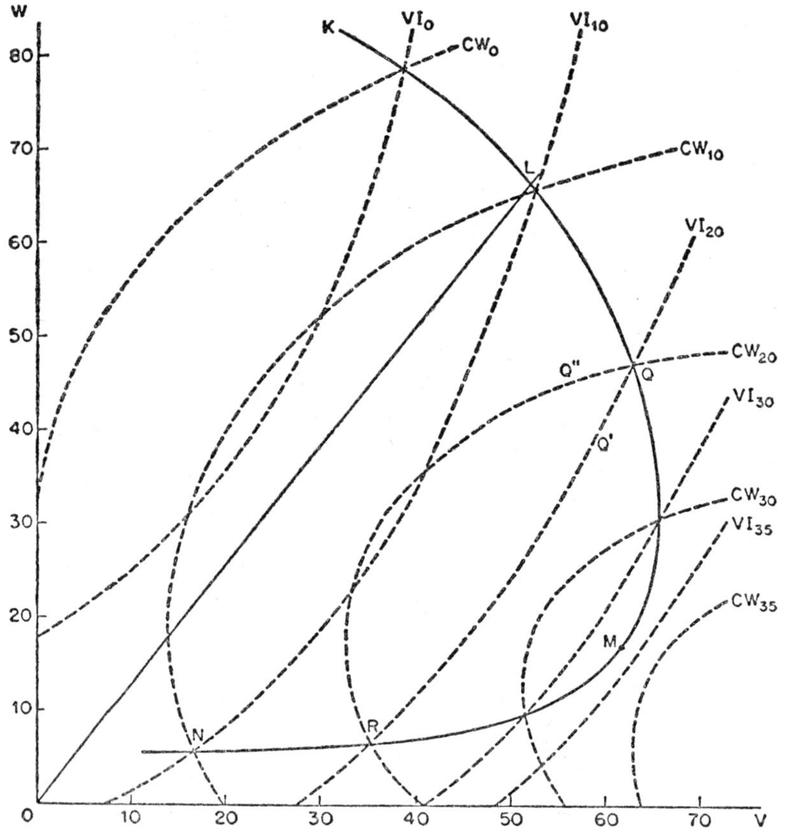

Abb. 12: Modell III: Transferfaktor

[10] Wages, 145.

VI_0-Isomere, der CW_{10}-Isomere mit der VI_{10}-Isomere, der CW_{20}-Isomere mit der VI_{20}-Isomere, der VI_n-Isomere mit der CW_n-Isomere, das heißt alle Punkte, für die der Transferfaktor von der Konsum- und Lohnseite her gleich dem Transferfaktor ist, wie er sich von der Gewinn- und Investitionsseite her ergibt. Diese Linie entspricht nach Boulding der Identitätsgleichung V — I = C — W[11].

2. Das Gleichgewicht bei gegebenem und bei variablem Transferfaktor

Nimmt man zunächst den Transferfaktor als exogen vorgegeben an, beispielsweise T = 20, dann liegt der *Gleichgewichtspunkt* des ganzen Systems bei Q, wo die VI_{20}-Isomere (bzw. die CW_{20}-Isomere) die Kurve KLMN schneidet. Man beachte, daß noch ein zweiter Punkt den geforderten Bedingungen entspricht, nämlich der Schnittpunkt R. Boulding bemerkt dazu ohne nähere Erklärung, daß die Punkte der Transferfaktorkurve unterhalb des Punktes M (in dem T ein Maximum erreicht) nur ein *labiles Gleichgewicht* darstellen, während sich oberhalb von M *stabile Gleichgewichte* ergeben[12].

Nimmt man den Transferfaktor als funktional abhängig von V und W an, so ergibt sich für T aus dem System ein bestimmter Wert. Boulding hat zwar die Möglichkeit eines variablen von V und W funktional abhängigen Transferfaktors angedeutet, aber nicht versucht, über diese Funktion etwas Genaueres auszusagen oder ihre Kurve in die Abbildung einzuzeichnen. Im Gleichgewichtsmodell I, das Funktionen mit nur einer Variablen verwendete, war diese Weiterführung der Darstellung leichter möglich.

3. Ergebnisse aus dem Gleichgewichtsmodell III

Aus dem Gleichgewichtsmodell III lassen sich verschiedene Ergebnisse ableiten[13]:

---

[11] Boulding sagt: „This is the line corresponding to the identity V − I = C − W, or V + W = C + I.“ (Wages, 143). Mit der Umformung in die zweite Gleichung möchte Boulding wohl nur den Grund angeben, warum nur *die* Punkte für die weitere Analyse von Bedeutung sind, für die die erste Gleichung (V − I = C − W) gilt, weil nämlich V + W = Y und C + I = Y notwendig erfüllt sein müssen.

[12] „Equilibrium, however, at points below M such as N, R, etc., is unstable, and the only stable equilibriums are above M.“ Wages, 144. Diese Bemerkung ist nicht leicht zu interpretieren. Zweifellos denkt Boulding dabei an Zusammenhänge, wie er sie bei der Behandlung des Gleichgewichtsmodells I ausführlicher dargestellt hat. (Vgl. oben S. 45 und Reconstruction, 261.) Aber auch dort wird nicht erklärt, wie es überhaupt zu einem vom Gleichgewicht abweichenden Transferfaktor kommen kann bzw. welches die Kräfte sind, die auf das Zustandekommen eines Gleichgewichtes hinwirken. Die eingehende Diskussion dieser Schwierigkeit bleibt jedoch dem kritischen Teil dieser Arbeit vorbehalten.

[13] Vgl. Wages, 144—46.

1. Für das System gibt es ein *Maximum des Sozialproduktes,* das durch keinerlei Veränderung der Verteilung überschritten werden kann. Es läßt sich in der Abbildung darstellen, indem man die Gerade gleichen Sozialprodukts aus Abb. 10 (die um 45° geneigte Verbindungslinie von $Y_w Y_v$) nach rechts verschiebt, bis sie gerade die Kurve KLMN berührt. Das größtmögliche Sozialprodukt wird dann vom Berührungspunkt L dargestellt. Auf der Abszisse läßt sich die diesem Punkt entsprechende Bruttogewinnsumme, auf der Ordinate die diesem Punkt entsprechende Lohnsumme ablesen. Die Summe dieser beiden Größen stellt das größtmögliche Sozialprodukt dar.

2. Erreicht das Sozialprodukt nicht sein Maximum, kann eine *Änderung der Verteilung* eine günstige oder ungünstige Wirkung auf die Höhe des *Sozialprodukts* ausüben je nachdem, auf welcher Seite des Maximums das System sich befindet. Hat der Transferfaktor einen geringeren Wert als entsprechend dem Punkt L, dann wird eine Erhöhung der Bruttogewinnquote auf Kosten der Lohnquote über eine Erhöhung des Transferfaktors das Volkseinkommen erhöhen. Boulding bemerkt dazu: „Hier sind ‚Anreize' wichtiger als ‚Märkte'[14]." Hat T einen höheren Wert als bei L, liegt der Fall umgekehrt: Eine Zunahme der Lohnquote und eine Abnahme der Gewinnquote führt zu höherem Volkseinkommen; hier sind „Märkte" wichtiger als „Anreize".

3. Das maximale Volkseinkommen, dargestellt durch den Punkt L, braucht selbstverständlich in keiner Weise auch ein *„ideales Volkseinkommen"*, d. h. ein Einkommen der Vollbeschäftigung, zu sein. Das „ideale Volkseinkommen" mag größer sein als das durch L dargestellte Maximum; in diesem Falle läßt es sich durch keinerlei Veränderung der Verteilung erreichen. Ist es geringer als das maximal mögliche Volkseinkommen, so ist Vollbeschäftigung offenbar bei zwei Verteilungsverhältnissen möglich. Boulding hat diese Folgerung nicht ausdrücklich gezogen, doch entspricht sie den Parallelen gegenüber dem Gleichgewichtsmodell I[15].

4. Aus dem Modell lassen sich sinnvolle Aussagen nur ableiten unter der Voraussetzung, daß noch keine *Vollbeschäftigung* erreicht ist. Hierzu bemerkt Boulding: „Diese Modelle, wie alle Modelle vom Keynes-

---

[14] „... a rise in the profit proportion at the expense of wages through a rise in T will raise income: here ‚incentives' are more important than ‚markets'." (Wages, 145.) Was Boulding mit dieser geheimnisvollen Bemerkung eigentlich sagen will, ist nicht klar. J. Marchal meint: „Veut-il dire par là que, dans le premier cas, les hommes peuvent faire prévaloir leur volonté sur les mécanismes économiques puisqu'ils ont la possibilité d'augmenter simultanément profits et revenu national tandis que dans le second, il faut payer d'une diminution du revenu national l'accroissement de la part des profits? C'est probable. Mais si l'on se plaçait du point de vue des salariés la conclusion serait inversée." J. Marchal, Modèles, 345.

[15] Vgl. J. *Marchal,* Modèles, 346.

schen Typ, neigen dazu zusammenzubrechen, sobald die Kapazität des Systems erreicht ist, da in ihnen der Inflationsmechanismus nicht spezifisch berücksichtigt ist. Liegt die Gleichgewichtsproduktion, die diesen Modellen entspricht, ‚oberhalb der Kapazität', wird es einen inflationären Druck irgendwelcher Art geben, der die Funktionen selbst so verschiebt, daß sie sich dem Kapazitätseinkommen angleichen[16]."

5. Das *Verteilungsverhältnis* für jeden beliebigen Gleichgewichtspunkt, z. B. L, ist gegeben durch die Neigung der Verbindungslinie zum Nullpunkt (OL). Eine Zunahme des Transferfaktors, die den Gleichgewichtspunkt entlang dem Pfad KLMN nach unten verlagert, erhöht die Gewinnquote und vermindert die Lohnquote, bis der Transferfaktor in M sein Maximum erreicht (und noch etwas darüber hinaus). Über die Eigenschaften des Systems im Bereich labilen Gleichgewichts, also bei einem Transferfaktor zwischen M und N, macht Boulding keine weiteren Aussagen.

6. Die Wirkungen einer Veränderung der Verhaltensfunktionen lassen sich anhand der Abbildung illustrieren. Ein Sinken der *Konsumfunktion,* d. h. eine Abnahme von C bei jedem Niveau von W und P, wird die C-Isomere nach außen hin verlagern. Damit wird die CW-Isomere mehr nach außen und rechts hin gekrümmt, und die KLMN-Kurve verschiebt sich etwas nach innen, was eine Senkung des Volkseinkommens bedeutet. Der Gleichgewichtspunkt, etwa für $T = 20$, würde sich von Q nach Q' verlagern. Das würde auch eine Veränderung der Verteilung zugunsten einer höheren Gewinnquote bedeuten, da die Gerade OQ' eine geringere Neigung hat als OQ. Ein solches Ergebnis ist einleuchtend, aber nicht absolut notwendig.

7. Umgekehrt bringt eine Senkung der *Investitionsfunktion* den Gleichgewichtspunkt von (beispielsweise) Q entlang der CW_{20}-Isomere nach Q", was ebenfalls mit einer Senkung des Volkseinkommens, aber mit einer Erhöhung der Lohnquote verbunden ist.

[16] Wages, 146.

E. Geldmenge und Einkommensverteilung

In den bisher betrachteten Analysen Bouldings wurde von der Voraussetzung konstanter Geldmenge und konstanten Geldwertes ausgegangen. Außerdem wurde der Einfluß der staatlichen Aktivität nicht berücksichtigt. Dies verdient deshalb besonders festgehalten zu werden, weil manche Ähnlichkeiten zu anderen Verteilungstheorien, die mit der Voraussetzung einer wechselnden Geldmenge oder veränderlichen Geldwertes arbeiten, sich dabei als nur scheinbare Parallelen herausstellen.

Den Einfluß eines schwankenden Geldwertes auf die Verteilung hat Boulding nirgendwo ausdrücklich untersucht, jedoch läßt er in „Reconstruction" im Laufe der Untersuchung die Voraussetzung konstanter Geldmenge und einer ohne steuerliche Belastung funktionierenden Wirtschaft schrittweise fallen und untersucht in eigenen Kapiteln zunächst den Einfluß der Geldmenge und dann der staatlichen Tätigkeit auf die Verteilung[1]. Diese Einteilung soll hier beibehalten werden.

1. Ursachen einer Veränderung des Geldvolumens

Eine Veränderung der umlaufenden Geldmenge kann auf verschiedene Ursachen zurückgehen:

a) Schaffung oder Vernichtung von Bargeld durch *Haushalte* oder *Unternehmen.* Bare Zahlungsmittel können verbrannt oder eingeschmolzen, Banknoten können gefälscht werden. Wo ein Warengeld in Gebrauch ist wie z. B. Gold, kann die Geldmenge durch die Produktion dieser Geldware vergrößert werden. — Boulding glaubt jedoch, daß diese Art der Geldmengenveränderung keine Berücksichtigung erfordert, weil es sich um zu geringfügige Beträge handelt.

b) Erhöhung des Geldvolumens durch den *Staat.* Dabei denkt Boulding nicht allein oder auch nur in erster Linie an die Ausgabe von Bargeld durch die Notenbank. Vielmehr erhöht der Staat das Geldvolumen schon immer dann, wenn er vom privaten Sektor weniger Geld empfängt, als er ausgibt. Das hängt mit der besonderen Stellung zusam-

---

[1] Vgl. zu diesem Abschnitt: Reconstruction, Kap. 15, 270—83.

men, die der Staat dem Geld gegenüber einnimmt[2]. Boulding bemerkt, daß der Staat Geld zu schöpfen vermag, ohne daß gleichzeitig ein Gegenposten an Verbindlichkeiten geschaffen würde. Darum kann er eine negative Zahlungsbilanz gegenüber dem Rest der Wirtschaft viel leichter aushalten als eine Privatperson, die nicht unmittelbar Geld schöpfen kann. — Die Auswirkungen staatlicher Geldschöpfung auf die Verteilung wird im folgenden Kapitel behandelt.

c) *Bankkredite.* Die Schöpfung und Vernichtung flüssiger Vermögenswerte in Form von Bankeinlagen durch das Bankensystem ist in mancher Beziehung der staatlichen Geldschöpfung ähnlich. Ein wesentlicher Unterschied besteht in folgendem: Wenn eine Bank einen Kredit gewährt, schafft sie einerseits eine Einlage — für die Bank eine Verbindlichkeit, abrufbar vom Eigentümer der Einlage auf Verlangen —, andererseits erhält sie einen Schuldschein — für die Bank einen Vermögenswert[3]. Der Nettowert der Bank verändert sich also nicht im Laufe dieses geschäftlichen Vorgangs. Zu den Aktiva und Passiva der Bank wird vielmehr ein gleicher Wert hinzugefügt, die Bilanz einfach verlängert. Nimmt man an, daß die Einlage nicht abgehoben oder nur auf das Konto eines anderen Kunden derselben Bank überwiesen wird, so ändert sich im Zeitablauf der Wert dieser Verbindlichkeit der Bank nicht. Wohl aber steigt der Wert des Schuldscheines, je näher der Rückzahlungstermin heranrückt, um den Betrag des zu zahlenden Zinses.

Auch auf Seiten des Schuldners hat der Kredit am Nettowert seines Vermögens zunächst nichts geändert, sondern nur ebenfalls seine Aktiven um die Einlage und seine Passiven um die Schuld erhöht, also beide Seiten der Bilanz um den gleichen Betrag verlängert. Er benutzt aber den Kredit zu Geschäften in der Hoffnung, seine Vermögenswerte schneller zu vermehren, als seine Verbindlichkeiten gegenüber der Bank durch die Zinsen zunehmen. Es stellt sich nun auf makroökonomi-

---

[2] In der Erklärung dieses Sachverhaltes findet sich in „Reconstruction", 270, ein Widerspruch, der offenbar auf ein Versehen zurückzuführen ist. Boulding schreibt: „Government increases the amount of money in private hands whenever it has a ‚cash deficit', i. e. whenever it takes in from the private sector less money than it pays out". Zur Veranschaulichung fährt er einige Zeilen später fort: „Thus if government in a given period takes in 100 million dollars and pays out 90 million, there must as a direct consequence be an increase of 10 million in the money stocks held by private businesses and households." In Wirklichkeit verringert sich selbstverständlich die Geldmenge in den Händen der Unternehmen und Haushalte um 10 Millionen Dollar im angegebenen Fall. Vgl. 287: „A surplus deducts from, and a deficit adds to private assets."

[3] Hier wird die angloamerikanische Buchungsweise vorausgesetzt, derzufolge der Bankkunde für den vollen Betrag des eingeräumten Kredites belastet und zugleich ein entsprechendes Scheckkonto eingerichtet wird, während in Deutschland der Kreditnehmer nicht für den eingeräumten, sondern nur für den in Anspruch genommenen Kredit belastet wird. Vgl. Marius W. *Holtrop,* Die Umlaufsgeschwindigkeit des Geldes, in: Friedrich A. v. *Hayek,* Beiträge zur Geldtheorie, Wien 1933, 161.

scher Ebene die Frage, ob der Gewinn, den ein einzelner erzielt, einen Nettozuwachs zum Gesamtgewinn der Volkswirtschaft darstellt oder ob er durch den Verlust anderer Unternehmen derselben Volkswirtschaft ganz oder teilweise kompensiert wird. Boulding hofft, diese Frage mit Hilfe der in den vorhergehenden Kapiteln entwickelten analytischen Instrumente lösen zu können.

d) *Nicht-bankmäßige Kredite.* Schließlich bleibt noch der Einfluß zu berücksichtigen, den Kredite auf die Verteilung ausüben, die nicht unmittelbar von den Banken gewährt werden.

2. Der Einfluß von Bankkrediten auf die Verteilung

Die Schaffung einer Einlage durch die Gewährung eines Bankkredits hat keinen *unmittelbaren* Einfluß auf die *Gewinne* der Geschäftswelt, wie sich ohne weiteres zeigt, wenn man die Gewinngleichung (10) auf S. 34 betrachtet[4]. Diese Gleichung lautet:

$$V = dQ_b + dM_b + dK_h - dK_h' + D$$

Durch die Gewährung eines Kredits werden nur zusätzliche Guthaben und Verbindlichkeiten geschaffen. Zählt man die Banken zum Unternehmenssektor, so besteht die unmittelbare Wirkung einer Kreditgewährung in einer Vermehrung der Verschuldung der Unternehmen untereinander, die sich gegenseitig aufhebt, wenn man die Bilanzen zusammenzählt. Darum erscheinen die Forderungen der Unternehmen untereinander auch gar nicht mehr in der oben gegebenen Identitätsgleichung des Gesamtgewinns der Unternehmen einer Volkswirtschaft. Die Höhe der gewährten Kredite ist dann ohne jeden unmittelbaren Einfluß auf die Gewinne. Aber auch wenn man die Banken nicht zu den Unternehmen zählt, sondern sie als eine Art Haushalte betrachtet, ändert das nichts an dem Ergebnis. Einerseits wird durch die Gewährung eines Kredits die umlaufende Geldmenge dM_b um die Bankeinlagen in Händen der Unternehmen vermehrt, andererseits wachsen in genau demselben Umfang die Verbindlichkeiten der Unternehmen an die Haushalte dK_h'. Damit bleiben die Gesamtgewinne wieder gleich.

Die *mittelbaren* Einflüsse der Gewährung eines Bankkredits auf die Gewinne können jedoch beträchtlich sein.

a) Die Unternehmen werden die Kredite benutzen zur Erstellung *neuer Fabrikanlagen,* zum Ankauf von Maschinen und Rohmaterial; der Posten dQ_b der Gewinngleichung wird also größer. Die Wirkungen dieser Zunahme werden teilweise wieder ausgeglichen dadurch,

[4] Vgl. Reconstruction, 271—74.

daß ein Teil der neu geschaffenen Einlagen in die Hände der Haushalte gelangt. Zählt man die Banken zum Unternehmenssektor, so ist ein Übergang der Einlagen aus den Konten der Unternehmen in die Haushaltskonten gleichbedeutend mit einer Zunahme von dK_h', was den Gesamtprofit schmälert[5]. Zählt man die Banken nicht zum Unternehmenssektor, dann ist ein Übergang der Einlagen auf die Haushaltskonten gleichbedeutend mit einer Abnahme von dM_b, was nach der Gewinngleichung ebenfalls die Gewinne verringert[6].

b) Die Gewährung eines Bankkredits verbessert im allgemeinen auch die Liquiditätslage der Unternehmen und kann dadurch die Gewährung von *Konsumentenkrediten* der Unternehmen an die Haushalte erleichtern. Das wirkt sich entsprechend der Gewinngleichung günstig auf die Gewinne aus[7].

c) Durch die Gewährung eines Kredits werden die Unternehmen auch weniger gezwungen, neue *Wertpapiere* zu emittieren und an Haushalte zu verkaufen. Dieser Rückgang der Verschuldung der Unternehmen an die Haushalte hat ebenfalls gesamtwirtschaftlich einen günstigen Einfluß auf die Gewinne, da nach Bouldings Interpretation der Gewinngleichung der Verkauf von Obligationen an die Haushalte unmittelbar die Gewinne einschränkt[8]. Der negative Posten dK_h' wird also kleiner, als er ohne einen Bankkredit hätte sein müssen.

Obwohl also eine Gewährung (oder Einschränkung) eines Bankkredits keine unmittelbare Wirkung auf die Gewinne der Geschäftswelt ausübt, ergeben sich daraus beträchtliche mittelbare Wirkungen, weil die veränderte Struktur der Bilanzen die einzelnen Posten der Gewinngleichung verschieden beeinflußt.

Ähnlich wirkt sich ein Bankkredit auf die *Beschäftigung* aus. Hierzu bemerkt Boulding: Insoweit die Erweiterung eines Bankkredits eine *Zunahme des Realkapitals* erlaubt, die sonst nicht erfolgt wäre, wird

---

[5] Dies folgt aus der Gewinngleichung (10) und ihrer Interpretation durch Boulding; vgl. oben S. 38.

[6] Boulding macht an dieser Stelle keine Aussagen über die Auswirkungen des andern Teils der Kredite, der zu erhöhten Investitionen verwendet wird, ohne daß die entsprechenden Einlagen in die Hände der Haushalte gelangen. Zählt man die Banken zum Unternehmenssektor, dann müssen sich nach Gewinngleichung (10) die Gewinne um diesen Betrag erhöhen. Auch hier wäre also ein „Witwenkrugeffekt" zu beobachten: Eine Erhöhung der Gewinne der Unternehmen um den Betrag der erhöhten Unternehmensabsorption, sofern diese nicht durch andere Faktoren wieder ausgeglichen wird. Nur wenn man die Banken zum Haushaltssektor zählt, entspricht den erhöhten Investitionen (dQ_b) auch eine Zunahme an Verbindlichkeiten der Unternehmen gegenüber Haushalten (dK_h'), womit die Gewinne wieder unverändert bleiben.

[7] Vgl. oben S. 37 f.

[8] Vgl. oben S. 38.

sie der Tendenz nach Beschäftigung und Produktion vermehren, vorausgesetzt daß noch ungenutzte Produktionsfaktoren (Ressourcen) vorhanden sind. Wenn die Bankguthaben in die Hände von Haushalten gelangen und so die Haushaltsguthaben zunehmen, wird es eine Ausdehnung von *Käufen der Haushalte* bei den Unternehmen geben, und wenn unbeschäftigte Produktionsfaktoren verfügbar sind, wird das nicht zu einer Verringerung der Läger führen, sondern zu erhöhter Produktion, um die rascher abgebauten Läger wieder aufzufüllen. Die Konsumwirkung wird in diesem Fall auch zu einer Erhöhung der Beschäftigung führen[9].

Diese vielfachen Wirkungen werden von Boulding in einem einfachen Diagramm dargestellt[10] ähnlich dem schon früher in Abb. 5 wiedergegebenen[11]. Wieder wird das gesamte Volkseinkommen in seine Komponenten zerlegt, wie sie sich aus der Identitätsgleichung für den Ge-

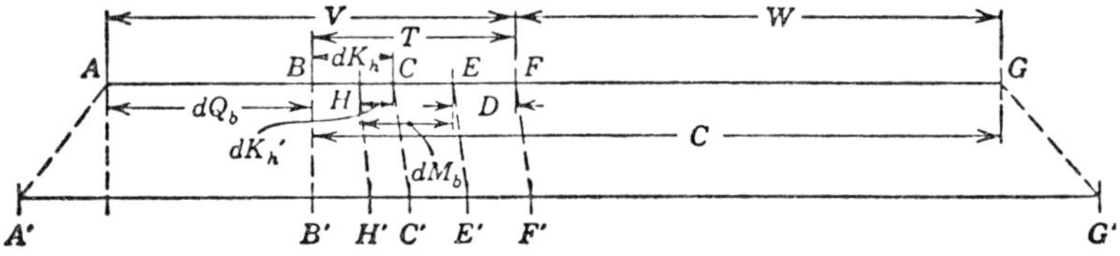

Abb. 13: Verteilungswirkungen einer Geldvermehrung

winn und der Identitätsgleichung für die Löhne ergeben. AF stellt die Gewinnsumme, FG die Lohnsumme dar. Innerhalb des Bereiches der Gewinne bedeutet AB die Zunahme des Realkapitals der Unternehmen (dQ_b), BC die Zunahme der Verschuldung der Haushalte gegenüber den Unternehmen (dK_h); CH ist die Zunahme der Verschuldung der Unternehmen gegenüber den Haushalten (dK_h') — wie man auch aus der Abbildung ersieht, eine negative Größe —, HE ist die Zunahme des Kassenbestandes der Unternehmen (dM_b), EF die Ausschüttungen an Zinsen, Miet- und Pachtzahlungen und Dividenden. BG stellt den Wert der Käufe aller Haushalte von den Unternehmen dar (Haushalte der Unternehmer wie der Lohnempfänger). Damit veranschaulicht BF die Höhe des Transferfaktors.

---

[9] Reconstruction, 272.
[10] Ebd., 273.
[11] Vgl. S. 36.

Wenn man nun eine Erhöhung des Bankkredites annimmt, dann lassen sich die daraus sich ergebenden möglichen Wirkungen auf der unteren Linie A'G' aufzeigen. Die Investition erhöht sich von AB auf A'B', der Konsum von BG auf B'G' und damit das gesamte Volkseinkommen (Sozialprodukt) von AG auf A'G'. Wie sich diese Zunahme auf Gewinne und Löhne verteilt, hängt nach Boulding vom Transferfaktor ab, d. h. von der relativen Stärke, mit der die einzelnen Komponenten des Transferfaktors sich auswirken. Eine Erhöhung des Transferfaktors und damit des Gewinnanteils wird begünstigt durch eine Zunahme der Konsumentenkredite von BC auf B'C', durch eine mögliche Abnahme des Verkaufs von Wertpapieren der Unternehmen an die Haushalte von CH auf C'H' und schließlich möglicherweise durch eine Erhöhung der Dividendenausschüttung als Ergebnis einer besseren Liquiditätslage der Unternehmen von EF auf E'F'. Ungünstig auf die Höhe des Transferfaktors und damit auf die Gewinne würde sich ein Abfluß des Geldes von den Konten der Unternehmen auf die der Haushalte (von HE auf H'E') auswirken. Aufs ganze gesehen ist Boulding geneigt, als Folge einer Kreditausweitung eine Erhöhung des Transferfaktors anzunehmen, also von BF nach B'F'. Ob die *Lohnsumme absolut* zunimmt, hängt davon ab, ob der Umfang der Käufe der Haushalte bei den Unternehmen (von BG nach B'G') sich mehr ausdehnt als der Transferfaktor (von BF nach B'F'). Aufs ganze gesehen ist die Wahrscheinlichkeit einer *absoluten* Erhöhung der *Bruttogewinne* (von AF nach A'F') größer einerseits, weil es wahrscheinlicher ist, daß der Transfaktor sich erhöht, andererseits weil die Gewährung eines höheren Bankkredits vermutlich zunächst eher einer Erhöhung der Investitionen zugute kommt als einer Erhöhung der Konsumkäufe. Über die *relativen* Anteile lassen sich nur schwer bedeutungsvolle Aussagen machen. Zunächst wird die Einräumung höherer Bankkredite vermutlich eher den Anteil der Gewinne als den der Löhne im ganzen erhöhen, doch könnte unter bestimmten Umständen auch der umgekehrte Fall eintreten.

3. Der Einfluß nicht-bankmäßiger Kredite auf die Verteilung

In einem eigenen Abschnitt untersucht Boulding noch verschiedene Fälle von Krediten, die nicht unmittelbar von Banken gewährt werden. Bankkredite stellen nur einen Sonderfall von Krediten überhaupt dar[12]. Die Besonderheit eines Bankkredits liegt darin, daß hier sowohl beim Gläubiger als beim Schuldner auf *beiden* Seiten der Bilanz neue Posten erscheinen. Gewährt eine Bank einen Kredit, so stellt der Schuldner einen Schuldschein aus, der auf der Aktivseite der Bank-

[12] Vgl. Reconstruction, 274—76.

bilanz als Forderung oder gewährtes Darlehen erscheint, während er beim Schuldner unter den Passiva aufgeführt wird; das neugeschaffene Bankguthaben erscheint bei der Bank auf der Passivseite, beim Schuldner auf der Aktivseite der Bilanz. Kauft jedoch eine Bank ein schon existierendes Wertpapier oder gewährt eine Privatperson auf ein Wertpapier oder einen Sachwert hin einen Kredit, wird die Bilanz nicht bei beiden Geschäftspartnern verlängert, sondern bei den Beteiligten (mit Ausnahme der Bank) nur eine Veränderung innerhalb der Posten auf derselben Bilanzseite vorgenommen. Die Auswirkungen solcher Kredite wird von Boulding wieder mit den Hilfsmitteln untersucht, die er bei der Analyse des Transferfaktors entwickelt hat.

a) Kauf von schon existierenden Wertpapieren durch Banken

Kauft eine Bank ein schon emittiertes Wertpapier, so erhöht sich der Posten Investitionen auf der Aktivseite der Bankbilanz, während auf der Passivseite der Posten Fremdguthaben sich um denselben Betrag erhöht. Der frühere Eigentümer des Wertpapiers hat jedoch nur eine Veränderung auf der Aktivseite seiner Bilanz vorzunehmen: der Posten für Wertpapiere verringert sich entsprechend, der Posten für Bankguthaben wächst. Durch einen solchen Kauf von schon bestehenden Wertpapieren durch Banken erhöht sich aber die Liquidität von Unternehmen (außer Banken) und Haushalten auf Kosten der Liquidität der Banken. Es sind die folgenden Fälle denkbar:

a') Die Banken gleichen diesen Liquiditätsverlust dadurch aus, daß sie um denselben Betrag weniger Darlehen gewähren. Damit werden die Wirkungen des Wertpapierkaufs wieder aufgehoben.

b') Die Banken gewähren trotz des Kaufes von Wertpapieren auch weiterhin Darlehen in der bisher üblichen Höhe. Dann steht den Unternehmen und Haushalten mehr Geld als vorher zur Verfügung. Führt diese zusätzliche Liquidität zu einer Ausdehnung von Investitionen (Unternehmensakkumulation) und Konsumkäufen, so nimmt das Volkseinkommen zu. Wie diese zusätzliche Liquidität sich auf die Verteilung des Sozialprodukts auswirkt, hängt (wie schon oben) davon ab, wem sie zugute kommt: Zusätzliche Investitionen erhöhen die Gewinne, zusätzliche Konsumkäufe erhöhen die Löhne. Es bleiben im übrigen noch die Auswirkungen auf den Transferfaktor zu berücksichtigen.

b) Gewährung von Darlehen zwischen Unternehmen

Nimmt ein Unternehmen ein Darlehen bei einem anderen Unternehmen auf, so läßt sich der für das Darlehen ausgestellte Schuldschein als ein „Wertpapier“ betrachten, das der Schuldner dem Gläubiger verkauft. Beim Gläubiger verringert sich der Kassenbestand und erhöht sich der Wertpapierposten, beides auf der Aktivseite seiner Bilanz, beim Schuldner hingegen erhöht sich auf der Aktivseite der Kassenbestand, auf der Passivseite aber erscheint der Schuldschein als Verbindlichkeit.

Die Gewährung solcher Kredite der Unternehmen untereinander hat keine *unmittelbare* Wirkung auf das Volkseinkommen oder seine Verteilung, da es nur zu einer vermehrten gegenseitigen Verschuldung der Unternehmen untereinander führt, die sich bei der Addition der Bilanzen wieder aufhebt. Jedoch bleiben noch beträchtliche *mittelbare Wirkungen* zu berücksichtigen. Durch solche Kredite können beispielsweise höhere Investitionen getätigt werden, als sonst stattgefunden hätten, weil so die Verfügung über die Geldmittel in andere, risikofreudigere Hände gelangt. Damit wird sich sowohl das Volkseinkommen als auch die Gewinnsumme erhöhen. Es mag aber auch zu einer Änderung der Zahlungsbilanz zwischen Unternehmen und Haushalten kommen. Lassen sich bei anderen Unternehmen leichter Kredite erhalten, so sind die Unternehmen in der Lage, ihre Kassenhaltung zu verringern, und so wird die Liquiditätspräferenz der Unternehmen sich verringern und Geld aus den Kassen der Unternehmen in die der Haushalte fließen. Dadurch wird der Transferfaktor geringer, und sein günstiger Einfluß auf die Gewinne geht zurück.

c) Verkauf von Waren auf Kredit

Verkauft ein Unternehmen Waren auf Kredit, so läßt sich der Gegenwert für den gewährten Kredit als eine Art formlosen „Wertpapiers“, nämlich der Buchforderung, betrachten. Beim Verkauf auf Kredit verringern sich beim Verkäufer die Lagerbestände und erhöhen sich die Buchforderungen. Es ist also nur eine Umbuchung auf der Aktivseite der Bilanz erforderlich. Beim Käufer erhöhen sich die Lagerbestände auf der Aktivseite und die Zahlungsverpflichtungen auf der Passivseite um den gleichen Betrag. Ein Verkauf auf Kredit an Unternehmen unterscheidet sich also bezüglich der Verteilung in nichts von einem gewährten Darlehen.

Die Gewährung von Krediten der Unternehmen an Haushalte zum Ankauf von Konsumgütern wirkt sich jedoch auf die Verteilung aus, und zwar zunächst *unmittelbar* über den Transferfaktor, der sich bei einem Konsumentenkredit erhöht, wie schon früher gezeigt wurde[13], und dadurch auch die Gewinne steigen läßt. Hinzu kommen aber noch

---

[13] Vgl. oben S. 38.

mittelbare Auswirkungen: Weil die Haushalte mit der Möglichkeit von Kreditkäufen rechnen können, kommen sie mit einer kleineren Kassenhaltung aus. Dadurch fließt Geld von den Haushalten in die Kassen der Unternehmen zurück. Das hat entsprechend der Transferfaktoranalyse ebenfalls günstige Wirkung auf die Gewinne. Jedoch wird die Möglichkeit von Kreditkäufen unter Umständen auch dazu führen, daß die Haushalte mehr einkaufen als ohne diese Möglichkeit. Dadurch steigt das Volkseinkommen, aber auch der Anteil, der den Löhnen zufällt.

d) Schulden der Unternehmen bei Haushalten

Schließlich bleibt noch eine vierte Möglichkeit zu berücksichtigen: Eine höhere Verschuldung der Unternehmen gegenüber den Haushalten, z. B. durch den Verkauf von Industrieobligationen an Haushalte. *Unmittelbar* wird dadurch der Transferfaktor verringert, wodurch die Gewinne abnehmen[14]. Die *mittelbaren* Auswirkungen können aber in umgekehrter Richtung verlaufen. Wenn die Haushalte Wertpapiere als Ersatz für Bargeld ansehen, so verschiebt sich die Zahlungsbilanz wieder zugunsten größerer Kassenhaltung der Unternehmen mit einer entsprechenden Erhöhung der Gewinne auf Kosten der Löhne. Kaufen die Haushalte Wertpapiere an Stelle von Konsumgütern und geht damit der Kauf von Konsumgütern durch Haushalte insgesamt zurück, so führt das zu einem Sinken des Volkseinkommens. Außerdem wird die Verteilung ebenfalls zugunsten der Gewinne beeinflußt. Gibt schließlich der Verkauf von Wertpapieren an Haushalte den Unternehmen die Möglichkeit, das Realkapital zu vergrößern und Investitionen zu tätigen, so wird sich auch das Volkseinkommen erhöhen mit einer weiteren Verlagerung zugunsten der Gewinne und weg von den Löhnen. So kann der Verkauf von Wertpapieren an Haushalte trotz der unmittelbar ungünstigen Auswirkungen auf den Transferfaktor und die Gewinne in seinen mittelbaren Auswirkungen wieder zu einer günstigeren Gewinnsituation führen.

Die Untersuchungen Bouldings über den Zusammenhang zwischen Geld und Verteilung bauen also, wie gezeigt wurde, völlig auf der Transferfaktoranalyse auf und erweitern sie durch die Berücksichtigung zusätzlicher Umstände. Der Kern der Verteilungsproblematik wird so durch das Geldwesen nicht eigentlich berührt, die Gültigkeit der Grundgleichungen nicht in Frage gestellt, sondern nur einige ihrer Auswirkungen modifiziert. Der Wert dieser Analyse wird also ganz davon abhängen, ob der grundlegende Ansatz der Verteilungstheorie Bouldings richtig ist oder nicht.

---

[14] Entsprechend der Transferfaktoranalyse oben S. 38.

F. Staat und Einkommensverteilung

Einen entscheidenden Einfluß auf die Verteilung des Volkseinkommens zwischen den beiden Gruppen der Empfänger von Einkommen aus Arbeit und aus Vermögensbesitz übt der Staat aus. Dabei läßt Boulding die staatlichen Interventionen, die eine Umverteilung der Vermögen zum unmittelbaren Ziel haben, außer Betracht. Jedoch untersucht er gegen Ende seines Buches „Reconstruction" eingehend die Wirkungen, die von der Besteuerung im allgemeinen auf die Einkommensverteilung ausgehen[1]. Hier bemüht er sich, den vorher entwickelten Ansatz für eine realistische Verteilungspolitik wie auch für eine überlegte Finanzpolitik fruchtbar zu machen. Dabei treten auch einige Paradoxien seines Systems noch deutlicher als früher hervor, die er auf den Gegensatz zwischen mikroökonomischer und makroökonomischer Betrachtungsweise zurückführt.

Der Einfluß des Staates auf die Wirtschaft ist nicht beschränkt auf die Fälle, in denen er selbst als Wirtschaftssubjekt auftritt. Durch Gesetze und Verordnungen lenkt der Staat in vielfacher Weise die Wirtschaft, ohne selbst Wirtschaftspartner zu werden. Diese mehr rechtlich-lenkenden Einflüsse des Staates werden von Boulding in diesem Zusammenhang aber nicht weiter berücksichtigt.

Der Staat beteiligt sich in direkter Weise am Wirtschaftsleben durch Tauschakte und Transferzahlungen. Ein staatlicher Tauschakt stellt eine *doppelte* Übertragung eines Vermögenswertes dar: Flüssige Vermögenswerte werden gegen Sachwerte in Kauf und Verkauf getauscht. Bei einer Transferzahlung hingegen wird in einer *einfachen* Übertragung ein (für gewöhnlich flüssiger) Vermögenswert vom Konto eines privaten Wirtschaftssubjektes auf ein staatliches Konto übertragen oder umgekehrt, ohne daß eine unmittelbare ökonomische Gegenleistung dafür erbracht würde. In positiven Transferzahlungen fließt Geld vom Staat an private Wirtschaftssubjekte, z. B. bei Unterstützungen und Subventionen. Bei negativen Transferzahlungen gelangt Geld aus privaten Händen in das Eigentum des Staates. Fast alle negativen Transferzahlungen sind Steuern, und sie sind für die Einkommensverteilung von besonderer Bedeutung.

---

[1] Zum Folgenden vgl. Reconstruction, Kap. 16, 284—302.

1. Der Grundansatz für die Einbeziehung der Steuern in die Verteilungstheorie

Um den Einfluß der Besteuerung auf die Einkommensverteilung zu analysieren, geht Boulding zunächst von der grundlegenden Definitionsgleichung des Firmensparens aus, wie sie im allgemeinen Ansatz oben entwickelt wurde[2]. Sie lautete:

$$dG_b \equiv dM_b + dQ_b + (dK_h - dK_h') \tag{38}$$

In dieser Gleichung war der Staat nicht gesondert berücksichtigt worden. Es wurde vielmehr angenommen, der Staat sei eine Art „Haushalt“ und die Forderungen des Staates an Unternehmen und der Unternehmen an den Staat seien in dem Posten für Haushaltsforderungen eingeschlossen. Nun soll der Staat als nicht mit Haushalten und auch nicht mit Unternehmen identische Wirtschaftseinheit gesondert behandelt, die Posten des Staates von den Posten der Haushalte getrennt werden. Die Forderungen der Unternehmen an Haushalte und umgekehrt seien weiterhin mit den Symbolen K_h und K_h' bezeichnet, während die Forderungen der Unternehmen gegenüber dem Staat mit K_g, die des Staates an die Unternehmen mit K_g' bezeichnet werden sollen[3]. Die Bilanzgleichung der Unternehmen lautet dann erweitert:

$$G_b \equiv M_b + Q_b + K_h - K_h' + K_g - K_g' \tag{39}$$

Daraus läßt sich die differenzierte Gleichung für das Firmensparen bilden:

$$dG_b \equiv dM_b + dQ_b + dK_h - dK_h' + dK_g - dK_g' \tag{40}$$

Was läßt sich über diese beiden neuen Posten K_g und K_g' aussagen? Die Forderungen der Unternehmen an den Staat (K_g) bestehen wohl hauptsächlich aus *Staatsschuldverschreibungen*, vielleicht noch aus einigen offenen Rechnungen für an den Staat gelieferte Güter und Dienstleistungen. Umgekehrt bestehen die Forderungen des Staates an die Unternehmen (K_g') vermutlich nur zu sehr geringem Teil aus Wertpapieren der Unternehmen im Besitz des Staates, sondern hauptsächlich aus *Buchforderungen* für vom Staat gelieferte Güter und Dienstleistungen sowie insbesondere aus Steuerforderungen.

---

[2] Vgl. S. 33, Gleichung (8).

[3] In der Erklärung dieser Symbole drückt sich Boulding etwas ungenau aus, wenn er sagt: „It is now desirable to make an explicit distinction between debts to und from households proper, which we shall still designate by K_h and K_h', and debts to and from government, which we shall designate K_g and K_g'.“ Reconstruction, 294. Daß die Ausdrücke umgekehrt gemeint sind, geht aus dem Zusammenhang und den vorausgehenden und folgenden Gleichungen klar hervor.

Unter der Voraussetzung eines *ausgeglichenen Staatshaushaltes* ergibt sich im Laufe einer Periode keine Veränderung der Kassenbestände und Forderungsverhältnisse des Staates gegenüber der Gesamtheit der Privaten, also der Unternehmen und Haushalte zusammengenommen. Wohl aber ist es möglich, daß Staatsschuldverschreibungen von Haushalten in das Eigentum von Unternehmen übergehen und umgekehrt, was den Posten K_g unter Umständen verändert. Solche Veränderungen aber können vernachlässigt werden; denn da Staatspapiere sehr „geldnahe" Vermögenswerte darstellen, kann man auch für diese Wertpapiere von der Voraussetzung ausgehen, die bisher für den Faktor dM_b gemacht wurde, daß nämlich die Liquiditätspräferenz der Haushalte und Unternehmen auf lange Sicht konstant bleibt und damit die Zahlungsbilanz zwischen Haushalten und Unternehmen sich nicht verändert[4]. Deshalb kann unter der Voraussetzung eines ausgeglichenen Staatshaushalts der Faktor dK_g wie auch der Faktor dK_g' vernachlässigt werden, und die Gleichung (40) läßt sich wieder auf die Gleichung (8) zurückführen[5].

2. Die Wirkung von Steuern auf die Gewinne bei ausgeglichenem Staatshaushalt

Während so für die Gleichung des „Firmensparens" die staatliche Aktivität bei ausgeglichenem Haushalt ohne Bedeutung ist, verändert die staatliche Aktivität die Gewinngleichung (10)[6] erheblich, selbst wenn man von der einschränkenden Voraussetzung eines ausgeglichenen Staatshaushalts ausgeht. Die Bruttogewinne werden nämlich definiert als Summe aus „Firmensparen", Ausschüttungen der Unternehmen[7] und den von den Unternehmen zu zahlenden Steuern (T_b). Boulding behandelt diese Unternehmenssteuern nun ähnlich wie die Ausschüttungen an Haushalte (D), nur daß sie an den Staat erfolgen. Die Gesamtheit der von den Unternehmen an den Staat per saldo gezahlten Steuern einer Periode besteht aus den Nettotransferzahlungen der Unternehmen an den Staat, d. h. den Steuern, die aus Unternehmenskonten an den Staat abgeführt werden (Körperschaftssteuern, Kapitalverkehrssteuern, Lohnsummensteuern) abzüglich der Subventionen, die vom Staat auf Unternehmenskonten überwiesen werden. Die Bruttogewinne (V) lassen sich daher definieren:

$$V \equiv dG_b + D + T_b \tag{41}$$

---

4 Vgl. oben S. 37 f.
5 Vgl. Reconstruction, 293 f.
6 Vgl. S. 34.
7 Vgl. Gleichung (9) auf S. 34.

Worauf es hier aber ankommt, sind nicht die Gewinne *vor* Abzug der Steuern, sondern die Gewinne *nach* Abzug der Steuern und Subventionen (V'):

$$V' \equiv V - T_b = dG_b + D \tag{42}$$

Aus dieser Gleichung zieht Boulding eine überraschende Folgerung: Unter den gemachten Voraussetzungen üben die Steuern, die die Unternehmen zu zahlen haben, keinerlei unmittelbare Wirkung auf die Höhe der Gewinne nach Abzug der Steuern und Subventionen aus. Je mehr Steuern den Unternehmen auferlegt werden, um so größer sind die Gewinne, die sie machen und aus denen sie diese Steuern zahlen können, vorausgesetzt nur, daß sich die Verhaltensweisen der Unternehmen und Haushalte nicht ändern als Folge dieser Steuern[8]. Dies gilt selbstverständlich nur unter der Voraussetzung eines ausgeglichenen Staatshaushalts. Einer Zunahme der Steuern muß dabei eine ebenso große Zunahme der Staatsausgaben entsprechen. Ohne diesen Ausgleich würde eine Steuererhöhung das staatliche Defizit vermindern oder den Überschuß vergrößern und sich dadurch auf andere Faktoren (M_b, K_h usw.) auswirken, was das „Firmensparen" verändern müßte.

Um diese zunächst verblüffende These, daß die Steuern keine unmittelbare Wirkung auf die Gewinne ausüben, verständlich zu machen, betrachtet Boulding die Wirkung einer Lohnsteuer, die unmittelbar vom Unternehmen an den Staat abgeführt werden muß (pay-as-you-go income tax). Die Einführung einer solchen Steuer bleibt offenbar auf die Verteilung zwischen Lohn- und Gewinneinkommen ohne großen Einfluß, da sich daraus keine Veränderung des Unternehmensverhaltens ergibt. Würden die Gewinne vor Abzug der Steuern berechnet, so würden sie eine Zunahme in Höhe der Steuer aufweisen, und die Lohnzahlungen wären dafür entsprechend geringer. Aber in einem solchen Fall macht sich der Buchhalter gar nicht die Mühe, die Gewinne vor Abzug der Steuern zusammenzurechnen, weil die Höhe der Steuern von dieser Zahl nicht abhängt. Die Gewinne nach Abzug der Steuern sind offenbar von dieser Veränderung nicht berührt.

In ähnlicher Weise bringt jedoch eine Rückwälzung der Steuern der Haushalte auf beispielsweise die Körperschaftssteuer nur dann eine Veränderung der Gewinne nach Abzug der Steuern mit sich, wenn die Steuer die Unternehmenspolitik verändert. Weil die Körperschaftssteuer von der Höhe der Gewinne (vor Abzug der Steuern) abhängt, übt sie allerdings eine Wirkung auf die Unternehmenspolitik aus durch die Art und Weise, wie die Steuerbelastung verschiedene Firmen in

[8] „The more taxes are laid on business, the more profits there will be to pay them out of, assuming that there is no change in business or household *policies* as a result of the imposition of taxes." Reconstruction, 295.

verschiedenem Umfang trifft. Eine Mehrgewinnsteuer oder eine Steuer auf unverteilte Gewinne beeinflußt vermutlich das individuelle Verhalten noch stärker. Die Wirkung selbst dieser Steuern auf die Gewinne hängt aber davon ab, ob sie die Verhaltensweisen der Unternehmen oder Haushalte verändern können, nicht unmittelbar von den Steuern selbst[9].

3. Die Wirkung von Steuern auf die Verteilung

Nun ist der Punkt erreicht, wo sich eine Definitionsgleichung für die Löhne bilden läßt, die die staatliche Aktivität ausdrücklich in die Betrachtung einbezieht. K_{hg} soll die Gesamtheit der Staatsverschuldung gegenüber den Haushalten bedeuten, K_{hg}' die Gesamtheit der Schulden der Haushalte beim Staat. Damit läßt sich die Gleichung (6) auf S. 32, die den Nettowert aller Haushalte darstellt, wie folgt erweitern:

$$(43) \qquad G_h \equiv M_h + Q_h - (K_h - K_h') + G_b + K_{hg} - K_{hg}'$$

Das bedeutet, daß der gesamte Nettowert der Haushalte gleich ist den Kassenbeständen der Haushalte plus dem Wert des realen Güterbestandes der Haushalte plus dem Nettowert der Unternehmen plus der Nettoverschuldung der Unternehmen bei Haushalten plus der Nettoverschuldung des Staates bei den Haushalten.

Setzt man den Wert von G_b aus Gleichung (39) ein, so erhält man:

$$(44) \qquad G_h \equiv M_b + M_h + Q_b + Q_h + K_g - K_g' + K_{hg} - K_{hg}'$$

Diese Gleichung entspricht wieder der Gleichung (7) auf S. 32 und besagt, daß der gesamte Nettowert der Haushalte gleich der Summe des sich in Umlauf befindlichen Geldes ist plus dem Gesamtwert aller Güter im Wirtschaftssystem plus der Nettoverschuldung des Staates.

Differenziert man diese Gleichung, so erhält man:

$$(45) \qquad dG_h \equiv dM_b + dM_h + dQ_b + dQ_h + dK_g - dK_g' + dK_{hg} - dK_{hg}'$$

Damit werden die Ersparnisse der Haushalte in einer Periode definiert.

Die Ersparnisse der Haushalte sind jedoch definitionsgemäß gleich dem Haushaltseinkommen (Y_h) abzüglich des Haushaltsverbrauchs (C_h) und abzüglich der Steuern (T_h), die von den Haushalten bezahlt werden. Das Einkommen der Haushalte besteht aus den Löhnen (W), den Ausschüttungen der Unternehmen (D) und dem „Firmensparen“ (dG_b), von dem angenommen wird, daß es den Haushalten zugute kommt[10].

---

[9] Vgl. Reconstruction, 294—96.

[10] Vgl. oben S. 32 f., wo die Gründe für dieses Vorgehen angegeben werden.

Das bedeutet:

(46) $$dG_h \equiv W + D + dG_b - C_h - T_h$$

Verbindet man nun die Gleichungen (45) und (46) miteinander und setzt man den Wert von dG_b aus Gleichung (40) auf S. 76 ein, so ergibt sich:

(47) $$W \equiv C_h + dQ_h + T_h + (dK_{hg} - dK_{hg}') + dM_h - D - (dK_h - dK_h')$$

Nun kann man schreiben

(48) $$dM_h \equiv dM_h' - X$$

wobei X den „*Zahlungsbilanzfaktor*" darstellt, d. h. das Abfließen von Geldern von Haushaltskonten auf Unternehmenskonten als Ergebnis eines Überschusses der Unternehmenseinnahmen von Haushalten über die Haushaltseinnahmen von Unternehmen. dM_h' soll den Teil des neu geschaffenen Geldes bedeuten, das seinen Weg in die Bilanzen der Haushalte findet. Damit wird die Veränderung im Kassenbestand der Haushalte als das Ergebnis einerseits der „Zahlungsbilanz" gegenüber den Unternehmen, andererseits der Schaffung neuen Geldes betrachtet. So kann man schreiben:

(49) $$dM_b \equiv dM_b' + X$$

wobei dM_b' das neu geschaffene Geld in den Bilanzen der Unternehmen ist und X derselbe Zahlungsbilanzfaktor.

Der Transferfaktor von früher[11] läßt sich nun auch schreiben:

(50) $$T \equiv X + D + (dK_h - dK_h')$$

Die Definitionsgleichung der Löhne (47) kann dann vereinfacht werden, indem man die neuen Ausdrücke von Gleichung (48) und (50) einsetzt, und es ergibt sich:

(51 a) $$W \equiv C_h + dQ_h + dM_h' + T_h + (dK_{hg} - dK_{hg}') - T$$

Ähnlich läßt sich die Definitionsgleichung für die Gewinne bilden, indem man in die Gleichung (41) den Wert für dG_b aus Gleichung (40) einsetzt und aus den Gleichungen (49) und (50) die Ausdrücke für dM_b und T. Dann ergibt sich als Gewinngleichung:

(51 b) $$V \equiv dQ_b + dM_b' + T_b + (dK_g - dK_g') + T$$

Die Summe aus Löhnen und Gewinnen ergibt selbstverständlich das gesamte Volkseinkommen. Nimmt man die Gleichungen (51 a) und (51 b) zusammen, so erhält man:

---

[11] Vgl. Gleichung (15) auf S. 35.

$$(52)\quad Y \equiv dQ_b + dQ_h + C_h + (T_b + T_h) + (dM_b' + dM_h') + (dK_g + dK_{hg} - dK_g' - dK_{hg}')$$

Diese Gleichung (52) gibt an, daß das gesamte *Volkseinkommen* gleich ist der gesamten privaten Investition und Konsumtion plus den gesamten Steuern plus der gesamten Zunahme im Kassenbestand der Wirtschaftssubjekte plus der Nettozunahme an Staatsverschuldung. Die Verteilung des Volkseinkommens zwischen Löhnen und Bruttogewinnen hängt von seiner Zusammensetzung ab und wird vom Transferfaktor beeinflußt: Die *Löhne* sind gleich der Haushaltsabsorption (Käufen der Haushalte) plus den von den Haushalten bezahlten Steuern plus der Zunahme in den Kassenbeständen der Haushalte plus der Zunahme der Staatsschuldverschreibungen in den Händen der Haushalte minus dem Transferfaktor. Die *Bruttogewinne* sind gleich den Unternehmensakkumulationen (Investitionen) plus den von den Unternehmen gezahlten Steuern plus der Nettozunahme der Staatsschuldverschreibungen in Händen der Unternehmen plus dem Transferfaktor[12].

4. Ergebnisse aus der Analyse der Besteuerung

Aus diesen Gleichungen lassen sich Folgerungen ableiten, die auf den ersten Blick paradox erscheinen. So folgt beispielsweise aus den angestellten Überlegungen, daß eine Steuererhöhung das Volkseinkommen um genau diesen Betrag der Steuererhöhung steigen läßt. Damit bleibt das Einkommen nach Abzug der Steuern von der Steuererhöhung völlig unbeeinflußt. Hier erscheint der schon früher erwähnte „Witwenkrugeffekt" in neuer Form, nämlich gegenüber dem Staat, nicht mehr gegenüber den Empfängern von Dividenden: Je höher die Steuern, um so höher ist das Einkommen, aus denen die Steuern bezahlt werden können. Boulding stellt selbst dazu fest: Eine höchst erfreuliche Lehre.

Boulding macht aber auch selbst darauf aufmerksam, daß diese Folgerung sich nur dann ergibt, wenn die anderen Faktoren der Gleichungen sich nicht verändern. Steht der Zunahme der Besteuerung nicht eine entsprechende Zunahme der Staatsausgaben gegenüber, wird also die Voraussetzung des ausgeglichenen Staatshaushalts aufgegeben, dann führen erhöhte Steuern zu einer Zunahme des staatlichen Überschusses (bzw. einer Abnahme des Defizits des Staatshaushalts), was sich in einer Abnahme des Geldvolumens oder einem Rückgang der staatlichen Verschuldung auswirkt, und das Volkseinkommen erhöht sich nicht.

Soll sich der Überschuß oder das Defizit des Staatshaushalts nicht ändern, dann muß einer Zunahme der Steuern eine Zunahme der

[12] Vgl. Reconstruction, 296—98.

staatlichen Absorption entsprechen. Wird diese Zunahme nicht durch eine Abnahme der privaten Absorption ausgeglichen, nimmt das Volkseinkommen zu, weil unter den gemachten Voraussetzungen jede Zunahme der Absorption, ob sie nun von öffentlicher oder privater Seite aus erfolgt, das Volkseinkommen erhöht, wenn sie nicht durch andere entgegenwirkende Faktoren wieder kompensiert wird[13].

Findet sich eine Wirtschaft nahe dem Punkt der Vollbeschäftigung, muß eine Zunahme der staatlichen Absorption notwendigerweise zu einer Abnahme der privaten Absorption führen, entweder weil schon die Ankündigung der erhöhten Steuern die privaten Entscheidungen entsprechend beeinflußt oder über die Auswirkungen einer Inflation oder direkter Staatseingriffe. Selbst in Zeiten von Unterbeschäftigung kann die Ankündigung erhöhter Steuersätze dazu führen, daß Haushalte ihre Konsumkäufe einschränken und Unternehmen ihre Investitionen reduzieren. Auch das wird zu einem Rückgang des Volkseinkommens nach Abzug der Steuern führen.

Mit Hilfe der oben abgeleiteten Gleichungen (51 a) und (51 b) lassen sich leicht Gleichungen bilden für das „private Einkommen“, d. h. das Einkommen nach Abzug der Steuern oder das „verfügbare Einkommen“. Man teilt dazu die Steuern, die von Haushalten bezahlt werden, in zwei Teile, nämlich die Steuern, die von Lohnkonten bezahlt werden (T_w), und die Steuern, die aus Besitzeinkommenskonten bezahlt werden (T_d). Für die gesamten Steuern der Haushalte (T_h) gilt dann:

(53) $$T_h \equiv T_w + T_d$$

Nun sei $W' \equiv W - T_w$: Die „verfügbaren Löhne“, d. h. die Löhne nach Abzug der Steuern, und $V' \equiv V - T_b - T_d$: die „verfügbaren Gewinne“, d. h. die Nicht-Arbeits-Einkommen nach Abzug der Steuern.

Aus Gleichungen (51 a) und (51 b) folgt dann:

(54 a) $$W' \equiv C_h + dQ_h + dM_h' - T + (dK_{gh} - dK_{gh}') + T_d \text{ }^{14}$$

(54 b) $$V' \equiv dQ_b + dM_b' + T + (dK_b - dK_g') - T_d$$

Das bedeutet: eine zusätzliche Steuer auf die Ausschüttungen (D) wird ceteris paribus die verfügbaren Löhne erhöhen auf Kosten des verfügbaren Nicht-Lohn-Einkommens. Darin sieht Boulding vielleicht die Hauptwirkung der Progression der Einkommensteuer auf die funk-

---

[13] Hier zeigt sich, wie an vielen anderen Stellen, daß Bouldings Analyse einen Zustand der Unterbeschäftigung voraussetzt.

[14] In „*Reconstruction*“, 299, steht infolge eines Druckfehlers statt dQ_h fälschlich nur: Q_h.

tionale Verteilung, da die Einkommen aus Kapitalbesitz vermutlich (wenn auch nicht notwendigerweise) im Durchschnitt größer sind als die Lohneinkommen. Im Fall einer erhöhten Dividendensteuer braucht man natürlich nicht anzunehmen, daß sich keine weiteren Veränderungen ergeben, weil die Steuern auf die Dividenden wiederum die Dividendenpolitik der Unternehmen beeinflussen werden. Wird die Besteuerung der Dividenden erhöht, werden die Ausschüttungen zurückgehen. Dadurch verringert sich auch der Transferfaktor, wodurch sich die Verteilung noch weiter zuungunsten der Gewinne verändert.

Die Gleichungen (54 a) und (54 b) können noch weiter vereinfacht werden, wenn man in Betracht zieht, daß $dM_h' + dM_b' \equiv dM$, nämlich der Gesamtzuwachs der *Geldmenge* ist und daß $dK_{gh} + dK_g - dK_{gh}' - dK_g'$ die Nettozunahme der Staatsverschuldung dK ergibt. Die Verteilung der zusätzlich geschaffenen Geldmenge auf Haushalte und Unternehmen hängt von der relativen Liquiditätspräferenz ab oder den einzelnen Umlaufsgeschwindigkeiten des Geldes bei Haushalten und Unternehmen und wird bestimmt von den Kräften, die die Verteilung des Geldes im allgemeinen beeinflussen. Das will besagen: Nimmt man die Zeitperiode lang genug, daß die Liquiditätspräferenzen sich voll auswirken können, dann hängt die Verteilung des „neuen Geldes“ nicht davon ab, wer es zuerst empfängt. Selbst wenn alles „neue Geld“ zunächst in die Hände der Unternehmen gelangt, wird es bald mit Hilfe des Zahlungssystems in alle Bereiche der Wirtschaft dringen und wird schließlich in demselben Verhältnis zwischen Unternehmen und Haushalten verteilt sein wie das „alte Geld“, vorausgesetzt daß in der Zwischenzeit die relative Liquiditätspräferenz sich nicht geändert hat.

Dasselbe gilt für die *Staatsschuldverschreibungen.* Werden die staatlichen Wertpapiere auf dem freien Markt gehandelt, werden sie sich so auf Unternehmen und Haushalte verteilen, wie es deren relativen Präferenzen für Liquidität und Wertpapiere entspricht. Dies gilt sowohl für die Gesamtheit aller staatlichen Wertpapiere als auch für die neu vom Staat ausgegebenen. Bedeutet r das Verhältnis der relativen Liquiditätspräferenzen der Haushalte und Unternehmen, so läßt sich statt dM_b' auch rdM schreiben, und für dM_h' auch (1-r) dM. Ebenso läßt sich bezüglich der Staatsschuldverschreibungen, wenn s das Verhältnis der relativen Vorliebe für Staatsschuldverschreibungen zwischen Unternehmen und Haushalten bedeuten soll, statt $dK_g - dK_g'$ auch sdK schreiben, und für $dK_{hg} - dK_{hg}'$ kann man auch (1-s) dK setzen. Eine Zunahme der Liquiditätspräferenz der Unternehmen gegenüber den Haushalten wird also r erhöhen; eine Zunahme der Präferenzen für Staatsschuldverschreibungen der Unternehmen gegenüber den

Haushalten wird sich positiv auf s auswirken. Soll nun dF das gesamte Staatsdefizit bedeuten[15], dann gilt:

$$\text{(55)} \qquad dM + dK \equiv dF$$

Das bedeutet, daß das gesamte Staatsdefizit einer Periode gleich sein muß dem Betrag des neu ausgegebenen Geldes plus dem Nettobetrag der neu ausgegebenen Staatsobligationen. Nun läßt sich selbstverständlich das Geld als eine spezielle Art von staatlichem Wertpapier ansehen, das keine Zinsen trägt. Wieviel des staatlichen Haushaltsdefizits durch neues Geld und durch neue Staatspapiere ausgeglichen wird, ist eine Frage der staatlichen Finanzpolitik. Wenn der Faktor a das Verhältnis ausdrücken soll, in dem der Staat sein Defizit finanziert, und zwar so, daß a um so größer sein wird, je größer der Teil des Defizits ist, der durch Ausgabe von Geld finanziert wird, dann gilt: dM = adF und dK = (1-a) dF. Daraus ergibt sich:

$$\text{(56 a)} \qquad dM_b' + dK_g - dK_g' = rdM + sdK = [(r - s)\, a + s]\, dF \equiv bdF$$

$$\text{(56 b)} \qquad dM_h' + dK_{hg} - dK_{hg}' \equiv (1 - r)\, dM + (1 - s)\, dK \equiv \langle 1 - [a(r - s) + s] \rangle\, dF \equiv (1 - b)\, dF$$

Dabei kann b = a (r-s) + s der „Unternehmensanteil" des staatlichen Defizits genannt werden und (1-b) der „Haushaltsanteil". So lassen sich auch Gleichungen (51) umwandeln in:

$$\text{(57 a)} \qquad W \equiv C_h + dQ_h + (1 - b)\, dF + T_h - T$$

$$\text{(57 b)} \qquad V \equiv dQ_b + bdF + T_b + T$$

Ebenso die Gleichungen (54):

$$\text{(58 a)} \qquad W' \equiv C_h + dQ_h + (1 - b)\, dF + T_d - T$$

$$\text{(58 b)} \qquad V' \equiv dQ_b + bdF - T_d + T$$

Boulding hat keinen Versuch unternommen, aus diesen Ansätzen heraus ähnliche Gleichgewichtsmodelle zu entwickeln wie jene, die er früher für die einfacheren Fälle vorlegte. Er hätte zweifellos durch entsprechende Verhaltensannahmen die verschiedenen neuen Variablen miteinander verbinden können. So hätte er davon ausgehen können, daß die Haushaltsabsorption (Konsumkäufe) eine Funktion des verfügbaren Haushaltseinkommens ist, das sich aus Lohneinkommen und Ausschüttungen der Unternehmen zusammensetzt. Die Unternehmensakkumulation (Investition) könnte man von den verfügbaren

---

[15] Boulding verwendet abwechselnd und ohne sichtbaren Unterschied den Ausdruck F und dF für das staatliche Defizit. Hier soll einheitlich der Ausdruck dF verwendet werden, um den Charakter des Defizits als Periodengröße hervorzuheben. Vgl. Reconstruction, 300.

Gewinnen abhängig machen. Man müßte aber auch noch bestimmte Annahmen machen über die Größe von dF, b usw. Dann ließen sich die dementsprechenden Modelle konstruieren. Boulding hält es aber für zweifelhaft, ob sich Funktionen finden lassen, die beständig genug sind, um als Grundlage für dynamische Modelle von Differenzengleichungen zu dienen, und mit statischen Gleichgewichtsmodellen scheint ihm nicht viel gewonnen zu sein. So verzichtet er auf eine weitere Ausarbeitung dieser Ansätze.

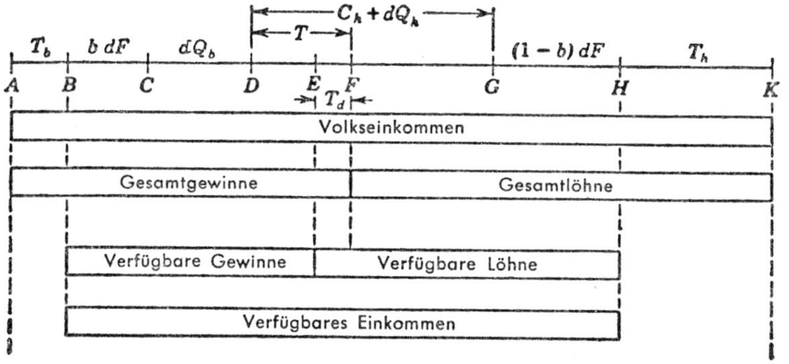

Abb. 14: Staat und Einkommensverteilung

Trotzdem lassen sich die entwickelten Gleichungen benutzen als ein brauchbares grobes Instrument der Analyse. Dafür kann die zeichnerische Darstellung von Abb. 14 eine Hilfe bieten. Das Volkseinkommen (in Geldgrößen ausgedrückt) ist AK und besteht aus den Steuern (AB Unternehmenssteuern, HK Haushaltssteuern), dem Staatsdefizit (BC insofern es von den Unternehmen getragen wird, GH von den Haushalten), den Unternehmensakkumulationen (Investitionen) CD, den Haushaltsabsorptionen (Konsumkäufen) DG. DF ist der Transferfaktor T, EF sind die Dividendensteuern T_b. AF ist dann die gesamte Gewinnsumme, FK die Gesamtlohnsumme, BE die verfügbaren Gewinne, EH die verfügbaren Löhne. BH ist das private (verfügbare) Volkseinkommen. Boulding weist noch darauf hin, daß die gesamte Staatsabsorption gleich ist den gesamten Steuern plus dem gesamten Defizit, d. h. AC + GK. Werden die Steuern ermäßigt, ohne daß sich die staatliche Absorption ändert, ergibt sich eine entsprechende Zunahme des gesamten Defizits, wodurch sich entsprechend BC und GH ausdehnen.

Boulding bemerkt abschließend, daß im Gleichgewicht des gegebenen Modells alle die verschiedenen Größen miteinander vereinbar sein müssen. Nimmt man beispielsweise die Investition als eine Funktion der verfügbaren Gewinne an, dann muß die Summe der verfügbaren Gewinne BE so groß sein, daß sich gerade eine Investition von CD ergibt. Ist die Haushaltsabsorption eine Funktion der verfügbaren Löhne oder des verfügbaren Gesamteinkommens, muß DG mit EH bzw. BH vereinbar sein. Boulding führt diese Modelle aber nicht mehr weiter aus.

G. Einkommensverteilung auf lange Sicht

Boulding hält die vorherrschende Grenzproduktivitätstheorie vor allem deshalb für unbefriedigend, weil sie sich ganz mit der Verteilung auf kurze Sicht befaßt, während sie die Frage, welche Kräfte die Verteilung in der langfristigen Entwicklung der Wirtschaft bestimmen, außer acht läßt[1]. Jeweils am Ende seiner hauptsächlichen Veröffentlichungen zur Verteilungstheorie versucht er, seinen Ansatz für die langfristige Analyse fruchtbar zu machen[2], und darum soll auch hier in einem letzten Abschnitt dargestellt werden, welche Antwort die makroökonomische Verteilungstheorie Bouldings auf diese zentrale Frage der klassischen Distributionstheorie gibt. Boulding versucht, auch ganz allgemein Aussagen über den „Fortschritt der Gesellschaft" aus seinen Modellen abzuleiten. Müssen in der Gesellschaft der Zukunft die Gewinne schließlich verschwinden mit fortschreitender Akkumulation? Enthält das kapitalistische Wirtschaftssystem einen inneren Widerspruch, wodurch es mit geschichtlicher Unabwendbarkeit zum Untergang bestimmt ist? Ist es möglich, in einer stationären Wirtschaft der Zukunft Vollbeschäftigung aufrechtzuerhalten? Boulding hat sich in vielen Veröffentlichungen mit den breiteren soziologischen und kulturhistorischen Aspekten der wirtschaftlichen Entwicklung auseinandergesetzt[3]. So ist es nicht zu verwundern, daß er diese Fragen auch mit Hilfe seiner Verteilungstheorie anzugehen versucht. Allerdings gibt er keine ausgebildete „Wachstumstheorie", sondern deutet nur an, in welche Richtung sich sein Ansatz für eine langfristige Analyse ausbauen ließe.

1. Die langfristigen Wachstumsprozesse

Drei kumulative Prozesse kennzeichnen die Entwicklung der Gesellschaft:

a) das Bevölkerungswachstum,
b) das Kapitalwachstum,
c) das Wachstum des technischen Wissens.

---

[1] Vgl. Fruits of Progress, 473.

[2] Reconstruction, 307 f.; Wages, 146—48; Fruits of Progress, 479—83.

[3] Vgl. z. B. Religious Foundations of Economic Progress, in: Harvard Business Review 30/3 (1952) 33—40; The Organizational Revolution, A Study in the Ethics of Economic Organizations, New York 1953; Economic Issues in International Conflict, in Kyklos 6 (1953) 97—118; The Image, Ann Arbor 1956,

a) Das *Bevölkerungswachstum* vergrößert den Konsum, aber auch die Investition. Boulding führt für die Erhöhung der Investition keine besonderen Gründe an, doch läßt sich annehmen, daß er jedem Lohn- und Gehaltsempfänger einen bestimmten durchschnittlichen Wert von Investitionsgütern zuordnet. Eine Änderung der Produktionsmethoden als Folge des Bevölkerungswachstums wird also nicht in Betracht gezogen, der Kapitalkoeffizient in bezug auf die Bevölkerung als konstant angesehen.

Wie sich das Bevölkerungswachstum auf die *relative* Zusammensetzung der Produktion aus Konsum- und Investitionsgütern auswirkt, darüber wagt Boulding keine Aussage[4].

b) Das *Kapitalwachstum* führt nach Boulding zu einer Abnahme der Möglichkeiten, das wachsende Kapital noch nutzbringend anzulegen. So wird bei wachsender Ausrüstung der Wirtschaft mit Kapitalgütern ein immer geringerer Teil des Volkseinkommens für die Investition verwendet werden, während der Konsum, wenigstens in Form von Instandhaltungskosten und Abschreibungen, absolut und relativ zunimmt[5].

Warum mit wachsender Kapitalausstattung einer Wirtschaft der „Unternehmenskonsum" steigen soll, geht aus dem unmittelbaren Zusammenhang nicht klar hervor. An anderer Stelle aber führt Boulding aus, daß der Konsum — im Sinne Bouldings als Bruttoabnahme des Kapitalbestandes — nicht nur von der Höhe des Einkommens abhängt, sondern auch von der Größe des Kapitalstocks selbst. Je größer der Kapitalstock, um so größer ist auch der Konsum an Kapitalgütern, vor allem weil ein Teil der Wertminderung gar nicht mit der Produktion zusammenhängt, sondern mit dem „eisernen Gesetz" von Rost und Motten[6].

---

deutsch: Die neuen Leitbilder, Düsseldorf 1958; Conflict and Defense, A General Theory, New York 1962; The World War Industry as an Economic Problem, in: Emile *Benoit* and Kenneth E. *Boulding*, Disarmament and the Economy, New York 1963; Towards a pure Theory of Threat Systems, in: The American Economic Review (Papers and Proceedings) 53 (1963) 424—34.

[4] Vgl. Fruits of Progress, 479.

[5] „... consumption, at least in the form of maintenance and depreciation, will increase." Fruits of Progress, 479/80. Hier ist wieder der besondere Konsumbegriff Bouldings zu berücksichtigen, der oben (S. 25 f.) erklärt wurde.

[6] „Consumption — in the proper sense of gross subtractions from the capital stock — is a function not merely of gross additions to that stock (income) but is also a function of the size of capital stock itself. It is a capital that is consumed: hence, the more capital of given durabilities, the more consumption. Thus while the growth of capital, it is true, diminishes the incentives to accumulate further capital, at the same time it increases consumption simply because there is more capital to be consumed. Indeed, it can be argued with some force that a large part of consumption is not related to income at all, but is a function of the nature and extent of the capital stock. This is particularly true of that part of the consumption of goods which is independent of the

c) Das *Wachstum des technischen Wissens* mag diesen Prozess verzögern, indem sich neue Möglichkeiten der Investition eröffnen[7]. Boulding geht darauf aber nicht weiter ein.

2. Die Einkommensverteilung im Entwicklungsprozeß

Unterstellt man einmal in diesem Sinne als unausweichlich, daß der relative Anteil der Investitionen am Sozialprodukt abnimmt, wie wird sich dann die Einkommensverteilung gestalten? Boulding glaubt, diese Frage mit Hilfe der von ihm entwickelten theoretischen Instrumente lösen zu können. Den Ausgangspunkt bilden die „Firmenspargleichung" (8) und die „Gewinngleichung" (10). Die Gleichung des „Firmensparens" lautete[8]:

$$dG_b \equiv dM_b + dQ_b + dK_h - dK_h' \tag{8}$$

Die Gleichung für die Gewinne der Unternehmen war[9]:

$$V \equiv dQ_b + dM_b + dK_h - dK_h' + D \tag{10}$$

Untersucht man die in diesen Gleichungen enthaltenen Faktoren, dann wird unmittelbar klar, daß unter den gemachten Annahmen das Firmensparen auf lange Sicht gegen Null tendieren muß. Die Unternehmen können weder ihre Kassenbestände unbeschränkt vergrößern noch unbeschränkt Konsumentenkredite gewähren, sofern nicht eine fortwährende Inflation herrscht — was die Problemstellung verändern würde und hier unberücksichtigt bleibt. Im stationären Endzustand der Wirtschaft geht die Nettoinvestition ebenfalls auf Null zurück, ebenso der Kreditfaktor dK_h, weil sich die Schulden nicht ewig erhöhen können. Kurzfristige Veränderungen all dieser Faktoren müssen sich auf lange Sicht gegenseitig aufheben. Im stationären Zustand der Wirtschaft kann es kein Firmensparen mehr geben, „Abgang" wird gleich „Einkommen"[10].

Würden damit auch die Unternehmensgewinne verschwinden, bestünden keine Zukunftsaussichten für eine kapitalistische Wirtschaft. Die zweite Gleichung zeigt aber, daß dies nicht der Fall zu sein braucht. Auf lange Sicht werden nämlich, wenn alle anderen Veränderungs-

---

degree of utilization, e. g., the corruption of moth and rust." Kenneth E. *Boulding,* Professor Tarshis and the state of economics, in: American Economic Review 38 (1948) 100. Vgl. auch Economic Analysis, 250.

[7] Vgl. Fruits of Progress, 479 f.; ferner: Kenneth E. *Boulding,* Toward a General Theory of Growth, in: The Canadian Journal of Economics and Political Science 19 (1953) 326—40.

[8] Vgl. S. 33.

[9] Vgl. S. 34.

[10] Vgl. oben S. 25.

faktoren auf Null zurückgehen, Gewinne immer noch möglich sein, wenn die Unternehmen nur die Ausschüttungen (D) groß genug halten. Nach dem Prinzip des „Witwenkrugs“ hängt die Höhe der Gewinne von der Höhe der Ausschüttungen ab. Im Endgleichgewicht gilt:

$$I_n = dM_b = dK_b = O$$

Dann gilt auch: Gewinne gleich Ausschüttungen. Weil bestimmte Ausschüttungen in Zins-, Miet- und Grundrentenzahlungen vertraglich festgelegt sind, werden zwar die Nicht-Lohn-Einkommen nicht völlig verschwinden. Aber nur wenn es ein Gewinniveau gibt, bei dem die gesamten Ausschüttungen ebenso hoch sind wie die Gewinne bei einer positiven Dividende, bei dem also kein Unternehmenssparen versucht wird, sind überhaupt noch Dividenden möglich[11]. Im stationären Zustand ist also das Verteilungsverhältnis völlig unbestimmt, außer insofern die Dividendenpolitik oder die Konsumpolitik der Unternehmen es bestimmt[12].

Boulding glaubt, durch diese Analyse bewiesen zu haben, daß ein kapitalistisches Wirtschaftssystem nicht notwendig zum Untergang bestimmt ist, auch wenn sich die Wirtschaft auf lange Sicht einem stationären Zustand nähert[13], vorausgesetzt nur, daß die Unternehmen veranlaßt werden können, möglichst hohe Gewinne auszuschütten und dadurch sich die Möglichkeit weiterer Gewinne zu sichern. Aus der klassischen Lohnfondstheorie ist somit bei Boulding eine „Gewinnfondstheorie“ geworden, wobei die Größe dieses Gewinnfonds in erster Linie von den Verhaltensweisen der Unternehmen abhängt, während die Gewerkschaften sich ganz offenbar als unfähig erwiesen haben, die Lohnquote wirksam zu erhöhen. Nimmt man an, daß keine Nettoinvestitionen mehr erfolgen und die Konsumbereitschaft nicht mehr ausreicht, das Sozialprodukt bei Vollbeschäftigung aufzunehmen, dann wird es zu Rückgang der Gewinne und zu Arbeitslosigkeit kommen[14]. So erklärt Boulding die große Depression von 1931/32 damit, daß die Unternehmen nicht genügend investiert, auch nicht in vollem Umfang Ersatzinvestitionen durchgeführt haben (negatives dQ_b), daß die Preise zurückgegangen sind und auch eine zu vorsichtige Dividendenpolitik betrieben wurde. Damit wurden die Gewinne zum Verschwinden gebracht, was die ganze Wirtschaft zum Erliegen brachte und zur Arbeitslosigkeit führte[15]. Aber diese Entwicklung hängt nicht mit dem System

[11] Die Gedankenführung Bouldings ist hier nicht sehr klar: „... unless there is some level of profits at which total business distributions equal profits with positive dividends (i. e., a level at which there is no attempted net business saving), dividends will disappear.“ Fruits of Progress, 480.

[12] Reconstruction, 307.

[13] Vgl. Wages, 147.

[14] Vgl. Fruits of Progress, 480.

[15] Vgl. Reconstruction, 307.

als solchem zusammen, es gibt keine „eisernen Gesetze“, die mit physischer Notwendigkeit in diese Richtung führen, in der Wirtschaft herrscht viel weniger Determinismus, als die klassischen Nationalökonomen, K. Marx und seine Anhänger wie auch die Grenznutzenschule annahmen[16]. Mit großem Nachdruck weist Boulding darauf hin, daß *menschliche Entscheidungen* das Wirtschaftsgeschehen und die Verteilung bestimmen, allerdings Entscheidungen, die nicht notwendigerweise auf dem Arbeitsmarkt fallen, sondern unter Umständen irgendwo ganz anders getroffen werden, vor allem von den Unternehmen über die Art der Kapitalnutzung und der Finanzierung[17].

3. Verteilungspolitische Maßnahmen und ihre Auswirkungen

Damit stellt sich die Frage, wie sich solche menschlichen Entscheidungen beeinflussen lassen, um eine wünschenswerte Verteilung zu erreichen. Boulding hält Gewinne zwar für notwendig als Preis, den die Gesellschaft für ein reichgegliedertes, freies Wirtschaftssystem bezahlen muß[18], aber andererseits möchte er sie nach Möglichkeit so niedrig halten, daß dieses gerade noch funktioniert.

Boulding hält es durchaus für denkbar, daß sich die Verhaltensweisen der Wirtschaftssubjekte ohne staatliche Intervention so einspielen, daß sich daraus Vollbeschäftigung und ein genügend hohes Gewinnniveau ergibt, um selbst im stationären Zustand noch die Unternehmerwirtschaft am Leben zu erhalten[19]. Sofern dies aber nicht der Fall ist, schlägt Boulding eine Steuer auf die unverteilten Gewinne vor, die die Unternehmen vom „Unternehmenssparen“ abhalten und zu höheren Ausschüttungen veranlassen. So große Bedenken man gegen die praktische Durchführbarkeit einer solchen Steuer erheben mag, sie stellt nach Boulding doch ein besonders wertvolles Mittel dar, eine Depression zu vermeiden[20]. Wie hoch das zum Funktionieren einer freien Wirtschaft erforderliche Gewinnminimum aber liegt, ist sehr schwer zu bestimmen, und auch Boulding macht darüber keine Angaben[21].

Blickt man auf die logische Struktur dieser Ableitungen zurück, so wird deutlich, daß Boulding auch die Einkommensverteilung auf lange Sicht aus dem einen Grundansatz der Bilanzgleichungen heraus zu erklären sucht. Damit bleibt die Einheitlichkeit der Erklärungsgrundlage

[16] Vgl. Fruits of Progress, 480.
[17] Wages, 148.
[18] „Profits are the price that we pay for a polylithic, nontotalitarian economy.“ Wages, 147.
[19] Fruits of Progress, 480.
[20] Reconstruction, 308.
[21] Reconstruction, 307.

gewahrt; die Richtigkeit auch der langfristigen Analyse hängt ganz von der Richtigkeit dieses Grundansatzes ab.

Eine zusätzliche Überlegung zum Verteilungsproblem jedoch, die Boulding noch anfügt, ist in ihrer Gültigkeit nicht von diesem Grundansatz abhängig. Sie betrifft die Auswirkungen einer *Umverteilung* von Einkommen auf das Wachstum des gesamten Volkseinkommens. Boulding untersucht die Folgen einer wirtschaftspolitischen Maßnahme, durch die man die Verteilung zugunsten einer beliebigen Gruppe zu verändern sucht, bei der man aber eine Verminderung der Wachstumsrate des Volkseinkommens um einen noch so kleinen Betrag in Kauf nehmen muß. Nach Ablauf einer bestimmten Zeit wird sich eine solche Maßnahme zum Nachteil auch der begünstigten Gruppe auswirken[22].

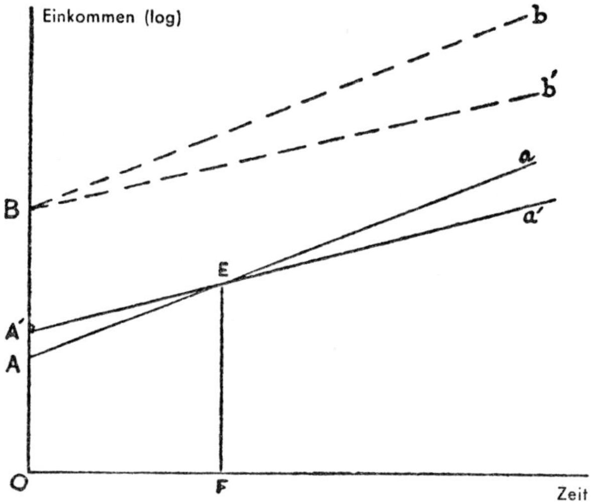

Abb. 15: Einkommensumverteilung und Wachstum

Eine durch ihre Einfachheit bestechende graphische Darstellung erläutert den Gedankengang. In Abb. 15 stellt OB das gesamte Volkseinkommen (in realen Größen) am Ausgangspunkt dar, das sich auf zwei Gruppen von Einkommensbeziehern verteilt, OA und AB. Es ist unwesentlich für den Gedankengang, um was für Gruppen es sich dabei handelt, ob man Lohn- und Gewinnempfänger unterscheiden will oder

[22] Vgl. Fruits of Progress, 481—83; Principles of Economic Policy, Englewood Cliffs, N.J. 1958, 101—04.

Landwirtschaft und Industrie, Reiche und Arme oder jede beliebige andere Aufteilung. Voraussetzung soll sein, daß das Volkseinkommen in einer konstanten Rate entsprechend der Linie Bb auf der logarithmischen Skala steigt. Bei gleichbleibendem Verteilungsverhältnis folgt dann der absolute Anteil der Gruppe A einer parallelen Linie Aa.

Nun wird angenommen, daß man durch eine Umverteilung die Gruppe A gegenüber der anderen Gruppe besser zu stellen sucht, womit ein langsameres Wachstum des gesamten Volkseinkommens notwendig verbunden sein soll. Der Anteil der Gruppe A vergrößert sich also von OA auf OA', und dieser neu gewonnene relative Anteil am Volkseinkommen soll auch für die Zukunft beibehalten werden. Das gesamte Volkseinkommen verläuft dann entsprechend der Linie Bb', und der Anteil der Gruppe A in absoluten Größen entspricht der Linie A'a'. Man sieht sofort, daß Aa und A'a' sich schneiden müssen. E soll der Schnittpunkt sein, so daß im entsprechenden Zeitpunkt F die absolute Höhe des Einkommens der A-Gruppe nach der Umverteilung genau gleich jener Einkommenshöhe sein wird, die sich ohne Umverteilung ergeben hätte. Nach dem Zeitpunkt F liegt das Einkommen der A-Gruppe sogar unter der Höhe, die es ohne Umverteilung erreicht hätte, und dieser Unterschied nimmt noch immer weiter zu.

Sieht man von einer Zeitpräferenz ab, so leuchtet unmittelbar ein, daß es für keine Gruppe vorteilhaft ist, eine Umverteilung zu ihren Gunsten anzustreben, die die Wachstumsrate auch nur um den geringsten Grad vermindert, selbst wenn man nur den Wohlstand dieser einen Gruppe berücksichtigt und die Nachteile der Umverteilung für die anderen Gruppen außer acht läßt. Die Annahme einer Zeitpräferenz bedeutet aber, daß frühere Vorteile höher gewertet werden als spätere Nachteile. Jedoch selbst unter dieser Voraussetzung muß man schon von einem absoluten Zeithorizont ausgehen, hinter dem der gegenwärtige Wert zukünftiger Gewinne oder Verluste Null ist, bevor man sagen kann, daß die Gewinne von einer derartigen Umverteilung die Verluste übersteigen.

In einer Anmerkung gibt Boulding ein Zahlenbeispiel. Die Wachstumsfunktion vor der Umverteilung sei:

$$A_1 = K_1 e^{\alpha t}$$

Nach der Umverteilung sei die Wachstumsgleichung

$$A_2 = K_2 e^{\beta t}$$

Der Zeitpunkt, in dem die Vorteile der Umverteilung für die begünstigte Gruppe Null erreicht, ist dann leicht bestimmbar als der Punkt, in dem $A_1 = A_2$ ist. Dann gilt:

$$K_1 e^{\alpha t} = K_2 e^{\beta t}$$

$$t = \frac{\ln \frac{K_2}{K_1}}{\alpha - \beta}$$

Nimmt man nun beispielsweise an, daß eine Erhöhung des Einkommens der A-Gruppe um 10 % eine Verringerung der Wachstumsrate um 1 % zur Folge hat, also:

$$\frac{K_2}{K_1} = 1{,}1$$

$$\alpha - \beta = 0{,}01$$

so ergibt sich für t der Wert von 9,53. Innerhalb von neuneinhalb Jahren wäre also in diesem Fall schon der Zeitpunkt erreicht, von dem ab eine Veränderung des Verteilungsverhältnisses zu einem niedrigeren Einkommen auch der begünstigten Gruppe führt.

An solchen Überlegungen wird allerdings deutlich, daß die Wirtschaftswissenschaft über einen für die praktische Wirtschaftspolitik hochbedeutsamen Zusammenhang so gut wie keine zuverlässige Information zu geben vermag, nämlich über den tatsächlichen Zusammenhang zwischen Umverteilung und Wirtschaftswachstum. Daher werden fast alle größeren wirtschaftspolitischen Entscheidungen nach Ansicht von Boulding in Unkenntnis ihrer bedeutendsten Auswirkung getroffen. Die Probleme, mit denen sich die Wohlstandsökonomik bisher beschäftigt hat, hält Boulding im Vergleich zu den realen wirtschaftspolitischen Fragestellungen als von beinahe trivialer Bedeutung. Aber auch die Wirtschaftsethik scheint ihm noch zu sehr beherrscht von statischen und kurzfristigen Betrachtungen, weil sie das Kriterium der „Gerechtigkeit“ fast ausschließlich auf die Fragestellung anwendet, „wie ein bestehender Kuchen verteilt werden solle, statt wie man mehr Kuchen backen könne“[23].

Boulding begnügt sich damit, auf diese Fragen hingewiesen zu haben. Einen Weg, wie unsere Unkenntnis über diese Zusammenhänge überwunden werden könnte, zeigt auch er nicht auf.

4. Offene Fragen

Boulding macht noch auf einen anderen für die Einkommensverteilung bedeutsamen Zusammenhang aufmerksam, der sich auch nicht aus seinem Grundansatz ableiten läßt: auf die gegenseitige Abhängig-

[23] Fruits of Progress, 482 f.

keit, die zwischen der Art der *technischen Veränderung* und der Einkommensverteilung besteht. Die persönliche Einkommensverteilung beeinflußt die Richtung des technischen Fortschrittes; das technische Wissen und die Geschicklichkeit der alten Ägypter richtete sich auf den Bau von Pyramiden für die Pharaonen, während der technische Fortschritt in einer egalitären Gesellschaft sich auf die Entwicklung von Annehmlichkeiten und Luxusgütern für die große Masse richtet. Umgekehrt aber beeinflußt die Art der Technik und die Richtung des technischen Fortschritts auch die persönliche Einkommensverteilung. Eine Verbesserung der Nahrungsmittelversorgung kommt mit Notwendigkeit einer großen Zahl von Menschen zugute, da die Aufnahmefähigkeit des Magens auch der Wohlhabendsten begrenzt ist. Automobile, sofern es eine große Zahl davon gibt, müssen notwendigerweise ziemlich gleich verteilt sein. Andererseits können Verbesserungen in der Produktion von extremen Luxusgütern unmöglich auf eine große Zahl von Leuten ausgedehnt werden[24]. Boulding begnügt sich jedoch auch hier damit, auf ein noch wenig beachtetes Gebiet theoretischer und historischer Forschung hingewiesen zu haben[25].

Noch ein weiteres Problem von hoher grundsätzlicher Bedeutung bleibt ungelöst. Boulding begnügt sich damit, seine makroökonomische Verteilungstheorie aus dem Ansatz der Bilanzgleichungen abzuleiten, ohne auf die Frage einzugehen, wie sich seine Ableitungen mit einer *mikroökonomischen* Analyse vereinen lassen, wie sie etwa die Grenzproduktivitätstheorie bietet. Dabei leugnet er nicht den Wert der Grenznutzenanalyse im mikroökonomischen Bereich. Im Vorwort zur Neuauflage von „Reconstruction" gibt er offen zu, daß es sich hier für ihn um ein noch ungelöstes Problem handelt[26]. Da er selber in den vergangenen Jahren nicht dazu gekommen sei, sich damit zu beschäftigen, hoffe er wenigstens, daß andere, jüngere Forscher „dieses entscheidende und zentrale Problem der Wirtschaftstheorie" aufgreifen werden und daß er durch den Neudruck seines Werkes dazu einen Anstoß geben könne. Trotz dieser ungelösten Schwierigkeit ist er sicher, mit seinem Ansatz einen wichtigen Beitrag zur Lösung des Verteilungsproblems zu liefern.

---

[24] Die Luxusartikel der Reichen von heute sind vielfach aber schon morgen selbstverständliche Gebrauchsgüter aller. Vgl. Friedrich A. v. *Hayek*, Die Ungerechtigkeit der Steuerprogression, in: Schweizer Monatshefte 32 (1952/53) 508—17, bes. 509 f.

[25] Reconstruction, 480 f.

[26] Reconstruction, ²1962, Preface: „I must confess, however, that if my colleagues are to be persuaded of the truth of this insight further work needs to be done, especially in the reconciliation of the principles of maximizing behavior as embodied, for instance, in the marginal theory, with the macroeconomic identities."

Zweiter Teil

Kritik der Verteilungstheorie von Boulding

Bei einer Kritik an einem so breit angelegten verteilungstheoretischen Entwurf wie dem von Kenneth E. *Boulding* vorgelegten wird man sich zunächst über die allgemeinen erkenntnistheoretischen und methodologischen Voraussetzungen Rechenschaft geben müssen, von denen diese Theorie ausgeht. Die wissenschaftliche Kritik einer ökonomischen Theorie kann sich nicht damit begnügen zu untersuchen, inwieweit die vorgegebene Theorie den Erfahrungstatsachen Rechnung trägt oder inwieweit ihre Resultate mit den Ergebnissen anderer Forscher auf diesem Gebiet übereinstimmen. Dann wäre Bouldings Verteilungstheorie von vornherein abzulehnen; denn in vielen Punkten führt sie zu Ergebnissen, die der täglichen Erfahrung und auch den in der Wissenschaft gängigen Auffassungen zu widersprechen scheinen. Man hat den Eindruck, daß ihre Kritiker manchmal eher von außen her diese Widersprüche herauszustellen oder mittels eigener Gedankengänge die Ergebnisse als falsch zu erweisen suchten, ohne den eigentlichen Begründungszusammenhang, wie Boulding ihn vorlegt, auf seine *methodische* Sauberkeit hin genauer zu prüfen[1]. Hierin ist wohl der Grund zu suchen, warum Boulding trotz der schlechten Aufnahme, die seine Verteilungstheorie gefunden hat[2], unbeirrt an seinem Ansatz festhält.

Wissenschaftliches Denken unterscheidet sich von vorwissenschaftlicher Erkenntnis vor allem durch die systematische Sicherheit, mit dem ein Gegenstand erkannt wird. Diese Sicherheit gewinnt das Denken durch die Reflexion auf die Methode. Die Kritik einer wissenschaftlichen Theorie muß sich deshalb vorab mit der Methode beschäftigen, durch die sie zu ihren Ergebnissen gelangt. „Die kritische Diskussion inhaltlicher Aussagen ist letzten Endes von methodologischen Auffassungen abhängig[3].“

---

[1] Vgl. etwa die Diskussion im Anschluß an den Vortrag „Wages“ 149—67, oder die Kritik von Harold M. *Levinson* am Vortrag „Fruits of Progress“ in: American Economic Review (Papers and Proceedings) 43 (1953) 495—98.

[2] Vgl. Reconstruction, ²1962, Preface, ii.

[3] Hans *Albert*, Probleme der Theoriebildung, in: Theorie und Realität, Tübingen, 1964, 6.

Eine solche Methodenkritik darf grundsätzlich an keinen Schranken haltmachen. Eine „Methodentoleranz" könnte Ausweichen vor einer kritischen Auseinandersetzung bedeuten, die sich zu ergeben pflegt, wenn man die Dinge ernst genug nimmt[4]. Es werden also nicht nur die Kritiken zu berücksichtigen sein, die unmittelbar gegen die verteilungstheoretischen Modelle Bouldings von Fachkollegen erhoben wurden, die in der grundsätzlichen theoretischen Methode mit ihm einig gehen, sondern zunächst ist nach der Berechtigung und Bedeutung der wirtschaftstheoretischen Methode selbst zu fragen, wie sie von Boulding in Übereinstimmung mit der heute vorherrschenden Richtung der Forschung in diesem Gebiete vertreten wird. Die Veröffentlichungen der letzten Jahre zu dieser Frage beschäftigen sich allerdings kaum unmittelbar mit Boulding. Dennoch ist eine Auseinandersetzung mit ihnen erforderlich — selbst wenn sich die Kritik als sachlich wenig begründet herausstellen sollte —, weil die entscheidende Kritik gegen Bouldings Verteilungslehre auch in dieser Arbeit später auf erkenntnistheoretisch-methodologischem Gebiete geführt werden soll, allerdings in anderem Sinne.

Dennoch kann diese methodologische Diskussion hier nur in ihren Grundzügen angedeutet und nicht eingehend durchgeführt werden, soll der Rahmen der Themenstellung nicht ungebührlich ausgeweitet werden. So wichtig die Reflexion auf die Methode für die Sozialwissenschaften ist, so bilden diese philosophischen Grundlagenfragen doch nicht den eigentlichen Gegenstand der Wirtschaftswissenschaft.

Die moderne Verteilungstheorie, wie sie Boulding mit vielen anderen entwickelt, wird von zwei einander konträr entgegengesetzten philosophischen Standpunkten aus angegriffen: von einer metaphysisch orientierten Gesellschaftslehre her und von einer positivistisch ausgerichteten Wissenschaftslogik aus. Beiden Auffassungen gemeinsam ist die Leugnung der Möglichkeit und Berechtigung einer allgemeingültigen, theoretischen Untersuchung des Verteilungsproblems mit den von Boulding angewandten Methoden. Beide befassen sich nicht so sehr mit konkreten Lösungsversuchen des Verteilungsproblems durch diesen oder jenen modelltheoretischen Ansatz, sie untersuchen nicht die einzelnen gedanklichen Schritte solcher Theorien auf ihre Richtigkeit, sondern sie verwerfen in Bausch und Bogen die gesamten angewandten Methoden als grundsätzlich nicht dem Verteilungsproblem angemessen und deshalb gar nicht einer näheren Untersuchung würdig. Im einzelnen erreichen sie dieses Ziel auf völlig entgegengesetzten Wegen.

---

[4] Ebd., 8.

A. Die Verwerfung der modelltheoretischen Behandlung des Verteilungsproblems zugunsten einer geisteswissenschaftlichen Methode der Nationalökonomie

Das Kernstück der Verteilungslehre von Boulding bildet, wie oben gezeigt wurde, ein gedankliches Modell, in dem aus wenigen und sehr allgemeinen Verhaltensannahmen in Verbindung mit Identitätsgleichungen durch Deduktion in mathematisch formalisierter Sprache bestimmte Ergebnisse abgeleitet werden. Man wird sich zunächst fragen müssen, ob und inwieweit eine derartige modelltheoretische Methode dem Problem der Verteilung des Sozialprodukts gerecht werden kann. Die Klärung dieser Frage kann einen ersten Aufschluß geben darüber, was eine derartige modelltheoretische Verteilungslehre grundsätzlich zu leisten vermag und wo ihre Grenzen liegen.

1. Der Kritikpunkt

Die Schwierigkeiten, die von den Vertretern einer mehr sozialphilosophischen Richtung der Nationalökonomie gegen die modelltheoretische Behandlung der Verteilungsfrage seit dem Erscheinen von Bouldings Hauptwerk „Reconstruction" erhoben werden, lassen sich etwa folgendermaßen zusammenfassen:

Die Verteilungslehre, die im allgemeinen nur als eine Teildisziplin, und zwar als Schlußstück der Volkswirtschaftslehre betrachtet wird, behandelt tatsächlich den „Angelpunkt des Wirtschaftens, um den sich alles Wirtschaften dreht": das Einkommen. In der zeitlichen Geschehensfolge des Wirtschaftens muß zuerst eine Menge von Gütern und Leistungen bereitgestellt werden, bevor diese auf die einzelnen verteilt werden können. In der Zweckfolge des Wirtschaftens ist es aber genau umgekehrt. „Die Zweck- und Zielfolge stellt das Einkommen als anzustrebende Gütermenge für die Bedarfsdeckung an den Anfang des Wirtschaftens." „Das Wirtschaften in den Wirtschaftsgemeinschaften geschieht nur, um einen bestimmten Anteil am Gemeinschaftseinkommen zu erhalten. Das Einkommen steht als Anfangs- und Endpunkt und daher als Ziel am logischen Anfang allen Wirtschaftens[1]."

Nach dieser Auffassung eignet sich aber eine mathematisch formulierbare Theorie nicht für eine derartige zielhafte Betrachtung, aus der

[1] Anton *Tautscher,* Wirtschaftsethik, München 1957, 85.

heraus die Verteilung und das ganze Wirtschaftsgeschehen sinnhaft verständlich gemacht werden soll. In mathematischen Formeln, so wird gesagt, lassen sich *kausale* Zusammenhänge darstellen; sie sind jedoch für die Erfassung von *Sinn*zusammenhängen nicht brauchbar. Man befürchtet, daß durch die Konstruktion rechenbarer Modelle gerade solche Tatsachen ausgeschaltet werden, die für das Verständnis der wirtschaftlichen Zusammenhänge wesentlich sind[2]. „Sobald man annimmt, daß der Wirtschaftler bewußt handelt und auf die jeweilige Lage mit planmäßigen Entscheidungen reagiert, ist ... ein nicht rechenbares Element im Wirtschaftsvorgang vorhanden; das verstehende Wirtschaftssubjekt könnte ja auch anders entscheiden[3].“

Von der Verwendung mathematischer Modelle wird auf die methodische Einstellung geschlossen, „daß die Gesamtwirtschaft ein im Wesen naturgesetzlich ablaufender Mechanismus“ sei[4]. Es werde dabei die *Freiheit* nicht in Betracht gezogen, durch die sich menschliches Handeln von allem naturgesetzlichen Ablauf unterscheidet. So führe von der naturwissenschaftlich-mathematischen Betrachtungsweise keine Brücke zu den menschliches Handeln entscheidend bestimmenden *sozialethischen* oder religiösen Gedankengängen; „denn mathematische Funktionen sind ebenso sittlich indifferent wie die Objekte naturwissenschaftlicher Experimente[5].“ Verfalle man in der Theorie der Sozialwirtschaft einmal einer Lehre vom naturgesetzlich bestimmten Ablauf der Wirtschaftsgesetze, dann sehe man alle mit den Naturgesetzen der Sozialwirtschaft in Widerspruch stehenden Aussagen und Normen als metaökonomisch an und glaube, sie hätten mit dem eigentlichen Wirtschaftsleben nichts zu tun. Eine Wirtschaftsethik wird dann nicht nur überflüssig, sondern sogar schädlich, weil sie den Ablauf der Sozialwirtschaft zu stören scheint[6]. Wie verhängnisvoll sich dies gerade im Bereich der Verteilungslehre auswirkt, liegt auf der Hand.

Tatsächlich glauben manche Gegner der modelltheoretischen Methode die verhängnisvollen Auswirkungen dieser Anlehnung an ein naturwissenschaftlich-mathematisches Denken für die *Wirtschaftspolitik* schon beobachten zu können. „Wohin der Glaube an die Gültigkeit funktionaler Beziehungen tendiert, zeigt die Anwendung der marxistischen Theorie im sowjetischen Bereich und zeigen manche Bestrebungen in der westlichen Welt, mit einem möglichst reich ausgestatteten ‚Instrumentenkasten‘ die Wirtschaft zu lenken, unbekümmert um das Verhalten der Wirtschaftssubjekte[7].“

---

[2] Fritz *Ottel,* Zwei Nationalökonomien, in: Jahrbücher für Nationalökonomie und Statistik 168 (1956) 210.
[3] Ebd.
[4] Ebd., 224.
[5] Ebd., 225.
[6] Vgl. *Tautscher,* Wirtschaftsethik, 1—2.
[7] *Ottel,* Zwei Nationalökonomien, 222.

Insbesondere betonen die Vertreter der geisteswissenschaftlichen Methode der Nationalökonomie die Unmöglichkeit, mit der modelltheoretischen Methode den eigentlich *sozialen* Charakter der Wirtschaft und der Verteilung zu erfassen. Die eigentlich gesellschaftlichen Zusammenhänge sind qualitativer, nicht quantitativer Art. „Jedes Absehen von dem gesellschaftlichen Zusammenhang führt zu einem Modell, das infolge Fehlens eines wesentlichen Elementes für die gesellschaftliche Wirtschaft sinnwidrig ist[8].“ Eine Volkswirtschaft als die Wirtschaft eines staatlich geeinten Volkes stelle ein organisches Ganzes dar, was man nur erfassen könne von einer realistischen Seinsphilosophie aus. Die Verteilungslehre als das Zentralstück der gesamten Volkswirtschaftslehre müsse von einer Analyse der Zielsetzung allen sozialen Wirtschaftens ausgehen und daher einen realistischen Begriff der sozialen Wirtschaft zugrundelegen. „Nach realistischer Auffassung ist die Wirtschaft im Grunde sinnvoll gestaltetes Leben, ist selbst ein Kultursachbereich, ist die zwar unterste, aber breiteste Stufe des Kulturlebens selbst. Das sinngebende Neue hebt die Wirtschaft über den Bereich der reinen Größen- oder Produktionslehre, der Technologie und Naturwissenschaft empor und macht sie zu einer Geisteswissenschaft. Ihr Erkenntnisobjekt ist naturgemäß nur mit geisteswissenschaftlichen Erkenntnismitteln zu erfassen, ungeachtet dessen, daß es sich zur Bewältigung bestimmter Teilprobleme durchaus mathematischer oder naturwissenschaftlicher Methoden bedienen kann und bedient[9].“

Ohne die Grundlage einer realistischen Wirtschaftsontologie, die mit den entscheidenden Aussagen, *was* Wirtschaft ihrem *Wesen* nach ist, welche Aufgaben ihr als Kultursachbereich gestellt sind, dem Erfahrungswissen erst den eigentlichen Halt gibt[10], sei es nicht möglich, die *wirkliche* Wirtschaft theoretisch richtig zu erfassen. Eine formallogisch richtige Ableitung aus nur hypothetisch geltenden Annahmen verdiene nicht den Namen einer Theorie. „Wenn mit der Theorie wirtschaftliche Wirklichkeit erfaßt werden soll, dann bedürfen wir ... eines anderen Theorie-Typus, der nicht auf der Seite der Ratio steht. Das entscheidende Kriterium bilden nicht Denkgesetze, die nur die *Form* äußerer Sätze betreffen, sondern die Wirtschaftswirklichkeit, die ihnen den Inhalt gibt, sowie das heranführende Denken an das Wesen der Dinge, wenn die gesamte Analyse nicht in die Leere gehen soll[11].“ Man müsse sich

---

[8] Ebd., 210.

[9] Egon Edgar *Nawroth*, Die Sozial- und Wirtschaftsphilosophie des Neoliberalismus, Heidelberg 1961, 341. Die Argumente dieses Buches richten sich unmittelbar nur gegen die Auffassungen des deutschen *Neo-Liberalismus*, wie sie insbesondere von Walter *Eucken* vertreten wurden, treffen aber ihrer Natur nach den gesamten modelltheoretischen Ansatz unabhängig von jeder besonderen wirtschafts*politischen* Ausrichtung.

[10] Vgl. *Nawroth*, Neoliberalismus, 341.

[11] *Nawroth*, 284, unter Berufung auf Georg *Weipperts* Kritik an W. *Euckens*

fragen, „wieviel von Wirklichkeitsnähe übrig bleibt, wenn Einkommen, Investitionen und Sparen als makroökonomische Gesamtgrößen, als mathematische Funktionen durch die Betriebe gewissermaßen hindurchlaufen, während doch in Wirklichkeit in den Betrieben Einkommen erzielt, investiert und gespart wird“[12]. „Anstelle der erlebten Wirklichkeit tritt ein konstruiertes Kreislaufsystem[13].“ Es bleibe ein rein formaler, vom eigentlichen Gegenstandsbereich der Sozialwissenschaften gelöster Beziehungszusammenhang. „Modellgesetze sind logische Denkgesetze, die auf ‚Als-Ob-Erkenntnissen‘ eines rationalen Schemas basieren. Als abstrakte Denkergebnisse sind sie von den Wesens- und Strukturgesetzen der wirklichen Wirtschaft klar zu unterscheiden. Sie können als solche weder das wesenhafte ‚Quale‘ der Gesellschaftswissenschaft erfassen noch echte Einblicke in die Wirtschaftswirklichkeit bieten, da sie trotz ihres ‚Richtigkeitswertes’ wegen fehlender Wirklichkeitsnähe keinesfalls ‚Wahrheitsgehalt‘, d. h. Übereinstimmung mit der Wirklichkeit, für sich beanspruchen können[14].“

Für die Verteilungslehre habe das zur Folge, daß der produktive Marktbeitrag als alleinige Ursache des Einkommens gilt und die *Leistungsbewertung* rein kausal erfolgt[15]. „Derjenige erzielt den größten Marktertrag, der die kaufkräftige Nachfrage am besten mit den dringlichst begehrten Gütern und Dienstleistungen zu befriedigen in der Lage ist. Der Knappheitsgrad des benötigten wirtschaftlichen Gutes ist also ausschlaggebend. ... Für diese Art Leistungsbewertung ist es völlig gleichgültig, ob das nachgefragte Gut objektiv-dringlichem und kulturell-wertvollem Bedarf oder beispielsweise nur einem ethisch unwertigen Luxusbedürfnis entspricht. Es ist auch unerheblich, unter welchen Voraussetzungen der wirtschaftliche Beitrag zustandegekommen ist: mit welchem Startkapital, an welchem Standort, unter welchen Arbeitsbedingungen, mit welchen Arbeitsmethoden. Einzig und allein die Nachfragebedienung, inwieweit kaufkräftige Nachfrage in ihrer *tatsächlichen* Gestalt befriedigt wird, gilt als Maßstab für Leistung und Produktivität. Das Maß der Leistung ist dabei in den *Preisen* gegeben, mit denen der Markt das Tauschverhältnis der Güter und Dienstleistungen bestimmt[16].“ „Die Frage nach einem objektiven Wertmaßstab für Begriffe wie: Leistung, Erfolg, Produktivität und Gerechtigkeit, gilt als überflüssig[17].“ Dieser Wertnominalismus wird als logische Konsequenz aus der atomistisch-mechanistischen Prämisse der

---

Grundlagen der Nationalökonomie, in: Zeitschrift für die gesamte Staatswissenschaft 102 (1942) 271—337, bes. 277—83.

[12] *Ottel,* Zwei Nationalökonomien, 218.

[13] Ebd., 216.

[14] *Nawroth,* Neoliberalismus, 392 f.

[15] Ebd., 350.

[16] Ebd., 346.

[17] Ebd., 350.

Wirtschaftsphilosophie angesehen. „Der Wert gilt als Eigenschaft des isoliert betrachteten Wirtschaftsgutes; er wird insofern individualisiert und verabsolutiert[18].“

Die philosophische Grundlage der Modelltheorie wird in der Ideologie des *Neo-Kantianismus*[19] und des *Nominalismus* gesucht: Das Wesen der gedanklichen Allgemeinheit werde erkenntnistheoretisch verfehlt, diese werde auf ein ausschließlich intramentales Dasein reduziert und so in ihrer seinshaften Realität wie auch in ihrer Eigenbedeutung gegenüber dem Individuum verkannt. Aus der unrealistischen Verkennung der Wesenskraft des Geistes, mit jedem Seienden der Idee nach eins werden zu können, folge die inhaltliche Entleerung der allgemeinen Begriffe, und so bleibe die sinnliche Einzelerfahrung als einzig legitime Erkenntnisquelle übrig[20].

Die Argumente gegen die modelltheoretische Behandlung des Verteilungsproblems lassen sich wie folgt zusammenfassen:

a) Die Modelltheorie kann der *Zielhaftigkeit* menschlichen Handelns nicht gerecht werden;

b) Die Modelltheorie betrachtet die Gesamtwirtschaft als einen naturgesetzlich ablaufenden *Mechanismus;*

c) Die mathematisch formulierten Gesetze der Modelltheorie schließen die Möglichkeit einer *Wirtschaftsethik* aus;

d) Die Modelltheorie präjudiziert die *wirtschaftspolitische* Entscheidung — wobei sich allerdings die Gegner der Modelltheorie nicht einig sind, ob in liberalistischer oder sozialistischer Richtung;

e) Die Modelltheorie kann den eigentlich *sozialen* Charakter der Wirtschaft und der Verteilung nicht erfassen;

f) Der Modelltheorie fehlt es an *Wirklichkeitsnähe;*

g) In der Modelltheorie ist die für die Verteilung notwendige objektive Bewertung der wirtschaftlichen *Leistung* unmöglich;

h) Die Modelltheorie hat den philosophischen *Nominalismus* zur erkenntnistheoretischen Grundlage.

2. Der Ansatzpunkt für diese Kritik bei Boulding

Die oben aufgeführten Kritikpunkte gegen die Modelltheorie im allgemeinen richten sich auch gegen die Verteilungstheorie von Boulding. Bouldings Verteilungslehre geht nicht aus von einer Wirtschaftsonto-

---

[18] Ebd., 352.

[19] Gustav *Gundlach,* Euckens Grundlagen der Nationalökonomie, in: Gregorianum 34 (1953) 680—93.

[20] *Nawroth,* Neoliberalismus, 44/45.

logie, die sich die Frage stellt, was Wirtschaft in ihrem Wesen eigentlich sei, welche Aufgaben ihr als Kultursachbereich gestellt seien usw. Wenn Boulding sich auch an anderer Stelle mit soziologischen und sozial*philosophischen* Fragen beschäftigt hat[21], so wird doch der Ertrag dieser Arbeiten für die verteilungstheoretische Analyse nicht fruchtbar gemacht. Boulding geht hier nicht vom Sinn des wirtschaftlichen Handelns aus oder vom wesentlich sozialen Charakter menschlichen Wirtschaftens, und gegen manche seiner philosophischen Gedanken, die gelegentlich einfließen, könnte man Bedenken anmelden. Die Art, wie er zum Beispiel menschlich-personale Qualitäten und Sachgüter unter denselben Begriff des „Vermögens“ zusammenfaßt, weil sie nämlich beide als Produktionsfaktoren Quellen von Einkommen sind[22], berücksichtigt nicht die grundlegende Verschiedenheit geistigen und materiellen Seins. Auch der bilanztechnische Grundansatz, in dem er die Aktiv- und Passivseiten aller Unternehmen einerseits, aller Haushalte andererseits zu Summengrößen zusammenzieht, als ließen sich so heterogene Elemente ohne weiteres summieren, entspricht nicht einer philosophischen Betrachtung, die von den Unternehmen und Haushalten als Sinn- und Ordnungseinheiten ausgehen müßte. An anderer Stelle aber behandelt er, den Einheitsgedanken überbetonend, die Unternehmen wie lebendige Organismen, die durch „Homöostase“ gesteuert werden[23]. Nur bestimmte Gesichtspunkte und Beziehungszusammenhänge werden also hervorgehoben, keine Wesensaussagen versucht.

Wie wenig Wert Boulding in seiner Verteilungslehre auf den Inhalt der verwendeten Begriffe legt, geht noch deutlicher aus den Überlegungen betreffs der Umverteilung hervor[24], wo er die Wirtschaftsgesellschaft in zwei Klassen von Einkommensbeziehern einteilt, aber es dem Belieben des Lesers überläßt, wie die Wirtschaftsgesellschaft und dementsprechend das Volkseinkommen untergeteilt werden soll: ob in Löhne und Gewinne, Landwirtschaft und Industrie, arm und reich oder jede beliebige Zweiteilung. Nur die rein formalen Zusammenhänge werden betrachtet; ob die dabei verwendeten Begriffe Wirklichkeitsgeltung besitzen, spielt nur für die Verwendbarkeit dieser Theorie eine Rolle, für ihre „Aktualität“, nicht aber für ihren Wahrheitsgehalt im Sinne logischer Richtigkeit.

---

[21] Vgl. z. B. Equilibrium and Wealth: A word of encouragement to economists, in: The Canadian Journal of Economics and Political Science 5 (1939) 1—18; Defense and Opulence: The ethics of international economics, in: American Economic Review (Papers and Proceedings) 41 (1951) 210—20. The Organizational Revolution, A Study in the Ethics of Economic Organizations, New York 1953; The Image, Ann Arbor 1956.

[22] Vgl. Reconstruction, 243, und oben S. 27.

[23] Reconstruction, 26.

[24] Fruits of Progress, 481—83; vgl. oben S. 92—94.

Dies gilt auch für den Kernpunkt der gesamten Verteilungstheorie Bouldings, für den „Witwenkrug-Effekt". Der Gedanke, daß die Ausschüttungen der Unternehmen ihnen in Gestalt von Gewinnen wieder zufließen, der die zentrale Aussage der gesamten Verteilungslehre Bouldings darstellt, wie noch gezeigt werden soll[25], ist eine rein formale Beziehung, die nicht nur für das Verhältnis zwischen Unternehmen und Haushalten gilt, sondern auch auf das Verhältnis zwischen den Unternehmen und dem öffentlichen Haushalt angewandt wird[26]. Vom „Wesen des Gewinnes" oder der sozialphilosophischen Bedeutung der Steuer ist dabei nicht die Rede. Aus all dem wird deutlich, daß Boulding in seiner Verteilungstheorie keine Aussagen über das philosophische Wesen der sozialen und wirtschaftlichen Beziehungen und der Verteilung machen will, sondern nur bestimmte Gesichtspunkte und Bedingungszusammenhänge hervorhebt, wobei damit auch auf ihn das Urteil angewandt werden könnte, daß „bei dieser atomistischen Grundkonzeption und der ihr kongruenten positivistischen Forschungsmethode das sachlich-analytisch nicht feststellbare menschlich-gesellschaftliche Grundelement und das ethisch-finale Leitgesetz allen Wirtschaftens von vornherein unberücksichtigt bleibt"[27].

3. Die Beurteilung dieser Kritik

Wenn somit der Vorwurf, den eine mehr geisteswissenschaftlich-philosophische Richtung innerhalb der Nationalökonomie gegen die Modelltheorie erhebt, daß bestimmte Aspekte des Wirtschaftslebens in ihr nicht zum Ausdruck kommen, auch gegen die Verteilungstheorie von Boulding als berechtigt angesehen werden kann, so wäre es dendoch falsch, diese wegen ihrer modelltheoretischen Methode von vornherein abzulehnen. Innerhalb der Grenzen ihrer Fragestellung erscheint die Modelltheorie vielmehr unanfechtbar. Sie verfolgt nämlich ein ganz anderes Erkenntnisziel als die geisteswissenschaftliche Lehre von der Wirtschaft.

Eine geisteswissenschaftlich ausgerichtete Nationalökonomie geht davon aus, daß menschliche Gesellschaft mehr besagt als nur die Summe atomisierter Individuen und daß die Wirtschaft an dieser Gesellschaftlichkeit des Menschen teilhat. Das wirtschaftliche Handeln des Menschen wird so geprägt von seiner individuell-sozialen Doppelnatur; diese Zielhaftigkeit wirtschaftlichen Handelns und insbesondere ihr sozialer Charakter ist gerade der Gegenstand der geisteswissenschaftlichen Sozialwirtschaftslehre. Als Wissenschaft von der „Kulturfunk-

---

[25] Vgl. unten Abschn. II. D. 2.
[26] Vgl. die „Steuerparadoxien", oben Abschn. I. F.
[27] So *Nawroth*, Neoliberalismus, 276, gegen W. *Eucken*.

tion der Unterhaltungsfürsorge" ist sie ohne Eingehen auf die Sinnfrage undenkbar.

Dieser soziale Sinnzusammenhang, den man als das philosophische Wesen der Wirtschaft als Ordnung ansehen kann, läßt sich nicht rein kausal-analytisch oder modelltheoretisch erfassen. Ohne einen derartigen Begriff ist man aber geneigt, die Wirtschafts*ordnung* als Summe der individuellen Handlungen zu erklären, wie dies im Liberalismus geschieht, oder die einzelnen wirtschaftlichen Entscheidungen der Individuen dem Wirtschaftsganzen unterzuordnen wie in allen Spielarten des Sozialismus. Nur eine Analyse der gesellschaftlichen Wesensanlage des Menschen ist in der Lage, die Wirtschaft als sozialen Handlungszusammenhang zu verstehen oder das Wesen des wirtschaftlichen Gemeinwohls als eines gemeinsam angestrebten Zieles einer Wirtschaftsgemeinschaft herauszuarbeiten. Eine historisch-deskriptive Theorie kann dabei noch die verschiedenen Ausprägungen dieses Zieles darstellen, wie es den Menschen verschiedener Zeiten und Kulturen vorschwebte und deren wirtschaftliches Handeln motivierte. Letztes Erkenntnisobjekt bleibt dabei das Bild eines geordneten Wirtschaftslebens, also ein *normativer* Begriff der Wirtschaft und Verteilung, der dann als Richtschnur der Wirtschafts*politik* dienen kann.

Ein solches Erkenntnisziel hat sich die Verteilungstheorie von Boulding als *analytische* Theorie nicht gestellt. Sie will kein Gesamtbild vom Funktionieren einer arbeitsteiligen Wirtschaft entwerfen, will nicht die Wirtschaft als sozialen Handlungszusammenhang verstehen oder eine leistungsgerechte Verteilung zu bestimmen suchen. Sie setzt vielmehr alle institutionellen und sozialen Bedingungen, die das Handeln des Menschen auf das Gemeinwohl hin ausrichten und zu einem echt *sozialen* Handeln machen, als gegeben voraus und fragt danach, wie sich innerhalb dieses Rahmens bestimmte Verhaltensweisen der Individuen, die sie hypothetisch unterstellt, in ihrer sozialen Kumulation auswirken. Damit wird aber nicht behauptet, daß die Frage der Wirtschaftsordnung auf diese Weise ins Blickfeld der Untersuchung rücke. Es werden vielmehr nur ganz bestimmte, eng umgrenzte Zusammenhänge verfolgt und von allen anderen Zusammenhängen, Bedingungskonstellationen, Motivationen, Zielsetzungen abstrahiert. Es wird nur behauptet: Wo immer die unterstellten Verhaltensweisen in der Wirklichkeit gegeben sind, da müssen sich mit logischer Notwendigkeit auch die Folgen einstellen, die eine derartige Theorie ableitet. Die Verhaltensweisen werden selbstverständlich mit dem Blick auf die Wirklichkeit gewählt, jedoch kein Beweis für ihre Wirklichkeitsgeltung angetreten.

Die absolute Notwendigkeit, die durch die Verwendung der mathematischen Funktionen ausgedrückt ist, betrifft dabei nicht das Handeln der Wirtschaftssubjekte, auch nicht einen „naturhaft ablaufenden Wirtschaftsmechanismus“, noch weniger irgendwelche „natürlichen Gesetze der Wirtschaft“, denen der Mensch unterworfen wäre, sondern nur den *logischen* Zusammenhang zwischen den gemachten Annahmen und ihren Implikationen. Die Menschen bleiben frei, sich anders zu verhalten, als unterstellt wird, und ein ethisches Verhalten steht nicht nur in keinem Gegensatz zu dem von der Theorie angenommenen, sondern oftmals läßt sich erst mit Hilfe der Theorie, die die Folgen eines bestimmten Handelns aufweist, feststellen, welches Verhalten als sozialethisch erwünscht betrachtet werden kann. In der Verteilungstheorie Bouldings sind die Verhaltensannahmen im übrigen so allgemein gefaßt, daß sie mit den verschiedensten möglichen Zielsetzungen vereinbart werden können, seien diese nun sittlich wertvoll oder verwerflich.

Daß das wirtschaftliche Verhalten des seiner Natur nach sozial veranlagten Menschen auf das wirtschaftliche Gemeinwohl hin ausgerichtet sein oder dieses wenigstens mitberücksichtigen *sollte*, bleibt von der Modelltheorie unbestritten. Aber diese normative Fragestellung der Wirtschaftsethik muß getrennt gehalten werden von der explikativen Fragestellung, wie sich das tatsächliche Verhalten der Wirtschaftssubjekte auswirkt. Ein Widerspruch zwischen den beiden Fragestellungen ergäbe sich nur dann, wenn die beiden Betrachtungsweisen auf derselben Ebene lägen und einander ausschlössen. Dies allerdings wird von Vertretern der metaphysisch fundierten Sozialphilosophie gelegentlich behauptet[28], trifft aber nicht zu. Weder durch die Sozialethik noch durch die Modelltheorie wird das menschliche Handeln in seiner Motivation und Zielsetzung erschöpfend beschrieben. Die rechtliche und soziale Ordnung sorgt für eine gewisse Ausrichtung des menschlichen Handelns auf das Gemeinwohl hin, ohne deshalb die Investitions- und Konsumfunktionen notwendigerweise zu verändern. Ein Gegensatz zwischen den beiden Betrachtungen würde sich nur dann ergeben, wenn die Investitionsentscheide der Unternehmen und die Konsumentscheide der Haushalte nicht von der Höhe des tatsächlichen Sozialproduktes und seiner Verteilung, sondern unmittelbar von Erwägungen über eine *gerechte* Verteilung abhingen. Dafür ist aber bisher kein überzeugendes Argument vorgebracht worden, und so läßt sich von dieser sozialethischen Betrachtung her die Verteilungslehre Bouldings auch nicht angreifen.

Die modelltheoretische Betrachtung kann jedoch der Wirtschaftsethik die Einsicht in wichtige Zusammenhänge vermitteln. Trifft die Analyse Bouldings zu, d. h. vollzieht sich die tatsächliche Verteilung im Sinne

[28] So *Nawroth*, Neoliberalismus, 308, gegen Manfred *Hättich*, Wirtschaftsordnung und katholische Soziallehre, Die subsidiäre und berufsständische Gliederung der Gesellschaft in ihrem Verhältnis zu den wirtschaftlichen Lenkungssystemen, Stuttgart 1957.

seiner „Gewinnfondstheorie", dann sind es nicht die Entscheidungen auf dem Arbeitsmarkt, sondern die Verhaltensweisen, die den Transferfaktor bestimmen, wovon letztlich die Verteilung abhängt. Fordert nun die Sozialethik eine andere, beispielsweise eine gleichmäßigere Verteilung, so würde sich die Verpflichtung ergeben, die Bestimmungsgründe des Transferfaktors entsprechend zu beeinflussen.

Wegen der Verwendung mathematischer Ableitungen von einer „naturwissenschaftlichen Methode" zu sprechen ist vor allem deshalb verfehlt, weil die Mathematik aus sich heraus nicht die Fachsprache der Naturwissenschaft, sondern formalisierte Logik ist. Sie wird in den Naturwissenschaften zur Darstellung von Kausalbeziehungen verwendet, läßt sich aber durchaus auch zur Darstellung zielhaften Handelns gebrauchen, wenn sich diese Zielhaftigkeit menschlichen Handelns als ein Maximumproblem darstellen läßt[29]. Ob eine mathematische Behandlung des Wohlstandsproblems einmal gelingen wird oder nicht — für die Darstellung der Verhaltensweisen der Verbraucher und der Unternehmen, wie Boulding sie gibt, ist die mathematisch formalisierte Sprache jedenfalls durchaus geeignet. Nur wenn man glaubt, mit der mathematischen Darstellung des individuellen Verhaltens der Wirtschaftssubjekte bereits den sozialen Handlungszusammenhang „Wirtschaft" erschöpfend beschrieben zu haben oder unterstellt, der größte soziale Nutzen ergebe sich dann, wenn man das individuelle Wahlhandeln so weit wie nur möglich von institutionellen Bindungen befreit, macht man sich einer methodischen Grenzverletzung und der individualistischen oder liberalistischen Erschleichung eines wirtschaftspolitischen Werturteils schuldig. Der Vorwurf des Neo-Kantianismus und des Nominalismus, also eines philosophischen Irrtums, kann sich überhaupt nur gegen philosophische Behauptungen, nicht gegen die Abgrenzung eines Forschungsgebietes richten. Es mögen philosophische Vorurteile einen Forscher davon abhalten, bestimmte Fragestellungen aufzugreifen, die er für sinnlos hält. Die Beschäftigung mit anderen Fragestellungen mit anderen Methoden wird deshalb aber nicht falsch.

Damit haben sich alle Argumente einer mehr geisteswissenschaftlich-philosophischen Richtung der Nationalökonomie gegen die modelltheoretische Behandlung des Verteilungsproblems bei Boulding als unzutreffend herausgestellt. Dies gilt auch dann, wenn man es für möglich hält, auf philosophischer Ebene wissenschaftliche Aussagen über eine dem Wesen des Menschen entsprechende, gerechte Verteilung zu machen.

---

[29] Vgl. beispielsweise John von *Neuman* und Oskar *Morgenstern*, Spieltheorie und wirtschaftliches Verhalten, übersetzt von M. *Leppig*, Würzburg 1961.

B. Die Verwerfung der modelltheoretischen Behandlung des Verteilungsproblems aufgrund einer neopositivistischen Wissenschaftslogik

Wenn von seiten einer philosophisch orientierten Nationalökonomie gegen die modelltheoretische Behandlung des Verteilungsproblems eingewandt wird, sie vernachlässige die Wesenserkenntnisse und bleibe wegen ihrer positivistischen Forschungsmethode an dem äußerlich Meßbaren und Zählbaren hängen, übersehe den Unterschied der Sozialwissenschaft von den Naturwissenschaften, so wird dieselbe modelltheoretische Analyse von einer anderen philosophischen Schule mit dem Vorwurf angegriffen, sie sei zu wenig positivistisch an der Empirie orientiert, postuliere in ungerechtfertigter Weise einen eigenen, dem Gegenstand der Sozialwissenschaften angemessenen Theorietypus und huldige einem Platonismus des Kreisens in rein tautologischen Aussagen. Im deutschen Sprachraum bemüht sich vor allem Hans *Albert* in zahlreichen Veröffentlichungen, mit diesem Vorwurf die gesamte modelltheoretische Fragestellung als gegenstandslos zu erweisen[1]. Da

---

[1] Hans *Albert*, Tautologisches und Ideologisches, Bemerkungen zu einem Aufsatz von Erich Preiser, in: Schweizer Zeitschrift für Volkswirtschaft und Statistik 90 (1954) 219—24; Macht und Zurechnung, Von der funktionellen zur institutionellen Verteilungstheorie, in: Schmollers Jahrbuch 75 (1955) 57—85; Entmythologisierung der Sozialwissenschaften, Die Bedeutung der analytischen Philosophie für die soziologische Erkenntnis, in: Kölner Zeitschrift für Soziologie und Sozialpsychologie 8 (1956) 243—71; Wachstumsmodelle und Realität, Bemerkungen zu Roses Kritik der Wachstumstheorie, in: Jahrbücher für Nationalökonomie und Statistik 169 (1957) 120—24; Marktsoziologie und Entscheidungslogik, Objektbereich und Problemstellung der theoretischen Nationalökonomie, in: Zeitschrift für die gesamte Staatswissenschaft 114 (1958) 269—96; Der logische Charakter der theoretischen Nationalökonomie, Zur Diskussion um die exakte Wirtschaftstheorie, in: Jahrbücher für Nationalökonomie und Statistik 171 (1959) 1—13; Nationalökonomie als Soziologie, Zur sozialwissenschaftlichen Integrationsproblematik, in: Kyklos 13 (1960) 1—43; Die Problematik der ökonomischen Perspektive, in: Zeitschrift für die gesamte Staatswissenschaft 117 (1961) 438—67; Eine Theorie des Marktverhaltens großer Unternehmungen, Bemerkungen zu William J. Baumols neuem Buch: Business Behavior, Value and Growth, in: Jahrbücher für Nationalökonomie und Statistik 173 (1961) 191—98; Der moderne Methodenstreit und die Grenzen des Methodenpluralismus, in: Jahrbuch für Sozialwissenschaft 13 (1962) 143 bis 169; Empirische Verhaltensforschung und ökonomische Theorie, in: Zeitschrift für Nationalökonomie 23 (1963) 209—17; Modell-Platonismus, Der neo-klassische Stil des ökonomischen Denkens in kritischer Beleuchtung, in: Sozialwissenschaft und Gesellschaftsgestaltung, Festschrift für Gerhard *Weisser*, Berlin 1963, 45—76; Probleme der Theoriebildung, in: Theorie und Realität, Tübingen 1964, 3—70. Dieselben Grundgedanken kehren in all diesen Aufsätzen wieder.

sich dieser Einwand besonders gegen die statische Theorie wendet, wie Boulding sie bevorzugt, muß hier ebenfalls kurz dazu Stellung genommen werden.

1. Der Kritikpunkt

In ihrem Angriff auf die Modelltheorie geht die neopositivistische Wissenschaftslogik ebenfalls von der erkenntnistheoretischen Fragestellung aus, wie sich die nationalökonomische Theorie zur wirtschaftlichen Wirklichkeit verhält; denn zur Erklärung der wirtschaftlichen *Wirklichkeit* beizutragen muß unbestreitbar das Ziel jeder Wirtschaftstheorie sein. Die Aufgabe der Distributionstheorie besteht darin, die Gesetze herauszuarbeiten, nach denen sich die tatsächliche Einkommensverteilung vollzieht.

Nun läßt sich ganz allgemein bei einer Aussage oder einem System von Aussagen, wie es eine Theorie darstellt, unterscheiden zwischen Realitätsbezug, Informationsgehalt und Wahrheit. „Einerseits können wir fragen, ob und in welcher Weise sich die betreffende Aussage oder Aussagenmenge — also zum Beispiel eine Theorie — auf die Wirklichkeit bezieht, andererseits können wir die Frage stellen, ob und in welchem Maße sie darüber informiert, und gegebenenfalls, welche Information sie enthält, und schließlich können wir noch fragen, ob diese Aussage oder Aussagenmenge ‚stimmt', das heißt in unserem Zusammenhang vor allem: ob sie mit der Beschaffenheit der Wirklichkeit, genauer: des ins Auge gefaßten Aspektes der Wirklichkeit, übereinstimmt[2]."

Erhält man beispielsweise auf die Frage nach den Wetterbedingungen die Auskunft, daß sich das Wetter, falls keine Änderung eintrete, durchaus in der bisherigen Weise verhalten werde, dann bezieht sich diese Aussage zwar auf den in diesem Falle interessierenden Aspekt der Wirklichkeit und ist überdies unzweifelhaft wahr, aber enthält keinerlei Information[3]. Sie ist vielmehr wahr aus rein logischen Gründen. Derartige „analytische Aussagen" schließen keine denkbare Sachlage aus. „Gleichgültig, was in der Welt geschieht, sind sie so formuliert, daß sie auf jeden Fall damit vereinbar sein müssen. Das Gleiche gilt für Aussagen, die zwar nicht analytisch und damit wahr, aber so verklausuliert sind, daß sie gewissermaßen ein unbeschränktes ‚Alibi' besitzen[4]." „Information ist nur durch Einschränkung logischer Möglichkeiten zu erreichen, und eine solche Einschränkung ist prinzipiell

---

[2] *Albert*, Modell-Platonismus, 47.

[3] Ebd., 47.

[4] Ebd., 48.

mit dem Risiko verbunden, daß sich die betreffende Aussage als falsch herausstellt[5].“

Die Aussagen, aus denen sich eine wissenschaftliche Theorie aufbaut, müssen demgemäß dem sog. „Popper-Kriterium“ genügen[6], d. h. sie müssen grundsätzlich durch Tatsachen widerlegbar sein. Eine Theorie, die durch kein denkbares Ereignis widerlegt werden könnte, ist unwissenschaftlich; das Kriterium des wissenschaftlichen Charakters einer Theorie ist ihre Falsifizierbarkeit oder Widerlegbarkeit oder Testbarkeit[7].

Die Aussagen (Gesetze), aus denen eine Theorie besteht, haben im allgemeinen hypothetischen Charakter, d. h. sie behaupten, daß unter bestimmten (allgemein charakterisierten) Bedingungen bestimmte (allgemein charakterisierte) Konsequenzen zu erwarten sind[8]. Man kann sie als Immer-und-Überall-Wenn-Dann-Aussagen bezeichnen, und wenn sie diese Form nicht aufweisen, lassen sie sich doch leicht in diese Form bringen. Dabei besteht ein Zusammenhang zwischen dem Gehalt der beiden Komponenten (der Wenn- und der Dann-Aussage) und dem Gehalt der gesamten Aussage selbst[9]. „Bei wachsendem Gehalt des Wenn-Satzes einer solchen Aussage sinkt der Gehalt der Aussage selbst, während er bei wachsendem Gehalt ihres Dann-Satzes steigt, beides immer unter der Voraussetzung, daß der Gehalt des jeweils anderen Bestandteiles sich nicht ändert[10].“ „Mit dem Informationsgehalt einer Aussage steigt auch ihre prinzipielle Prüfbarkeit und Bewährbarkeit, denn mit der Verringerung des Spielraums der Aussage erhöht sich die Möglichkeit ihrer Nachprüfung[11].“

Fügt man den Bedingungen des Wenn-Satzes noch eine unqualifizierte ceteris-paribus-Klausel bei, dann immunisiert man eine derartige hypothetische Aussage völlig gegen eine Widerlegung durch Tatsachen. „Die Klausel stellt hier gewissermaßen ein unbeschränktes Alibi her, da für jedes anscheinend abweichende Verhalten irgendwelche geänderten Faktoren verantwortlich gemacht werden können[12].“ Wird so die Aussage unprüfbar, dann sinkt ihr Informationsgehalt auf Null. „Wählt man eine Interpretation der Klausel, die den Dann-Satz

---

[5] Ebd., 48.

[6] Nach Karl *Popper*, Logik der Forschung, Wien 1935 (erweiterte englische Ausgabe: Karl R. *Popper*, The Logic of Scientific Discovery, London 1959, passim) und Karl R. *Popper*, Conjectures and Refutations, The Growth of Scientific Knowledge, London 1963.

[7] „A theory which is not refutable by any conceivable event is non-scientific.“ „The criterion of the scientific status of a theory is its falsifiability, or refutability, or testability.“ *Popper*, Conjectures, 36, 37.

[8] *Albert*, Theoriebildung, 24.

[9] Ebd., 25.

[10] *Albert*, Modell-Platonismus, 49.

[11] Ebd., 49/50.

[12] Ebd., 55.

zu einem logischen Implikat des Wenn-Satzes macht..., so wird die Aussage analytisch und damit ebenfalls gehaltlos[13]." Es handelt sich nur noch um eine Tautologie.

Theorien also, die keine empirischen Hypothesen enthalten und deswegen von Tatsachen nicht widerlegt werden können, haben rein tautologischen Charakter. Solcherart sind aber die Theorien der reinen Ökonomik, insbesondere auch auf dem Gebiet der Verteilungslehre. „Wie immer man die statische Theorie deutet, als unvollständige Definition eines imaginären Gleichgewichtspreissystems oder als ein Sprachsystem, das es erlaubt, Fragen an die Realität zu stellen, in keinem Fall hat man einen Erklärungsapparat im Sinne einer empirischen Theorie vor sich. Will man hier die von manchen Theoretikern mit Vorliebe verwendete Unterscheidung von ‚Daten' und ‚Gesetzen' verwenden, so kann man sagen, daß die ‚Gesetze' der ökonomischen Theorie *logische Implikationen,* also Tautologien sind, während die ‚Daten', deren Bestimmung man fast stets anderen Wissenschaften überläßt, die zur Erklärung und Prognose benötigten *empirischen Gesetzmäßigkeiten* enthalten, so weit überhaupt solche vorhanden sind[14]."

Selbstkonstruierte Modelle stellen daher in dieser Auffassung nichts anderes als *„Begriffsdichtung"* dar, und aus ihnen läßt sich die Einkommensverteilung, „wie sie ist", die tatsächliche Einkommensverteilung also, nicht erklären. Nun erwecken aber derartige Gleichgewichtstheorien dennoch nicht selten den Eindruck, als trügen sie zur Erkenntnis der wirklichen Verteilung bei oder enthielten sogar Ansätze zur Erkenntnis der „natürlichen", der „richtigen" und rationalen, ja selbst der gerechten Einkommensverteilung[15]. Wenn aus einem statischen Gleichgewichtsmodell derartige Folgerungen abgeleitet werden, so scheint das ein Anzeichen dafür zu sein, daß bewußt oder unbewußt ideologische Elemente in die Argumentation eingeschmuggelt wurden; denn „Theorien, die einen Satz der Logik gehaltvoll erscheinen lassen, sind immer falsch"[16]. Darum besteht eine wesentliche, wenn auch negative Aufgabe der Sozialwissenschaften in der Ideologiekritik[17].

2. Der Ansatzpunkt für diese Kritik bei Boulding

Die Verteilungslehre von Boulding entspricht dem so kritisierten Typ der Modelltheorie. Sie ist nicht empirisch widerlegbar, sondern

---

[13] *Albert,* Theoriebildung, 31.

[14] *Albert,* Tautologisches und Ideologisches, 221.

[15] Vgl. *Albert,* Macht und Zurechnung, 64—67.

[16] Ludwig *Wittgenstein,* Logisch-Philosophische Abhandlung, n. 6.111 in: Annalen der Naturphilosophie 14 (1921) 249, zitiert bei *Albert,* Macht und Zurechnung, 63.

[17] Vgl. Hans *Albert,* Ökonomische Ideologie und politische Theorie, Göttingen 1954, 147 f.; Entmythologisierung der Sozialwissenschaften, 261—64.

besteht aus einer logischen Explikation von gemachten Annahmen. Diese Annahmen beziehen sich zwar durchaus auf die Realität; die Konsum- und Investitionsfunktionen und ihre möglichen Veränderungen lassen empirische Nachprüfung zu. Diese im empirischen Sinne informativen Aussagen werden aber in der Theorie als Wenn-Sätze verwendet. Ihre empirische Richtigkeit wird *unterstellt*, nicht bewiesen, und demzufolge bilden sie auch nicht den Inhalt der Verteilungstheorie Bouldings. Das geht am klarsten aus der Tatsache hervor, daß er in den drei verschiedenen Modellen mit drei verschiedenen möglichen Verhaltensweisen arbeitet, wovon die Verhaltensannahmen des ersten Modelles klar unrealistisch sind[18], obgleich alle drei Modelle verschiedene Ausprägung einer einheitlichen Verteilungstheorie sein wollen. Somit können diese Verhaltensweisen nicht den eigentlichen Kern der Verteilungstheorie Bouldings ausmachen. Auch macht Boulding, von gelegentlichen Hinweisen abgesehen, gar keinen Versuch einer empirischen Nachprüfung dieser Annahmen[19]. Boulding teilt also die (nach *Albert* unhaltbare) „Auffassung derjenigen Vertreter des modelltheoretischen Denkens in der Nationalökonomie, die die Überprüfung von Modellaussagen für überflüssig halten, weil sie glauben, der mathematisch-logische Zusammenhang dieser Aussagen sei eine ausreichende Garantie ihrer Realitätsgeltung“[20].

3. Die Beurteilung dieser Kritik

Bouldings Verteilungstheorie enthält demnach zwar empirisch gehaltvolle Sätze als Bausteine, aber sucht diese nicht wissenschaftlich zu beweisen. Ihr Kern besteht vielmehr aus analytisch wahren, d. h. tautologischen Aussagen. Worin liegt aber dann noch ihr Wert? Lassen sich durch logische Entfaltung, also im Grunde durch tautologische Umformungen, neue, wertvolle Einsichten gewinnen?

Wer den Wert einer solchen Verteilungslehre leugnet, ist sich grundsätzlich über den Charakter der Wirtschaftstheorie und ihrer Möglichkeiten im unklaren. Er geht dabei gewöhnlich von dem dogmatischen Postulat aus, daß dieselbe wissenschaftliche Methode sich in gleicher Weise auf alle Objektbereiche anwenden lassen müsse[21]. Dabei wird vorausgesetzt, daß der Mensch in seinem Handeln, soweit es für die

[18] Vgl. oben S. 49.

[19] Etwa im Sinne von George *Katona*, Psychological Analysis of Economic Behavior, New York 1951; deutsch: Das Verhalten der Verbraucher und Unternehmer, Tübingen 1960, oder Günter *Schmölders*, Ökonomische Verhaltensforschung, Köln und Opladen 1957.

[20] Hans *Albert*, Der logische Charakter, 13.

[21] Diese Forderung erhebt *Albert* ausdrücklich in: Nationalökonomie als Soziologie, Kyklos 13 (1960), bes. 5—9; vgl. auch Entmythologisierung der Sozialwissenschaften, 257—64.

Sozialwissenschaften von Bedeutung ist, von Gesetzen grundsätzlich gleicher Art bestimmt wird wie die ihn umgebenden Naturdinge. Gerade diese Voraussetzung muß aber bestritten werden. Ist sie jedoch falsch, dann verlangen die Sozialwissenschaften einen anderen Theorietypus als die Naturwissenschaften, und die sozialwissenschaftliche Theorie muß sich grundsätzlich von der naturwissenschaftlichen Theorie unterscheiden. Dies soll nun im Folgenden verdeutlicht werden.

Ganz allgemein kann unter „Theorie" im modernen Sinne eine Synthese von Gesetzen verstanden werden. Naturwissenschaftliche Gesetze als funktionale Zusammenhänge zwischen beobachtbaren Größen gelten ganz allgemein und mit Notwendigkeit. Eine einzige „Ausnahme" widerlegt ein Gesetz und zwingt zu seiner Neuformulierung. Die Erforschung solcher Gesetze und ihre Zusammenfassung zu einer Theorie setzt voraus, daß das Naturgeschehen eindeutig bestimmt ist und mit Notwendigkeit abläuft, eine Annahme, die durch die wissenschaftliche Erfahrung bestätigt wird. Sollte im mikrophysikalischen Bereich ein objektiver Indeterminismus vorherrschen, wie manche Physiker annehmen, dann lassen sich für diesen Bereich und im Maße dieses Indeterminismus auch keine allgemeinen Gesetze formulieren und keine Theorien aufstellen. Die Gesetze der Makrophysik beruhen dann allein auf statistischen Wahrscheinlichkeiten.

Ein derartiger objektiver Determinismus läßt sich für das menschliche Handeln nicht im selben Sinne annehmen, will man nicht von vornherein die Möglichkeit der Willensfreiheit dogmatisch ausschließen. Daß der Mensch weder durch seine Natur noch durch die äußeren Umstände eindeutig auf ein bestimmtes Handeln hin festgelegt ist, kann hier nicht bewiesen, sondern muß aus der philosophischen Forschung vorausgesetzt werden[22]. Menschliches Handeln ist von gewissen Maximen beherrscht, an die sich die Menschen halten, aber auch nicht halten können[23] und die im übrigen im Laufe der Geschichte großen Wandlungen unterliegen. Es kann also grundsätzlich nicht Erkenntnisziel der Sozialwissenschaften sein, menschliches Verhalten in seiner inhaltlichen Bestimmtheit mit Allgemeingültigkeit und Not-

---

[22] Vgl. beispielsweise Joseph de *Finance*. Existence et Liberté, Paris 1955. — Wer glaubt, die menschliche Willensfreiheit als ein „wissenschaftlich" unbewiesenes Postulat abtun zu können, muß seinerseits immer noch den philosophischen Determinismus menschlichen Handelns beweisen, bevor er in wissenschaftlich gesicherter Weise naturwissenschaftliche Methoden auf die Sozialwissenschaften überträgt. Auch hier darf es kein Zurückweichen vor der kritischen Prüfung der Methoden geben. Jedenfalls handelt es sich dabei nicht um eine mit den Methoden einer empirischen Einzelwissenschaft lösbare Frage.

[23] Vgl. Jürgen von *Kempski*, Zur Logik der Ordnungsbegriffe, besonders in den Sozialwissenschaften, in: Studium Generale 5 (1952) 218, neu abgedruckt in: Hans *Albert*, Theorie und Realität, Tübingen 1964, 209—232, bes. 232.

wendigkeit vorherzusagen. Man wird sich immer vor der Gefahr hüten müssen, „die Sitten und Gebräuche eines bestimmten Stammes als allgemeinmenschliche Verhaltenskonstanten mißzuverstehen“[24].

Damit soll nicht bestritten werden, daß auch im sozialwissenschaftlichen Bereich, unbeschadet der menschlichen Willensfreiheit, Regelmäßigkeiten auftreten, die man mit Recht Gesetze nennen kann. Diese Regelmäßigkeiten betreffen aber zumeist gerade nicht die eigentlich sozialwissenschaftliche Fragestellung. So lassen sich zunächst für die biologische Natur des Menschen Gesetze feststellen, die selbstverständlich mit den Methoden der Naturwissenschaft exakt dargestellt werden können.

Auch im Bereich menschlichen Wahlhandelns treten Regelmäßigkeiten auf, die man im eigentlichen Sinne als Gesetze bezeichnen kann. Mit ihnen befaßt sich vor allem die Wissenschaft der Psychologie. Sie erklären sich gerade aus der Natur der menschlichen Willensfreiheit. Der menschliche Wille besitzt keine Freiheit absoluter Spontaneität, sondern ist von den verschiedenen Bedingungen teils bleibender, teils geschichtlich wechselnder Art abhängig. Zu den bleibenden Bedingungen gehören die grundlegenden Triebe des Menschen, die ihre je eigene Finalität besitzen und den Willen in bestimmten Richtungen beeinflussen, ohne die Freiheit ganz aufzuheben. Aber auch formale Gesetze menschlicher Sozialpsychologie, also beispielsweise über die Abhängigkeit und Beeinflußbarkeit des Menschen von seiner sozialen Umwelt, werden sich über die Grenzen von Rasse und Kultur hinaus nachweisen lassen[25].

Zu den wechselnden Bedingungen menschlichen Handelns gehören die gemeinsamen Wertvorstellungen einer bestimmten geschichtlichen Epoche oder Kultur, die der Mensch durch Erziehung und Gewöhnung übernimmt und an denen er im allgemeinen sein Handeln orientiert. Die Freiheit des Menschen erweist sich aber darin, daß er auf keine bestimmte Rangordnung von Werten mit Notwendigkeit festgelegt ist, sondern die Möglichkeit besitzt, eine andere Rangordnung der Werte

---

[24] *Albert*, Empirische Verhaltensforschung, 215.

[25] Auf solche Gesetze im Bereich von „Kommunikation und sozialem Einfluß“, wie sie besonders von den Vertretern der „Theorie der kognitiven Dissonanz“ erforscht werden, weist Albert hin, um die von ihm als „Historismus“ abgelehnte Auffassung von der geschichtlich relativen Gültigkeit empirisch gehaltvoller „Quasi-Theorien“ zu widerlegen. Wenn er in diesem Zusammenhang die Studie von Douglas H. *Lawrence* / Leon *Festinger*, Deterrents und Reinforcement, The Psychology of Insufficient Reward, Stanford 1962, besonders empfiehlt, die sich mit dem Lernvorgang bei Ratten befaßt, dann deutet er damit selbst schon an, daß menschliches Verhalten durch solche Theorien nur insofern erklärt werden kann, als es ähnlichen Gesetzen wie denen der Tierwelt unterliegt, nicht aber insofern es sich gerade von ihnen unterscheidet. Vgl. *Albert*, Theoriebildung, 41 f. und die dort angeführte Literatur.

als die von seinem sozialen Milieu, von Tradition, Erziehung und Gewohnheit überkommene zu entwickeln und zur Grundlage seines Handelns zu nehmen.

Eine solche persönliche Wertentscheidung kann die Wertvorstellungen der anderen Mitglieder einer sozialen Gruppe beeinflussen oder nicht. Im letzteren Falle bleibt die ganze Frage der Willensfreiheit für den Sozialwissenschaftler ohne Bedeutung. Die individuellen Abweichungen werden durch das Gesetz der großen Zahl wieder aufgewogen, da voraussetzungsgemäß das Prinzip der Regellosigkeit erfüllt ist und Abweichungen ebensogut in die eine wie in die andere Richtung wirken können.

Es ist aber auch durchaus möglich, daß die persönlichen „neuen" Wertvorstellungen eine soziale Umorientierung auslösen, durch die sich die Verhaltensweisen einer großen Zahl von Menschen in bestimmter Richtung ändern. Dann läßt sich für das menschliche Gesamtverhalten kein sinnvoller gemeinsamer Mittelwert mehr feststellen. Weil soziales Zusammenleben und menschliche Kultur ohne gemeinsame Wertvorstellungen nicht möglich sind, lassen sich zwar für bestimmte historische Kulturbereiche soziologische Theorien aufstellen, die aus empirisch gehaltvollen Sätzen bestehen. Weil diese gemeinsam anerkannten konkreten Wertvorstellungen sich aber im Laufe der Geschichte wandeln, ist die Gültigkeit einer derartigen soziologischen Theorie um so enger begrenzt, je konkreter und gehaltvoller sie ist.

Mit diesen Überlegungen sollte der Grund angegeben werden, warum die Sozialwissenschaften nicht im selben Sinne nach allgemeingültigen, empirisch gehaltvollen Gesetzen suchen wie die Naturwissenschaften. Der Nachweis, daß eine bestimmte Regelmäßigkeit menschlichen Verhaltens nicht nur im Rahmen eines umgrenzten Kulturbereiches, sondern immer und mit Notwendigkeit auftritt, läßt sich nur mit großer Schwierigkeit und schlüssig wohl nur auf philosophischem Wege führen durch transzendentale Deduktion, d. h. durch die Einsicht in die Möglichkeitsbedingungen menschlicher Existenz überhaupt. Andererseits besitzt der Sozialwissenschaftler die Möglichkeit, eine bestimmte Verhaltensweise zu „verstehen", d. h. sich in die Motivationen des Wirtschaftssubjektes hineinzudenken. Dadurch kann er menschliches Verhalten unmittelbarer erfassen als die Reaktionsweise der untermenschlichen Naturgegenstände, wenigstens im Sinne gehaltvoller Hypothesen[26], und damit werden weniger die Verhaltensweisen als

[26] Vgl. *Albert,* Methodenstreit, 151—59. Der Mensch wird sich, sofern er überhaupt seine Vernunft gebraucht, auch „vernünftig" im Sinne des Rationalprinzips verhalten, und daraus ergibt sich die Möglichkeit einer Theorie rationalen Verhaltens bei gegebenen Zielen, die gewisse an sich mögliche Verhaltensweisen ausschließt. Auf diese ganze Frage sowie die umfangreiche Diskussion über die Bedeutung des Rationalprinzips kann hier aber nicht

vielmehr die die Menschen einer Epoche leitenden Wertvorstellungen für ihn als Forschungsgegenstand von Bedeutung. Wie im allgemeinen menschliche Triebe und Anlagen, Umwelt und Motivationen auf das menschliche Verhalten einwirken, kann er der Psychologie überlassen.

Immer aber bleibt noch zu erklären, wie sich ein bestimmtes menschliches Handeln auswirkt, wenn es in einem gegebenen sozialen Rahmen mit dem Handeln anderer Wirtschaftssubjekte zusammentrifft. Dafür arbeitet die Wirtschaftstheorie Erklärungsmodelle aus, in denen ein bestimmtes menschliches Verhalten bzw. bestimmte, mehr oder weniger formal gehaltene Maximen menschlichen Verhaltens als gegeben *unterstellt* werden. Die Theorie hat demnach in den Sozialwissenschaften eine grundsätzlich andere Aufgabe als in den Naturwissenschaften. Sie kann nicht mehr bieten als einen „Instrumentenkasten", der aus sich heraus noch nichts über das tatsächliche Verhalten der Wirtschaftssubjekte aussagt. Ob und in welchem Umfang das unterstellte Handeln der Wirklichkeit entspricht, darüber befindet nicht die Wirtschaftstheorie, sondern darüber haben empirisch-historische Untersuchungen zu entscheiden. Gegenüber der wirtschaftlichen Wirklichkeit stellt ein Modell nur eine aus mehreren möglichen Hypothesen dar, weil sich die Menschen grundsätzlich auch immer anders verhalten können, als im Modell unterstellt wird. „Die sozialwissenschaftlichen Modelle setzen stets die ‚Geltung' von bestimmten Maximen voraus. Daher sind die modelltheoretischen Untersuchungen grundsätzlich Untersuchungen über *mögliches* Handeln, während die theoretische Physik stets auf die wirkliche Natur bezogen und die Feststellung, daß diese sich anders verhält, als die Theorie es erwarten läßt, für physikalische Theorien tödlich ist[27]."

Ob es sinnvoll ist, die Implikationen hypothetisch unterstellter Annahmen durch logische Deduktion in einer bestimmten Richtung hin auszuarbeiten, läßt sich letztlich nur danach entscheiden, welche Art von Problemen einer Lösung nähergebracht werden sollen. In der *Verteilungslehre* sollen nicht menschliche Verhaltensweisen erforscht werden, auch nicht einmal das unmittelbare Verhalten der Menschen gegenüber der Verteilung des Sozialproduktes, sondern die Verteilung selbst soll erklärt werden aus menschlichen Verhaltensweisen, die oft von ganz anderen Zielsetzungen her bestimmt sind und gar nichts mit der Verteilung zu tun zu haben scheinen. Gelingt der Nachweis, daß eine bestimmte Verteilung sich als *logische* Folge aus gemachten Verhaltensannahmen ergibt, dann ist eine qualitativ neue Erkenntnis ge-

---

eingegangen werden. Es sei nur hingewiesen auf Erich *Preiser*, Das Rationalprinzip in der Wirtschaft und in der Wirtschaftspolitik, in: Jahrbücher für Nationalökonomie und Statistik 158 (1943) 1—21.

[27] v. *Kempski*, Ordnungsbegriffe, 232.

wonnen und das Erkenntnisziel der distributionstheoretischen Modellbildung erreicht.

Ein derartiges Verteilungsmodell gibt also aus sich heraus keine empirisch falsifizierbare Information über das Verhalten von Wirtschaftssubjekten, sondern verhilft zum Verständnis von Zusammenhängen, die ohne ein derartiges Modell wegen der Verschlungenheit der sozialwirtschaftlichen Beziehungen nur schwer durchschaubar wären. Durch tautologische Umformungen werden die Identität oder Unvereinbarkeit oder — bei Gleichgewichtsmodellen — die Bedingungen der Vereinbarkeit von Größen und Verhaltensweisen nachgewiesen, die zunächst voneinander unabhängig scheinen.

Bouldings Modelle wollen schon auf einem sehr hohen Abstraktionsgrad mit sehr allgemeinen Verhaltensannahmen Zusammenhänge darstellen, deren Bedeutung ohne einen solchen deduktiv ausgearbeiteten „Instrumentenkasten" nicht unmittelbar einsichtig wäre. Dieses Vorgehen ist grundsätzlich legitim. Eine Kritik an seinen Verteilungsmodellen kann sich nicht gegen die Tatsache richten, daß sie keine empirisch getesteten Gesetze über das tatsächliche Verhalten der Wirtschaftssubjekte aufstellen, weil solche Verhaltensgesetze selbst nicht als das eigentliche Erkenntnisziel einer Verteilungstheorie anzusehen sind. Eine Kritik muß vielmehr überprüfen,

a) ob die in den Modellen gemachten Verhaltensannahmen wirklichkeitsnah genug sind, um die Modelle zur Lösung wirtschaftstheoretischer und wirtschaftspolitisch bedeutsamer Fragestellungen als brauchbar erscheinen zu lassen;

b) ob die Ableitung der herausgestellten Zusammenhänge in logisch einwandfreier Weise erfolgt.

Diesen beiden Fragestellungen soll in den folgenden Abschnitten nachgegangen werden.

C. Die Kritik an der Auswahl der Kategorien der Verteilungslehre Bouldings

Soll ein wirtschaftstheoretisches Modell mehr sein als nur eine gedankliche Spielerei, dann muß es geeignet sein, bedeutungsvolle Zusammenhänge der wirtschaftlichen Wirklichkeit richtig darzustellen. Über die Frage, was als bedeutungsvoll zu gelten hat und welcher Grad von Wirklichkeitsnähe erreicht werden soll, sind zweifellos Meinungsverschiedenheiten möglich. Ihre Beantwortung hängt davon ab, welche Probleme durch eine Theorie gelöst werden sollen. So kann die Auseinandersetzung mit einer Kritik, die sich unmittelbar gegen die Verteilungstheorie von Boulding wendet und ihr die Wirklichkeitsbedeutung abspricht, zu einem besseren Verständnis darüber führen, welche Erkenntnisse Boulding mit seiner Verteilungstheorie zu gewinnen sucht, und der Umkreis der Fragen ausgesondert werden, auf die sie keine Antwort zu geben vermag.

Jean *Marchal* hat in einem eingehenden Artikel die Verteilungstheorie Bouldings dargestellt und einer Kritik unterzogen[1]. Er greift dabei Gedanken auf, die ausführlicher in einem umfangreichen Werk über die Verteilung des Volkseinkommens zur Sprache kommen, das er zusammen mit Jacques *Lecaillon* veröffentlicht hat[2]. J. Marchal macht Boulding den Vorwurf, wie die meisten Theoretiker des englischen Sprachraums das Problem der Abgrenzung der Kategorien nicht genügend beachtet und damit durch unzulässige Vereinfachung die Fragestellung der Verteilungslehre verfälscht zu haben. Insbesondere wendet er sich gegen die Zweiteilung der Einkommen in Bruttogewinne und Löhne. Eine Reihe beachtenswerter Gründe spricht für seine Auffassung.

1. Der Kritikpunkt

In einem Verteilungsmodell werden bestimmte Annahmen gemacht über Verhaltensweisen von Wirtschaftssubjekten, die zu diesem Zweck zu großen Gruppen zusammengefaßt werden. In einer einheitlichen Kategorie dürfen dabei nur solche Personengruppen zusammengenom-

---

[1] J. *Marchal*, Modèles.

[2] Jean *Marchal* et Jacques *Lecaillon*, La Répartition du Revenu National, 3 Bände, Paris 1958.

men werden, die sich unter den für die Einkommensverteilung bedeutsamen Gesichtspunkten auch tatsächlich gleichförmig oder annähernd gleichförmig verhalten. Die Kategorien müssen also nach der Art und Weise ausgewählt werden, wie sich die Individuen in die Wirtschaft einfügen, um ihr Einkommen zu beziehen[3].

Marchal wirft Boulding zunächst vor, er behaupte zwar, die personelle Einkommensverteilung zu erklären, befasse sich jedoch tatsächlich mit der funktionalen Einkommensverteilung. Dieser Einwand beruht aber auf einem Mißverständnis, das schon an anderer Stelle beseitigt wurde[4]. Boulding möchte ausdrücklich die funktionale Verteilung des Sozialprodukts in Löhne und Gewinne klären, aus der sich dann auch die personelle Einkommensverteilung ableiten läßt.

Damit ist aber noch nichts über die Frage entschieden, ob den verschiedenen Einkommensarten auch verschiedene Gruppen von Einkommensbeziehern entsprechen. J. Marchal betont mit Nachdruck den Unterschied zwischen dem Ansatz von Marx und von Boulding, den, wie er meint, Boulding selbst nicht genügend bemerkt hat: Bei *Marx* fließen die Löhne einer bestimmten, genau abgegrenzten Gruppe von Haushalten zu, den Arbeiterhaushalten; die Besitzeinkommen hingegen entstehen als „Mehrwert" aus den gesamten gesellschaftlichen Institutionen und gehen an die Haushalte der Kapitalisten, ohne daß diese einen produktiven Beitrag leisten. Damit entspricht bei Marx der Einteilung des funktionalen Einkommens auch eine personelle Verschiedenheit der Haushalte. *Boulding* hingegen macht keinen derartigen Unterschied. In seiner Verteilungslehre bezieht die Gesamtheit der Haushalte die Gesamtheit der Einkommen; derselbe Haushalt kann Lohneinkommen wie Bruttogewinne beziehen, wobei zudem zwischen verteilten und unverteilten Gewinnen ebenfalls nicht unterschieden wird[5].

Daraus ergibt sich eine erste Schwierigkeit: Kann man einheitliche Verhaltensweisen voraussetzen, wenn man gar keine einheitlichen soziologischen Gruppen zu unterscheiden sucht, sondern nur verschiedene Einkommensarten voneinander abgrenzt? Darf man in einer verteilungstheoretischen Untersuchung nur die Verteilung auf „Produktionsfaktoren" berücksichtigen, oder muß man nicht vielmehr bis zu den lebendigen Menschen durchstoßen, die über diese Produktionsfaktoren verfügen, mit all ihren Eigenheiten, mit allen Einflüssen ihrer Umwelt, wenn die Verteilungstheorie mehr sein soll als ein Spiel mit Begriffen[6]?

---

[3] *Marchal-Lecaillon*, Répartition I, 65.
[4] Vgl. oben S. 30.
[5] J. *Marchal*, Modèles, 364 f.
[6] J. *Marchal* sagt von sich selbst: „L'auteur ne croit pas que l'on puisse

Doch abgesehen von dieser Schwierigkeit bezweifelt J. Marchal auch, daß die von Boulding verwendeten beiden Einkommensarten die für die Analyse erforderliche Homogenität besitzen. Die *Löhne* und *Gehälter* der betrieblichen Führungskräfte unterliegen ganz anderen Einflüssen als die Arbeiterlöhne der untersten Stufe, die Gehälter der Beamten entwickeln sich anders als die des privaten Sektors, die Löhne in den hochindustrialisierten Gebieten eines Landes, wo ein starker gewerkschaftlicher Druck sich auswirkt, sind verschieden von denen in unterentwickelten Landesteilen usw. Die *Bruttogewinne:* Die Einkommen selbständiger kleiner Landwirte oder Handwerker müssen unter die Gewinne gerechnet werden, obwohl sie sich sehr von den Gewinnen der großen Kapitalgesellschaften unterscheiden, obwohl sie von ganz anderen Faktoren abhängen, obwohl sie vielleicht sogar ähnlichen Einflüssen wie die Löhne unterliegen. Damit scheint aber die grobe Aufteilung des Volkseinkommens in Löhne und Bruttogewinne beinahe jegliche Bedeutung zu verlieren[7].

Marchal macht also als Einwand geltend, daß die grundlegende Verteilung auf Löhne und Bruttogewinne nicht unabhängig sei von störenden Einflüssen durch die Verteilung innerhalb dieser beiden Gruppen. Insbesondere wäre noch das Verhältnis des kontraktbestimmten Teiles der Bruttogewinne (Zinsen, Pacht- und Mietzahlungen) zu den Nettogewinnen und den Reserven zu berücksichtigen gewesen[8]. Boulding macht hierzu nur die kurze Bemerkung, daß die Höhe dieser kontraktbestimmten Einkommensteile von dem Umfang der aufgenommenen Darlehen und den vereinbarten Zinsen abhängt, jedenfalls auf kurze Sicht. Auf lange Sicht wird man aber diese Einkommen nicht als einfachhin vorgegeben ansehen können.

Auch setzen die Verhaltensfunktionen in den Modellen Bouldings nur zwei verschiedene Gruppen von handelnden Wirtschaftssubjekten voraus, Haushalte und Unternehmen, die man hätte viel differenzierter

---

analyser à fond les processus par lesquels s'effectue la répartition du revenu national entre les citoyens en s'en tenant à la considération des seuls facteurs de production. Par delà ces facteurs, il estime qu'il faut mettre en jeu les hommes qui les détiennent, en tenant compte de toutes leurs particularités et de l'environnement où ils se trouvent." Jean *Marchal*, Théorie de la répartition du revenu national et catégories de capitalistes, in: Revue économique (1959) 4.

[7] J. *Marchal*, Modèles, 365.

[8] Ebd., 365 f. — Marchal wird Boulding sicher nicht gerecht, wenn er behauptet: „Il ne dit rien de la répartition entre profits nets et réserves non distribuées." (Ebd., 366.) Nimmt man die vertraglich festgelegten Ausschüttungen einmal als kurzfristig gegeben an, so möchte Boulding gerade den Zusammenhang aufzeigen, der zwischen der Dividendenpolitik der Unternehmen und den dadurch makroökonomisch bewirkten Gewinnen, in diesem Falle auch den Nettogewinnen, besteht. Mit anderen Worten: Er leugnet gerade einen *notwendigen* Zusammenhang zwischen Nettogewinnen und einer bestimmten Dividendenpolitik, sondern möchte die Dividendenpolitik durch die Einsicht in die makroökonomischen Zusammenhänge in bestimmter Richtung beeinflussen.

unterteilen müssen. Verwendet man so allgemein gefaßte Verhaltensfunktionen, dann läßt sich nichts aussagen über die Auswirkungen genereller Preiserhöhungen, die die verschiedenen Typen der Haushalte und Unternehmen in ganz verschiedener Weise treffen und auf die diese auch entsprechend verschieden reagieren. Wer hohe Einkommen bezieht, kann in jedem Falle seinen gewohnten Konsum aufrechterhalten und wird nur weniger sparen. Haushalte mit geringen Einkommen müssen ihren Konsum einschränken. Andere werden auf eine Preiserhöhung mit der Forderung höherer Löhne antworten, um ihr anfängliches Realeinkommen aufrechtzuerhalten, doch hängt der Erfolg dieser Bemühungen von der strategischen Stellung ab, die sie einnehmen. Diese ganzen Tatbestände werden von den Modellen Bouldings nicht erfaßt, weil er keine Untergruppen von Haushalten und Unternehmen verwendet. Sie spielen für die Verteilung in der modernen Wirtschaft aber eine entscheidende Rolle und dürfen nicht vernachlässigt werden[9].

Ohne eine Differenzierung der Haushalte und Unternehmen lassen sich die *statischen* Modelle Bouldings auch nicht dynamisieren. Bei dynamischen Modellen kommt es darauf an, die Zeitindizes der einzelnen Größen zu bestimmen, die in die Verhaltensfunktionen eingehen. Verbindet man beispielsweise in einer Investitionsfunktion die Investition mit den Gewinnen, muß noch unterschieden werden, ob die Investition von den gemachten Gewinnen einer vorhergegangenen Periode abhängen soll (und welcher) oder von den erwarteten Gewinnen einer kommenden Periode (und welcher), wobei sich noch das zusätzliche Problem stellt, welches Verhältnis zwischen den Erwartungen und ihrer Erfüllung besteht.

Es läßt sich nun empirisch zeigen, daß die verschiedenen Kategorien von Unternehmern die Höhe ihrer Investitionen von den Gewinnen ganz verschiedener Perioden abhängig machen[10]. Während der Industrieunternehmer sich an den *erwarteten* Gewinnen orientiert, also einen Kalkül ex ante anstellt, hängen die Investitionen der Bauern von den Erlösen der *vergangenen* Ernte ab, entsprechen also einem Kalkül ex post. Man kann darum die Unternehmer in Industrie und Landwirtschaft nicht in Kategorien zusammenfassen, die ein völlig gleichartiges Verhalten voraussetzen[11].

---

[9] J. *Marchal,* Modèles, 378—80.

[10] Für den französischen Raum hat Jules *Milhau* verschiedene Untersuchungen über das wirtschaftliche Verhalten der Bauern, insbesondere in der Wein- und Weizenproduktion, durchgeführt. Er kommt zu dem Ergebnis: „Pour le producteur céréalier, comme pour le viticulteur, les facteur de la production mis en œuvre sont donc liés à des phénomènes passés (valeur des récoltes) et non à des anticipations." Jules *Milhau,* Mentalité paysanne et psychologie économique, in: Revue de l'économie méridionale 7 (1959) 217—25, bes. 225.

[11] J. *Marchal,* Modèles, 380—83.

Nun könnte man zur Verteidigung des Vorgehens von Boulding darauf hinweisen, daß sein Modell zunächst nur eine erste *Annäherung* an die Wirklichkeit darstellen soll, die später durch Hinzunahme weiterer, der Wirklichkeit näherkommender Annahmen auszubauen wäre. Doch J. Marchal hält dieses Argument für nicht stichhaltig. Nur dann verfälscht eine Vereinfachung nicht die Wirklichkeit, wenn sich später die zunächst vernachlässigten Faktoren in das Modell einbauen lassen. Aus verschiedenen Gründen ist dies aber nicht möglich.

J. Marchal führt zum Beweis Begriffe aus der Spieltheorie in die Untersuchung ein. Seiner Meinung nach faßt Boulding die Verteilung als ein „Zwei-Personen-Nullsummenspiel" auf. Doch abgesehen davon, daß es sich bei der Verteilung nicht um ein Nullsummenspiel, sondern um ein „allgemeines Spiel" handelt, insofern sich aus dem Zusammenwirken der beiden Hauptgruppen von Einkommensbeziehern doch wohl ein höheres Sozialprodukt ergibt, als nur den von den beiden Gruppen beigesteuerten Beiträgen entspricht[12], so sind an der Erstellung des Sozialprodukts tatsächlich mehr als nur zwei Gruppen beteiligt. Schon ein Dreipersonen-Nullsummenspiel unterscheidet sich aber so wesentlich von einem Zweipersonen-Nullsummenspiel, daß eine vollkommene Umformung des Modells erforderlich würde. „Das Modell zu zweien leistet also keinerlei Hilfe zur Konstruktion des Modells zu dreien; es behindert sie eher, indem es der geistigen Arbeit im Wege steht[13]."

Um das Verteilungsproblem für die Länder eines entwickelten Kapitalismus angemessen zu formulieren, müßte man nach J. Marchal wenigstens fünf Hauptkategorien von Einkommensempfängern unterscheiden:

a) *Lohn- und Gehaltsempfänger.* Sie beziehen ihr Einkommen, indem sie ihre Arbeitskraft für eine bestimmte Zeit zur Verfügung stellen.

b) *Gewinnempfänger.* Ein Unternehmer, der über wirtschaftliche Güter verfügt, versucht durch Kauf und Verkauf sowie Umformung einen Überschuß der Erlöse über die Kosten zu erzielen.

c) *Landwirte.* Ihre Produktion hängt von klimatischen und jahreszeitlichen Bedingungen ab, der Markt ihrer Produkte ist staatlich kontrolliert. Sie sind daher von den industriellen Unternehmern zu trennen.

d) Empfänger von *Zins- und Mietzahlungen.* Sie stellen Geld oder Sachgüter einem andern gegen festes Entgelt zur Verfügung.

---

[12] Vgl. J. *Marchal,* Modèles, 366, und John von *Neumann* und Oskar *Morgenstern.* Spieltheorie und wirtschaftliches Verhalten, übersetzt von M. *Leppig,* Würzburg 1961, bes. 46 f. und 523 ff.

[13] „Le modèle à deux n'apporte alors aucune aide pour la construction du modèle à trois, il la gêne plutôt en encombrant l'esprit de l'opérateur." J. *Marchal,* Modèles, 266.

e) Empfänger von *Transfereinkommen.* Sie leisten keinen produktiven Beitrag, doch können sie durch gesellschaftlichen Druck die Allgemeinheit von der Berechtigung ihrer Ansprüche überzeugen[14].

Aber selbst diese fünf Hauptkategorien reichen ganz offenbar noch nicht aus, um die verschiedenen Arten von Einkommensbeziehern entsprechend ihrem verschiedenen Verhalten der Einordnung in das Wirtschaftsgeschehen genügend voneinander abzugrenzen. So lassen sich bei den Lohn- und Gehaltsempfängern wieder unterscheiden:

a) die *körperlich* Arbeitenden,

b) die *geistig* Arbeitenden und

c) die *Führungskräfte* („Cadres")[15].

Auch die Gewinnempfänger bilden noch keine einheitliche Gruppe. J. Marchal sieht die großen Kapitalgesellschaften als selbständige Einkommensbezieher an, während Boulding die nicht ausgeschütteten Gewinne nicht den Kapitalgesellschaften zuschreibt, sondern den Aktionären dieser Gesellschaften in der Form steigender Börsenkurse zugute kommen läßt[16]. Dementsprechend trennen Marchal-Lecaillon bei den Gewinnempfängern zunächst die *Einzelunternehmer* in Industrie und Handel von den *Kapitalgesellschaften.* Die *freien Berufe* aber unterscheiden sich in ihrem Verhalten wieder wesentlich von den Einzelunternehmern, und schließlich lassen sich vielleicht noch die *Vorstände* der großen Aktiengesellschaften als eigene Gruppe gesondert herausstellen[17]. Im einzelnen versuchen Marchal-Lecaillon dann jeweils zu begründen, warum die auch innerhalb dieser Untergruppen noch auftretenden Verhaltensunterschiede für das Verteilungsproblem nicht ins Gewicht fallen und vernachlässigt werden dürfen, eine Aufgabe, von der von vornherein zu erwarten ist, daß sie nicht zur vollen Befriedigung aller kritischen Wünsche sich wird lösen lassen. Man wird dem doppelten Anliegen, einerseits die Zahl der Gruppen nicht allzu sehr anwachsen zu lassen, andererseits nur Gruppen mit einem genügenden Grad von Homogenität in ihrem wirtschaftlichen Verhalten zu bilden, nur durch einen gelegentlich willkürlich erscheinenden Kompromiß gerecht werden können[18].

Die Kritik Marchals an der Verteilungstheorie Bouldings läßt sich folgendermaßen kurz zusammenfassen: Die Verteilungstheorie Boul-

---

[14] Vgl. *Marchal-Lecaillon,* Répartition I, 66 f.

[15] Vgl. *Marchal-Lecaillon,* Répartition I, bes. 658.

[16] Vgl. *Marchal-Lecaillon,* Répartition II, 121—24; *Boulding,* Reconstruction, 248. Vgl. oben S. 29.

[17] Zu dieser Unterscheidung vgl. *Marchal-Lecaillon,* Répartition II, 121—33, bes. 133.

[18] Vgl. hierzu: J. Heinz *Müller,* Der neue Ansatz zur Erklärung der Einkommensverteilung von Marchal und Lecaillon, in: Finanzarchiv N.F. 22 (1962/63) 335—45.

dings kennt nur zwei Arten von Einkommen: Lohneinkommen und Gewinneinkommen. Diesen beiden Einkommensarten entsprechen in allen drei vorgelegten Modellen je zwei Verhaltensgleichungen, eine Konsum- und eine Investitionsfunktion. In der wirtschaftlichen Wirklichkeit hingegen findet sich eine größere Zahl verschiedener Verhaltensweisen entsprechend einer Mehrzahl soziologisch abgrenzbarer Gruppen von Empfängern unterschiedlicher Einkommensarten. Diese Verschiedenheit der Verhaltensweisen ist für die Verteilung bedeutsam, läßt sich aber in dem primitiven Modell von Boulding nicht erfassen. Eine nachträgliche Erweiterung des Ansatzes von Boulding, um ihn der komplexeren Wirklichkeit anzupassen, ist nicht möglich. Bouldings Verteilungstheorie eignet sich also nicht genügend zur Erklärung der wirtschaftlichen Wirklichkeit.

2. Der Ansatzpunkt für diese Kritik bei Boulding

Die Kritik von J. Marchal verdient Beachtung, weil sie auf grundlegende Unzulänglichkeiten des gesamten Typus einer Theorie hinweist, wie sie Boulding vorlegt. Sie läßt sich nur voll verstehen von seinem eigenen Versuch her, das Verteilungsproblem theoretisch in den Griff zu bekommen[19].

J. Marchals Verteilungstheorie, soweit sie bisher schon vorliegt, gleicht einem sorgfältig ausgeführten Gemälde, das die wirtschaftliche Wirklichkeit, insofern sie für die Verteilung von Bedeutung sein kann, in den Ländern eines entwickelten Kapitalismus von heute mit möglichster Deutlichkeit bis in die Details darzustellen sucht. Die vorgenommenen Klassifizierungen werden durch eingehende statistische Erhebungen unterbaut; die Grenzen ihrer Geltung werden betont, die Gemeinsamkeiten und Unterschiede der Verhältnisse in den einzelnen Ländern treten deutlich hervor. Wer die drei Bände der Verteilungslehre von Marchal-Lecaillon durchgearbeitet hat, kann sich ein anschauliches Bild machen von manchen institutionellen Verhältnissen, von Lebensgewohnheiten und Verhaltensweisen, die um die Mitte des 20. Jahrhunderts in der westlichen Welt und insbesondere in Frankreich auf die Verteilung des Sozialprodukts einen Einfluß ausüben.

Die Verteilungstheorie von Boulding bietet kaum derartige soziologische Informationen über die wirtschaftliche Wirklichkeit unserer Zeit. Nur an einer Stelle[20] wird verursacht, das Ergebnis einer logischen Ableitung auch durch eine Statistik plausibel zu machen. Die Modelle

---

[19] Vgl. auch: Guy *Hosmalin,* Der soziologische Ansatz und die ökonomische Theorie der Einkommensverteilung in Frankreich, in: Jahrbücher für Nationalökonomie und Statistik 172 (1960) 273—302.

[20] Reconstruction, 296.

Bouldings liegen auf einer so hohen Ebene der Abstraktion, daß sie in allen konkreten Einzelfragen der Ergänzung, der genaueren Unterscheidung, der Verfeinerung bedürfen, bevor sie sich auf die Wirklichkeit anwenden lassen. Für statistische und ökonometrische Verifikation sind sie deshalb kaum geeignet.

Insbesondere die Unterscheidung der Einkommensarten in Löhne und Gewinne und die damit verbundenen Verhaltensweisen sind zu grob, als daß sie empirisch falsifizierbare Aussagen über das Verhalten konkreter Personen darstellen würden. Versuchte man, das theoretische Modell Bouldings gewissermaßen als ein Netz zu betrachten, das sich über die Wirklichkeit werfen und mit dem sich die konkrete Vielheit wirtschaftlicher Beziehungen einfangen ließe, so wäre dieser Versuch von vornherein zum Scheitern verurteilt.

Nachdem empirische Untersuchungen aber unzweideutig nachgewiesen haben, wie sehr sich die tatsächlichen Verhaltensweisen der Menschen voneinander unterscheiden, wozu soll die mit so groben, empirisch kaum nachprüfbaren Verhaltensannahmen arbeitende Verteilungstheorie Bouldings überhaupt noch dienen?

3. Die Beurteilung dieser Kritik

Ob die mit recht groben Vereinfachungen arbeitende Methode Bouldings oder die feine, den Einzelheiten der wirtschaftlichen Wirklichkeit nachgehende Beschreibung Marchals den Vorzug verdient, hängt von der Frage ab, was man als das eigentliche Erkenntnisziel der Verteilungslehre ansieht. Warum interessiert sich der Wissenschaftler für die Verteilung des Sozialprodukts, welches ist das zentrale Problem der Verteilung in der modernen westlichen Industriegesellschaft?

Wenigstens seit Karl *Marx* ist man sich nicht nur in der Wissenschaft, sondern auch in der breiten Öffentlichkeit eines grundlegenden Unterschiedes, ja Gegensatzes zweier Einkommensarten bewußt geworden: Lohn- und Gehaltseinkommen einerseits beruht auf menschlicher Arbeit, d. h. auf dem Einsatz der körperlichen und geistigen Kräfte der menschlichen Person; Gewinneinkommen andererseits wird aus dem Besitz bezogen, d. h. der Verfügungsmacht über äußere Dinge. Diese grundlegende Unterscheidung von zwei Einkommensarten ist bedeutsamer und tiefgreifender als alle späteren Differenzierungen innerhalb der beiden Gruppen. Darüber hinaus hat diese Unterscheidung in der westlichen Welt dadurch noch besondere Bedeutung gewonnen, daß seit dem Beginn des 19. Jahrhunderts den beiden Einkommensarten auch personell verschiedene Klassen von Einkommensbeziehern entsprechen, deren gegensätzliche Interessen auf dem Arbeitsmarkt aufeinanderstoßen.

Dabei kann man im Gefolge von Karl Marx die Institution des Privateigentums in Frage stellen und so den Gegensatz aufzuheben suchen. Gibt sie doch erst die Möglichkeit, aus dem Besitz sachlicher Produktionsmittel Einkommen zu beziehen, indem man sie gegen Entgelt zur Verfügung stellt. Die Entlohnung des Produktionsfaktors Arbeit leuchtet viel unmittelbarer ein, weil „die ‚Arbeit' sich von der Person des Arbeitenden gar nicht trennen läßt, weil hier ‚der Faktor' mit dem arbeitenden Menschen identisch ist und gar nicht zur Verfügung stünde, wenn dieser Mensch nicht aus der Produktion alimentiert würde"[21].

Der Bezug von Einkommen aus dem Besitz von sachlichen Produktionsmitteln aber läßt sich nicht so einfach rechtfertigen. Zwar sind auch die sachlichen Produktionsmittel zur Erstellung des Produktes erforderlich; entsprechend ihrer relativen Seltenheit müssen für die Nutzung des Bodens wie anderer sachlicher Produktionsmittel Kosten berechnet werden. Aber diese produktionstechnische Frage der Zurechnung des Endproduktes auf die Produktionsfaktoren ist nicht identisch mit der sozialökonomischen Frage, welchen Anteil die einzelnen am Produktionsprozeß beteiligten Personengruppen vom Sozialprodukt erhalten sollen. Schließlich können nur Menschen, nicht Sachfaktoren Einkommen beziehen. Es ließe sich eine kommunistische Gesellschaft denken, in der die gesamten materiellen Produktionsmittel der Gemeinschaft gehören und nur die Gemeinschaft als solche ein Gewinneinkommen und ein Renteneinkommen bezieht, das dann nach einem frei zu wählenden Schlüssel auf die einzelnen Personengruppen verteilt würde. Vielmehr läßt erst die Rechtsinstitution des Privateigentums es als selbstverständlich erscheinen, daß die Ertragsanteile, die den sachlichen Produktionsmitteln zuzurechnen sind, unmittelbar den Besitzern dieser Produktionsmittel zufließen[22].

---

[21] Erich *Preiser*, Erkenntniswert und Grenzen der Grenzproduktivitätstheorie, in: Schweizerische Zeitschrift für Volkswirtschaft und Statistik 89 (1953) 25—45, bes. 38.

[22] So argumentiert *Preiser* in dem angeführten Aufsatz. Er betrachtet den Besitz von Boden und von produzierten Produktionsmitteln als ein Quasi-Monopol. Wie durch andere Monopole lasse sich auch durch Besitz ein Einkommen erzielen, aber nur durch eine Art von „Ausbeutung" der anderen Produktionsfaktoren, d. h. indem den anderen Produktionsfaktoren weniger Einkommen zufließt, als ihnen eigentlich zustünde, oder, was auf dasselbe hinausläuft, indem für das Produkt ein höherer Preis gefordert wird, als es auf Grund der Produktionsverhältnisse selbst eigentlich gerechtfertigt wäre. — Diese Auffassung setzt als unbewiesene Wertprämisse voraus, daß nur Arbeit einen rechtmäßigen Einkommenstitel darstellt. Vgl. Hans *Albert*, Tautologisches und Ideologisches, Bemerkungen zu einem Aufsatz von Erich Preiser, in: Schweizer Zeitschrift für Volkswirtschaft und Statistik 90 (1954) 219—24. — Wenn Preiser weiterhin meint, nur die ungleichmäßige Verteilung des Vermögens führe dazu, daß eine Rente überhaupt als besondere Einkommensart erscheint, so verwechselt er wohl ungleiche Verteilung und Knapp-

Die normative Fragestellung, welches Einkommen „eigentlich" den verschiedenen an der Produktion beteiligten Menschen zufallen sollte, bildet tatsächlich oft den Hintergrund verteilungstheoretischer Untersuchungen. Sie läßt sich aber nicht auf wirtschaftstheoretischer Ebene lösen. *Boulding* umgeht alle damit verbundenen Schwierigkeiten, indem er einerseits die Institution des Privateigentums als gegeben voraussetzt, andererseits auch das Arbeitseinkommen als eine Art Besitzeinkommen aus dem Verfügungsrecht über menschliche Arbeitskraft, menschliche Fähigkeiten und alle anderen persönlichen Eigenschaften ansieht[23]. Mit diesem Kunstgriff vermeidet er eine normative Vorentscheidung darüber, wie die beiden Einkommensarten „eigentlich" einander zugeordnet werden sollten.

Ist man aber bereit, um der Privateigentums*ordnung* willen „arbeitsloses Einkommen" als berechtigt zuzulassen, so kann man immer noch aus grundsätzlichen Überlegungen die wirtschaftspolitische Zielsetzung vertreten, das Einkommen aus Besitz sei so gering zu halten, wie es zum Funktionieren dieser freiheitlichen Ordnung gerade noch notwendig ist. Diese Zielvorstellung scheint der Analyse Bouldings weitgehend zugrunde zu liegen[24]. Ihre Berechtigung bleibt auch dann noch bestehen, wenn die beiden Einkommensarten, wie beispielsweise in der modernen amerikanischen Gesellschaft, sich nicht mehr auf zwei völlig voneinander getrennte Personengruppen oder Klassen („Proletarier" einerseits, „Kapitalisten" andererseits) verteilen, sondern teilweise dieselben physischen Personen Einkommen aus Arbeit und aus Besitz beziehen.

Wer aber das Problem des „arbeitslosen Einkommens" als entscheidend für die moderne westliche Industriegesellschaft ansieht, wird sich auf die beiden Grundkategorien der Verteilungslehre, nämlich Lohneinkommen und Gewinneinkommen, beschränken. In diesem Zusammenhang und für diese Fragestellung sind nämlich nicht die kleinen Unterschiede der Entlohnung und der Verhaltensweisen innerhalb der beiden Großgruppen von Bedeutung, sondern es kommt allein darauf

---

heit. Solange materielle Produktionsfaktoren knapp sind, wird es möglich sein, daß sich ihr Besitzer ein Renteneinkommen verschafft, indem er sie einem anderen zur Verfügung stellt. Sie sind allerdings um so knapper (für die andere Marktpartei), je ungleicher sie verteilt sind. — Man mag im übrigen als reines Gedankenexperiment sich fragen, ob man nicht auch die Arbeit und die Alimentation des Arbeiters „sozialisieren" und nur Besitzeinkommen als einzige persönliche Einkommensquelle weiterbestehen lassen könnte.

[23] Während Karl *Marx* also das Kapitel als geronnene Arbeit betrachtet und von der Voraussetzung ausgeht, daß „eigentlich" Arbeit den einzigen Produktionsfaktor darstellt, geht *Boulding* den umgekehrten Weg und betrachtet Arbeit als Verfügung über das „persönliche Vermögen". Vgl. Friedenswirtschaft, 138—40, Reconstruction, 243, und oben S. 27.

[24] Vgl. Wages, 147, und Principles of Economic Policy, 83—109.

an, daß die verwendeten Kategorien den entscheidenden Gegensatz der beiden Einkommensarten herausstellen. Sind die Verteilungsmechanismen innerhalb dieser Grundkategorien einmal geklärt, werden sich die Einzelunterschiede leicht später einbauen und berücksichtigen lassen.

Allerdings muß zugestanden werden, daß die verschiedenen Gruppen der Bezieher von Besitzeinkommen sich nicht völlig homogen verhalten, wie es auch bei den Lohnempfängern Grenzgruppen gibt wie beispielsweise die leitenden Angestellten, deren Verhalten dem der Besitzeinkommensempfänger ähnlicher ist als dem der kleinen Arbeiter. Sie können bald überwechseln in die Gruppe der Bezieher von Besitzeinkommen. Bei einzelnen Berufen wird es also nicht leicht zu entscheiden sein, welcher Gruppe man sie zuordnen soll. Auch läßt sich in einzelnen Fällen Arbeits- und Besitzeinkommen kaum voneinander trennen, da im als „Gewinn“ statistisch ausgewiesenen Einkommen der Selbständigen (Handwerker, Kleinhändler, Bauern, Ärzte usw.) auch ihr Arbeitseinkommen enthalten ist[25]. Nicht einmal der Einkommensbezieher selbst kann oft sagen, wieviel davon seiner Arbeit, wieviel seinem Kapitalbesitz zuzurechnen und was davon reiner Unternehmergewinn ist[26]. Dennoch verliert deshalb die grundlegende Unterscheidung zwischen Lohneinkommen und Gewinneinkommen damit noch nicht „beinahe jegliche Bedeutung“[27]. Man wird von dem Einkommen jedes Selbständigen so viel als Arbeitslohn betrachten können, wie ein Unselbständiger in vergleichbarer Position erhält, und damit den Rest als Besitzeinkommen errechnen können[28]. Man wird aber auch den Einfluß ganzer Gruppen von Einkommensbeziehern (selbständige Landwirte, freie Berufe, Empfänger von Transferzahlungen) als für diese Verteilung in Besitz- und Arbeitseinkommen unbedeutend ausklammern und vernachlässigen können.

Allerdings sind die für die beiden Großgruppen von Einkommensbeziehern unterstellten Verhaltensweisen — etwa im Grundmodell III: Haushaltsabsorption als Funktion des Volkseinkommens und der Lohnsumme, Investition als Funktion des Volkseinkommens und der Gewinnsumme — so allgemein, daß das daraus resultierende Modell nicht mehr als Ausgangspunkt für statistische und ökonometrische Untersuchungen dienen kann. Diese Nachteile werden aber aufgewogen durch Einsichten in bestimmte formale Zusammenhänge, die man nur durch die Verwendung stark schematisierender Kategorien so scharf hervor-

---

[25] Vgl. Reconstruction, 296: „... it is of course impossible, to say how much of the income of unincorporated enterprises represents labor income, as a large proportion of it must, and how much represents true profits.“

[26] Vgl. Wilhelm *Krelle*, Verteilungstheorie, Tübingen 1962, 3.

[27] J. *Marchal*, Modèles, 365.

[28] So *Krelle*, ebd.

treten lassen kann. Daß die zugegebenermaßen unscharfen Verhaltensgleichungen Bouldings positiv der Wirklichkeit widersprechen, hat J. Marchal nicht nachgewiesen.

J. Marchal zieht schließlich Argumente aus der Spieltheorie heran, um zu beweisen, daß ein „Spiel zu zweien“, wie er Bouldings Verteilungstheorie interpretiert, sich nicht auf ein Spiel mit mehreren Teilnehmern ausdehnen lasse, weil sich dabei die ganze Natur der Beziehungen ändere[29]. Wer also die Verteilung des Sozialprodukts unter die vielen und verschiedenartigen Gruppen von Einkommensempfängern nach Art eines Zwei-Personen-Nullsummen-Spiels analysiert, verwirre die Frage eher, als sie zu klären. Es lohnt sich, auf diesen Gedanken noch eigens einzugehen.

Die Theorie der Spiele läßt sich dann auf wirtschaftliches Verhalten anwenden, wenn sich eine beschränkte Zahl von „Teilnehmern am Spiel“ gegenübersteht, von denen jeder durch strategisches Verhalten seinen „Nutzen“ zu maximieren sucht und durch die zu erwartenden Reaktionen der anderen auf seine Entscheidungen beeinflußt wird[30]. Das Ergebnis für jeden einzelnen hängt dabei nicht nur von seinem eigenen, sondern auch vom Verhalten der anderen ab. Dabei können geschlossen handelnde Personengruppen (etwa die in einer Gewerkschaft zusammengeschlossenen Arbeiter in Verhandlungen mit den Vertretern der Unternehmer) als je eine Person eines Spieles betrachtet werden, insofern sie eine gemeinsame Strategie verfolgen. Die Auseinandersetzung zwischen den organisierten Arbeitnehmern und Arbeitgebern läßt sich dementsprechend als ein Zwei-Personen-Spiel, genauer: als ein Zwei-Personen-Nicht-Nullsummen-Spiel, betrachten. Ein solches Zwei-Personen-Nicht-Nullsummen-Spiel läßt sich in ein Drei-Personen-Nullsummen-Spiel auflösen, indem man einen zusätzlichen fiktiven Spieler einführt, von dem angenommen wird, daß er den Betrag verliert, den die Gesamtheit der anderen wirklichen Spieler gewinnt und umgekehrt. Er darf natürlich keinen direkten Einfluß auf den Verlauf des Spieles ausüben[31]. Die Erweiterung eines Zwei-Personen-Nullsummen-Spiels auf ein Spiel mit mehreren Personen erfolgt durch die Berücksichtigung der Koalitionen, die die einzelnen Spieler in der Verfolgung ihrer Strategien eingehen können. Immer aber wird vorausgesetzt, daß der „Spieler“, sei es eine Einzelperson oder eine geschlossen handelnde Gemeinschaft von Menschen, eine einheitliche Strategie verfolgt, d. h. einen Plan, „der angibt, welche Wahl er zu

---

[29] J. *Marchal*, Modèles, 366. Vgl. *v. Neumann-Morgenstern*, Spieltheorie, 13: „Ein Dreipersonenspiel ist grundsätzlich von einem Zweipersonenspiel, ein Vierpersonenspiel von einem Dreipersonenspiel usw. verschieden.“

[30] Vgl. *v. Neumann-Morgenstern*, Spieltheorie, 13.

[31] Ebd., 525.

treffen hat in allen nur möglichen Situationen, für jede nur mögliche wirkliche Information, die er in diesem Augenblick im Einklang mit dem Informationsschema, das die Spielregeln für diesen Fall vorsehen, besitzen kann“[32].

Für die Behandlung der Verteilungsprobleme, die Boulding sich gestellt hat, ist die Spieltheorie jedoch ungeeignet. Wohl stehen sich Lohn- und Gewinnempfänger mit einander zuwiderlaufenden Interessen gegenüber, und die Verhaltensweisen ihrer Organisationen auf dem Arbeitsmarkt können mit den Erkenntnismitteln der Spieltheorie untersucht werden. Aber Bouldings Untersuchungen beschäftigen sich gerade nicht mit den Reaktionen der einen Seite auf die Entscheidungen ihrer Gegenspieler, wie das für die Spieltheorie typisch ist. Vielmehr möchte er zeigen, wie das wirtschaftliche Verhalten der vielen einzelnen Mitglieder der einen Gruppe der Einkommensbezieher in einem „makroökonomischen Paradox“ oft dem gemeinsamen Interesse der betreffenden Gruppe *zuwiderläuft*. Diese Verhaltensweisen lassen sich gerade nicht nach Art eines strategischen Spieles analysieren, bei dem eine geschlossene Gruppe gegenüber einer anderen geschlossenen Gruppe durch gemeinsam abgestimmtes Handeln einen möglichst großen Vorteil zu erzielen sucht. Vielmehr zeigt sich schon in der stark vereinfachenden Analyse Bouldings, daß die Gewinnempfänger wie auch die Lohnempfänger in ihrem wirtschaftlichen Verhalten keine einheitliche Strategie verfolgen, sondern durch ihr einzelwirtschaftlich gesehen sinnvolles Verhalten ein Erreichen der Ziele unmöglich machen, die sie sich als Gruppe gesetzt haben oder jedenfalls hätten vernünftigerweise setzen müssen. Boulding arbeitet verschiedene Fälle für ein solches „makroökonomisches Paradox“ heraus, und in solchen Einsichten über die makroökonomischen Auswirkungen mikroökonomisch sinnvollen Verhaltens sieht er wohl auch den eigentlichen Erkenntniswert seiner Theorie.

Wenn schon der Gegensatz zwischen Gewinn- und Lohnempfängern in der Verteilungstheorie Bouldings nicht als ein „Spiel zu zweien“ aufgefaßt werden kann, dann ist es auch sinnlos, davon zu sprechen, eine Erweiterung auf ein „allgemeines Spiel mit vielen Teilnehmern“ mache die am vereinfachten Modell gewonnenen Einsichten ungültig.

---

[32] Ebd., 79. Genau genommen setzt die Spieltheorie nicht voraus, daß sich die Menschen tatsächlich in diesem Sinne rational verhalten, sondern sucht nur zu bestimmen und in mathematischer Sprache zu definieren, wie sie sich in jeder nur denkbaren Situation verhalten *müßten*, um rational zu handeln, d. h. die jeweiligen Nutzenmaxima zu erreichen zu versuchen. (Vgl. Spieltheorie 9, 15 f., 31.) In einem eingeschränkten Sinne könnte die Spieltheorie darum als normative Theorie bezeichnet werden. Insofern die Menschen aber sich tatsächlich weitgehend rational verhalten, erklärt die Spieltheorie auch die Wirklichkeit. Das absolut irrationale Verhalten entzieht sich ohnehin jedem geistigen Erfassen.

Verschiedene Fragestellungen verlangen verschiedene Typen von Theorien. Die Verteilungslehre von Marchal-Lecaillon gibt wirklichkeitsnahe Information über die soziologischen Verhaltensweisen der am Verteilungsprozeß beteiligten Personengruppen; eine gedankliche Erfassung der von Boulding dargestellten Zusammenhänge erfolgt jedoch in jenem Werke nicht, soweit es bisher vorliegt, und es erscheint auch fraglich, ob ein Ansatz mit so vielen Einzelanalysen historisch-empirischer Art eine solche Zusammenschau ermöglicht. Ob die Spieltheorie sich als methodisches Hilfsmittel für den Ansatz von Marchal-Lecaillon eignet, kann auch bezweifelt werden. Verschiedene Ansätze, verschiedene Methoden haben je wieder verschiedene Vor- und Nachteile. Dabei stehen die angeführten Theorietypen nicht eigentlich zueinander im Widerspruch, sondern ergänzen sich. Zu Widersprüchen gelangt man nur, wenn man den eigenen Theorietypus absolut setzt und von ihm aus eine andere Verteilungstheorie beurteilt.

D. Die Kritik an der logischen Richtigkeit des Grundansatzes der Verteilungslehre Bouldings

Von den kritischen Einwendungen, die gegen die modelltheoretische Behandlung des Verteilungsproblems überhaupt oder Bouldings Verteilungstheorie im besonderen geltend gemacht wurden und die in den voraufgegangenen Abschnitten dieser Arbeit diskutiert wurden, ließ sich nachweisen, daß sie nicht den Kern der Verteilungstheorie Bouldings treffen. Die Schwächen des Ansatzes lassen sich durch Erweiterung und Zusatzannahmen überwinden, wenn nur die von Boulding benutzte Methode als solche brauchbar ist und die Ableitungen ohne logischen Fehler erfolgen. Diese Richtigkeit der Ableitungen, wie sie Boulding in seiner Verteilungstheorie vollzieht, soll im Folgenden untersucht werden.

In welchem Sinne kann die Richtigkeit einer modelltheoretischen Ableitung aber überhaupt in Frage gestellt werden? Läßt sich etwa annehmen, daß einem Nationalökonomen von der analytischen Gewandtheit Bouldings in seinen logisch-mathematischen Schlußfolgerungen „Rechenfehler" unterlaufen, die unbemerkt geblieben wären? Muß man nicht, wenn man einmal die Voraussetzungen eines Modells akzeptiert, sich auch mit den aus dem Ansatz gezogenen logischen Folgerungen einverstanden erklären? Die von Boulding verwendeten Kategorien wurden aber im voraufgegangenen Abschnitt gerade als dem Verteilungsproblem nicht unangemessen nachgewiesen.

So hat sich die Kritik am zentralen Gedanken der Verteilungstheorie Bouldings oft darauf beschränkt, die Folgerungen aus seinen Modellen als mit der Wirklichkeit oder mit anderen theoretischen Ableitungen unvereinbar nachzuweisen, ohne daß man die gedankliche Entwicklung selber in ihrer logischen Struktur untersucht hätte. Als Beispiel kann die Diskussion gelten, die im Anschluß an den Vortrag „Wages" von einer Gruppe von Fachwissenschaftlern geführt wurde[1]. Auf diese Weise allein gelangt man aber zu keinem abschließenden Urteil über die wissenschaftliche Bedeutung einer Theorie.

1. Die Bedingungen für die logische Richtigkeit eines Modells

Ein wirtschaftstheoretisches Modell kann aus zwei Gründen unrichtig gebaut sein: Weil es logische Widersprüche in den Annahmen oder weil es logische Fehler in der Ableitung enthält.

---

[1] Wages, 149—67.

a) *Widerspruchsfreiheit.* In einem Modell dürfen keine Annahmen gemacht werden, die sich gegenseitig oder in ihren Konsequenzen widersprechen. Da sich die logischen Implikationen einer Annahme nicht immer gleich durchschauen lassen, kann es leicht vorkommen, daß sich derartige Widersprüche in ein Modell einschleichen. Das Modell verliert dadurch seine Brauchbarkeit und seinen Wert, wenn es nicht verbessert wird. Aus widerspruchsvollen Prämissen lassen sich keine eindeutigen Schlüsse ziehen.

So hat J. Marchal darauf aufmerksam gemacht, daß die Verhaltensannahmen des Gleichgewichtsmodells III sich in ihrer allgemeinen Formulierung nicht ganz miteinander vereinbaren lassen. Boulding nimmt an, daß der Konsum und die Investition funktional abhängig sind einerseits von der Höhe des gesamten Sozialprodukts, andererseits vom Verteilungsverhältnis, daß aber beide, Konsum wie Investition, bei steigendem Volkseinkommen nur mit abnehmender Rate wachsen[2]. Bei gleichbleibendem Verteilungsverhältnis und steigendem Sozialprodukt müßten also entsprechend diesen Verhaltensannahmen zugleich Konsum und Investition in ihrem Verhältnis zum gesamten Volkseinkommen abnehmen, was mit der notwendigerweise erfüllten Definitionsgleichung $Y \equiv C + I$ unvereinbar ist[3].

Diese Unstimmigkeit betrifft aber nicht unmittelbar den Grundansatz des Gleichgewichtsmodells III, sondern nur die spezielle Annahme abnehmenden Investitionszuwachses bei steigendem Volkseinkommen. Diese Annahme ist aber auch noch aus anderen Gründen fragwürdig. Man vermißt in allen drei Gleichgewichtsmodellen Bouldings eine Berücksichtigung der funktionalen Abhängigkeiten zwischen Veränderungen des Konsums und der Nettoinvestition, also der Zusammenhänge, auf die vor allem die Theorie eines störungsfreien Wirtschaftswachstums hingewiesen hat[4]. Unter dieser Rücksicht ließe sich eher annehmen, daß bei steigendem Volkseinkommen die Nettoinvestition überproportional zunimmt, womit auch bei abnehmendem Zuwachs des Konsums die Gleichung $Y = C + I$, verstanden als Gleichgewichtsbedingung, ihre Gültigkeit behielte[5]. Welche Kräfte aber wir-

---

2 Vgl. Wages, 142, und oben S. 59—61.

3 Vgl. J. *Marchal*, Modèles, 374: „On peut se demander si les hypothèses posées par Boulding ne sont pas partiellement contradictoires. Celui-ci admet en effet que, la répartition étant supposée stable, la consommation C d'une part et l'investissement I de l'autre, au moins à partir d'un certain niveau, n'accusent plus que des variations moins que proportionelles à l'accroissement du produit Y. Étant donné que $Y \equiv C + I$ on voit mal comment cela peut se faire.“ Man beachte, daß $Y = C + I$ hier als Definitionsgleichung verwendet wird, nicht wie bei Boulding als Gleichgewichtsbedingung. Vgl. unten S. 147 ff.

4 Vgl. hierzu beispielsweise Gottfried *Bombach*, Zur Theorie des wirtschaftlichen Wachstums, in: Weltwirtschaftliches Archiv 70 (1953) 110—65.

5 In der graphischen Darstellung Abb. 11 (S. 61) würden die Investitions-Isomeren also immer näher zusammenrücken, je weiter man nach rechts und

ken darauf hin, daß die geplante Nettoinvestition gerade diese einem Gleichgewicht entsprechende Höhe erreicht? — Die von Boulding angegebenen Verhaltensweisen lassen sich jedenfalls nicht voll vereinen. Die Modelle enthalten einen partiellen Widerspruch, der sich jedoch möglicherweise durch entsprechende Verbesserungen aufheben läßt.

b) *Logische Fehlerfreiheit.* Es dürfen im Verlauf der Ableitung keine Folgerungen gezogen werden, die sich nicht aus den Prämissen (Annahmen) ergeben. Logische Fehler können dabei in doppelter Form auftreten:

a') Es werden *andere* Folgerungen gezogen als die, welche sich aus den Prämissen eigentlich hätten ergeben sollen. Der wahre Sinn der Prämissen wird dabei durchaus richtig aufgefaßt; auch der logische Prozeß der Ableitung ist grundsätzlich legitim, nur unterläuft ein „Rechenfehler". Dieser läßt sich im allgemeinen auf eine Flüchtigkeit in der Ableitung zurückführen und kann bei einem derartigen Modell, das ein erfahrener Fachmann in verschiedenen Formen der Öffentlichkeit vorlegt, als unwahrscheinlich ausgeschlossen werden.

b') Manchmal werden aber auch die Prämissen in ihrer Beweiskraft *überschätzt* und darum Sätze aus Prämissen abgeleitet, die nur scheinbar in ihnen enthalten waren. Der genaue Sinn einer Prämisse wird dabei nicht exakt genug erkannt; ihre Formulierung ist entweder in sich mehrdeutig oder wird jedenfalls im Verlauf der Ableitung anders aufgefaßt als in ihrer ursprünglichen Bedeutung. Daraus ergeben sich dann unrichtige Schlüsse und Folgerungen.

In diesem Abschnitt soll der Nachweis solcher logischer Fehler in der Verteilungstheorie Bouldings versucht werden. Es soll gezeigt werden, daß der zentrale Gedankengang der Verteilungstheorie Bouldings auf einer unrichtigen Ableitung beruht, die sich in Form eines logischen Fehlers eingeschlichen hat.

2. Der Zentralgedanke der Verteilungslehre Bouldings

Als Angelpunkt der gesamten Verteilungstheorie Bouldings kann die Gewinngleichung (10) angesehen werden[6]:

$$V \equiv dQ_b + dM_b + dK_h - dK_h' + D$$

Es handelt sich dabei um eine einfache Definitionsgleichung. Die beiden für Bouldings Theorie charakteristischen Elemente kommen in ihr

---

oben geht, statt daß die Abstände, wie in der Abbildung, immer größer werden. Damit würde aber möglicherweise die Kurve KLMN in Abb. 12 (S. 62) eine ganz andere Form annehmen. Auch die Gültigkeit der Ergebnisse, die Boulding aus dem Modell ableitet, könnte von diesen Veränderungen unter Umständen in Frage gestellt werden.

[6] Ableitung vgl. oben S. 33 f.

zum Ausdruck: einmal der Versuch, von den summierten und konsolidierten *Bilanzgleichungen* der Einzelunternehmen auszugehen, zum andern der Begriff des *Einkommens* als der Bruttoaddition zu den Nettowerten. Die logische Schlüssigkeit der zu dieser Gewinngleichung führenden Ableitungen läßt sich nicht in Frage stellen. Die formale Richtigkeit dieser Gleichung ist unbezweifelbar.

Boulding mißt dieser Definitionsgleichung einen entscheidenden Erkenntniswert bei, und tatsächlich nimmt sie in seiner Verteilungslehre eine Schlüsselstellung ein. Seiner Meinung nach vermittelt sie eine grundlegende Einsicht in die Verteilung des Volkseinkommens auf Arbeits- und Nichtarbeitseinkommen. Im Vorwort zur ersten Auflage von „Reconstruction" gibt er als Zusammenfassung der wesentlichen Punkte seiner Verteilungstheorie eine Interpretation dieser Gleichung. Er schreibt: „Die Bruttogewinne sind um so größer, je mehr das Unternehmen seinen Realkapitalbestand vergrößert (Investitionsentscheidungen)"

— das entspricht dQ_b —

"je mehr es die Investitionen aus Gewinnen finanziert",

— entsprechend dem negativen Faktor dK_h' —

„je mehr es verteilt an Zinsen, Pacht- und Mietzahlungen und Dividenden",

— das wird im Faktor D zusammengefaßt —

„je mehr es Konsumentenkredite gewährt (die finanziellen Entscheidungen)"

— das betrifft dK_h —

„und je mehr Geldbestände von den Haushalten auf die Firmenkonten fließen (Liquiditätsentscheidungen)"[7]

— das ist dM_b —.

Der Inhalt dieses Satzes scheint nicht über eine harmlose verbale Wiedergabe einer Gleichung hinauszugehen, die als unbezweifelbar richtig nachgewiesen wurde. Dennoch vollzieht sich hier unbemerkt ein Übergang zu einer Reihe von Aussagen, die in der Gleichung (10) keineswegs ihre Stütze finden. Es wird nämlich die Auffassung ausgesprochen, die Unternehmen könnten ihre Gewinne dadurch vergrößern, daß sie mehr investieren, weniger Kredite aufnehmen, mehr Gewinne

---

[7] Reconstruction, [1]1950, X: „The distribution of national income between wages and gross profits is then seen to be determined by several distinct, though related, sets of decisions; gross profits are greater the more business increases its stocks of real capital (investment decisions), the more it finances investment out of profits, the more it distributes in interest, rent, and dividends, and the more consumer credit it extends (the financial decisions) and the more the money shifts out of household accounts into business accounts (the liquidity decisions)."

ausschütten, mehr Konsumentenkredite gewähren, ihre Kassenhaltung vergrößern.

An derselben Stelle fügt Boulding noch eine dem Vorhergehenden ganz parallele Interpretation der Gleichung für die Löhne (14) bei. Diese Gleichung lautet[8]:

$$W \equiv C_h + dQ_h - (dM_b + dK_h - dK_h' + D)$$

Den Inhalt dieser Gleichung gibt Boulding in Worten folgendermaßen wieder: „Die gesamte (reale) Lohnsumme ist um so größer, je größer der Umfang der Haushaltskäufe ist, je mehr das Geld aus den Unternehmenskonten auf die Haushaltskonten fließt, je weniger die Konsumentenkredite und der Verkauf von Obligationen an Haushalte zunehmen und je weniger an die Kapitalisten an Grundrenten-, Zins- und Dividendenzahlungen ausgeschüttet wird[9]."

Daraus zieht Boulding die Folgerung: „Die Struktur der Verteilung muß daher angesehen werden als das Ergebnis nicht von Lohnverhandlungen (außer insofern Lohnabkommen die primären Bestimmungsgründe beeinflussen), sondern verschiedener Entscheidungen bezüglich Investition, Konsum, Finanzierung und Liquidität[10]."

Ähnlich faßt Boulding im Vorwort zum Neudruck von „Reconstruction"[11] die Ergebnisse seiner Verteilungstheorie zusammen, nur daß er dort nicht von der „Gewinngleichung" (10), sondern von der zu ihrer Ableitung notwendigen und von ihr kaum unterschiedenen „Firmenspargleichung" (8) ausgeht[12]. Er macht zwar das Eingeständnis, in der technischen Darstellung seiner Verteilungstheorie in „Reconstruction" einen ernsten technischen Fehler begangen zu haben, aber glaubt, diesen im Aufsatz „Fruits of Progress" überwunden zu haben. Die wesentlichen Elemente seiner Verteilungstheorie sind seiner Meinung nach jedenfalls identisch geblieben, wenn er sich auch darüber klar ist, daß er seine Kollegen von ihrer Gültigkeit nicht überzeugen konnte. Diese Identität der Theorie sieht er darin, daß das Firmensparen, das definitionsgemäß gleich ist den Gewinnen abzüglich der Ausschüttungen

---

[8] Vgl. oben S. 35.

[9] Reconstruction, [1]1950, X: „The total (real) wage bill is greater the greater is the volume of household purchases, the more the money stock shifts out of business into household accounts, the less is the increase in consumer credit and in the sale of securities to households, and the less is distributed to capitalists in rent, interest, and dividends." In dieser Interpretation scheint Boulding ein Flüchtigkeitsfehler unterlaufen zu sein. Die Lohnsumme müßte entsprechend Gleichung (14) größer sein, je mehr (nicht: je weniger) der Verkauf von Obligationen an Haushalte zunimmt.

[10] Ebd.: „The distributional structure is thus seen to be the result not of wage bargaining (except in so far as wage bargains react on the prime determinants) but of various decisions in regard to investment, consumption, finance and liquidity."

[11] New York, [2]1962.

[12] Vgl. oben S. 33.

der Unternehmen, auch gleich ist der Veränderung des gesamten Nettowertes der Unternehmen und daß die Zunahme im Nettowert der Unternehmen (dG_b) gleich sein muß der Zunahme im Wert des Realkapitals der Unternehmen (Unternehmensinvestition, = dQ_b) plus der Zunahme im Kassenbestand der Unternehmen (dM_b) plus der Zunahme im Saldo der Forderungen der Unternehmen an die Haushalte (dK_b — dK_b')[13]. Man erkennt unschwer im Text die beiden Gleichungen (9) und (8) wieder:

$$dG_b \equiv V - D$$

und

$$dG_b \equiv dM_b + dQ_b + (dK_b - dK_b')$$

Entscheidend ist nun wieder die Interpretation, die Boulding der zweiten dieser beiden Gleichungen gibt. An der eben angeführten Stelle des Vorworts zur zweiten Auflage von „Reconstruction“, der jüngsten Veröffentlichung von Boulding zur Verteilungsfrage, zieht er aus diesem Ansatz die Folgerung, daß die Verteilung des Volkseinkommens auf Arbeits- und Nichtarbeitseinkommen nicht so sehr eine Funktion des Preis-Lohn-Systems sei als vielmehr eines ganzen Komplexes von Entscheidungen, beispielsweise bezüglich der Ausschüttung von Dividenden, der Investition und der Finanzierung[14].

Damit behauptet Boulding zweierlei:

1. Eine direkte *reale* Abhängigkeit der Verteilung von diesen Entscheidungen;
2. Eine *logische* Abhängigkeit der Einsicht in diese Zusammenhänge von den Definitionsgleichungen (9) und (8), die er vorher verbal wiedergegeben hatte.

Boulding ist also davon überzeugt, allein mit Hilfe dieser *Definitionsgleichungen* schon vor der Einführung besonderer Verhaltensfunktio-

[13] „There is a serious technical mistake in the exposition of the theory as given in the *Reconstruction* which I believe I was able to correct in a later article. (Boulding bezieht sich auf Fruits of Progress. *W. K.*) The essential identity of this theory, however, remains; it is that business savings, which are identically equal to profits less business distributions, must be equal to the change in the aggregate net worths of business, and that the increase in the net worths of businesses must be equal to the increase in the value of the real assets of businesses (business investment), plus the increase in the money stock of businesses, plus the increase in the net debts to businesses. In the *Reconstruction*, I overemphasized the impact of investment on profits, not realizing clearly enough the extent to which this investment was offset by an increase in business debts, unless, of course, it was financed out of profits themselves. Nevertheless, the basic principle seems to me to remain, even though it is clear that I have not succeeded in persuading my colleagues of its validity.“ Reconstruction, ²1962, Preface.

[14] „Without this insight that the distribution of the national income as between labor and non-labor income is not so much a function of the price-wage system as the whole complex of decisions relating, for instance, to dividend distribution and business investment and finance, it seems to me the history of the market economy is quite unintelligible.“ Ebd.

nen Aussagen über die reale Verteilung machen zu können. Alle wesentlichen Einsichten seiner Modelle lassen sich logisch auf diesen Ansatz zurückführen, wie man sich leicht überzeugen kann, wenn man die Ausführungen über den Transferfaktor und die darauf aufbauenden Schlußfolgerungen nachliest[15].

Diese nach Bouldings Auffassung zentralen Einsichten der Verteilungstheorie sind logisch nicht abhängig von den verschiedenen Verhaltensannahmen, die er in seinen drei Gleichgewichtsmodellen macht, da er sie schon vor den Gleichgewichtsmodellen entwickelt und in allen drei Modellen unverändert durchhält. Somit muß die Konstruktion der Modelle eher als eine Verdeutlichung und Anwendung eines schon fertigen Ansatzes verstanden werden denn als die Begründung seiner Theorie.

Die Ausführungen Bouldings über den Transferfaktor lassen im übrigen keinen Zweifel daran, daß er einen *realen kausalen* Einfluß der die Größe des Transferfaktors bestimmenden Entscheidungen auf die Verteilung für gegeben ansieht. Dies wird nicht so deutlich für den Faktor dM_b, die Zunahme im *Kassenbestand* der Unternehmen, weil er diesen Faktor für langfristig konstant ansieht. Beim Faktor dK_h aber schreibt er den Unternehmern schon ein unbewußtes Erfassen makroökonomischer Zusammenhänge zu, wenn sie ihren Kunden bereitwillig *Abzahlungskredite* einräumen. Umgekehrt schädigen die einzelnen Arbeitnehmer durch die Annahme solcher Konsumentenkredite die Position der gesamten Arbeitnehmerschaft in einem „makroökonomischen Paradox". Auch bezüglich des Faktors dK_h', der festverzinslichen *Schuldverschreibungen,* lassen die Ausführungen Bouldings keinen Zweifel daran, daß zwischen dem Verkauf der Wertpapiere an Haushalte und den Gewinnen der Unternehmerschaft als ganzer nach Boulding ein realer Kausalzusammenhang besteht, der die Gewinne negativ beeinflußt. Am klarsten aber macht der „Witwenkrugeffekt" der *Dividendenausschüttungen* deutlich, daß Boulding die Dividendenzahlung als unabhängige und die Höhe des Gewinnes als abhängige Variable ansieht, wenn er behauptet, daß die Unternehmer durch die Entscheidungen, die Bruttogewinne in den Unternehmen zurückzuhalten (zu sparen) oder in Dividenden und Zinsen zu verteilen, die Höhe ihrer eigenen Gewinne selbst bestimmen können[16].

Der Transferfaktor ist somit die entscheidende strategische Variable der Verteilungstheorie Bouldings. Die Verhaltensannahmen, die seine Größe bestimmen, sind von ungleich größerer Bedeutung für die Verteilung als die Verhaltensfunktionen der einzelnen Modelle.

---

[15] Vgl. oben S. 37—40; 47—49; 52—55; 63—65; 68—74.

[16] Vgl. die Ausführungen über den Transferfaktor in „Reconstruction" 255 bis 258 und oben Abschnitt I. A. 6.

3. Definitionsgleichungen und Kausalität

Überprüft man noch einmal die Gewinngleichung (10), so wird nun deutlich, daß sie nicht die von Boulding daraus gezogenen Folgerungen rechtfertigt. Die Gewinngleichung sagt als Definitionsgleichung nichts über irgendwelche Kausalverhältnisse aus. Erhöhte Gewinne einer Periode schlagen sich mit Notwendigkeit auf einem der angegebenen Konten nieder: Entweder in dQ_b, beispielsweise in selbstfinanzierten Investitionen, oder in dK_h, höheren Forderungen an Haushalte, oder in dM_b, in erhöhtem Kassenbestand, oder in kleinerem dK_h', verringerten Verbindlichkeiten gegenüber den Haushalten, oder schließlich in D, erhöhten Gewinnausschüttungen. Es läßt sich aber in keiner Weise zeigen, daß eine Erhöhung eines dieser Posten mit Notwendigkeit zu höheren Gewinnen führen müsse, weil eben eine Definitionsgleichung nichts über Kausalverhältnisse aussagt.

Am einfachsten läßt sich dies am Faktor dM_b zeigen. Zweifellos sind die Profite um so größer, je mehr Geldbestände aus den Kassen der Haushalte in die Kassen der Unternehmen fließen. Hat sich am Ende der Periode der Kassenbestand der Unternehmen ceteris paribus erhöht, so haben die Unternehmen einen Gewinn erzielt. Aber daraus läßt sich nicht schließen, daß das Horten von Geldbeträgen in der Kasse eine geeignete Unternehmenspolitik sei, um höhere Gewinne zu erzielen. Auch Boulding zieht diese Folgerung nicht in diesem Falle, weil er aus anderen Überlegungen heraus den Faktor dM_b für langfristig konstant ansieht. Für alle anderen Posten der Gewinngleichung gilt aber dieselbe Logik. Hat sich ceteris paribus der Posten dK_h oder D erhöht, so wird dadurch buchungsmäßig offenbar, daß die Unternehmen Gewinne erzielten. Aber damit ist noch nichts darüber ausgesagt, wodurch diese Gewinne zustandekamen.

Boulding würde die Richtigkeit derartiger Überlegungen auf *mikro*ökonomischer Ebene durchaus zugeben, glaubt aber an die Wirkung eines „*makro*ökonomischen Paradoxes“ für die Gesamtwirtschaft. Nun kann nicht geleugnet werden, daß im Kreislaufzusammenhang solche scheinbaren Widersprüche durchaus auftreten können und sich im Einzelfall auch nachweisen lassen. Der ursprüngliche „Witwenkrugeffekt“ bei J. M. *Keynes*[17], daß nämlich die Verwendung des Unternehmensgewinns für den Konsum der Unternehmer die Gewinne der Unternehmer wieder in gleichem Maße erhöht, stellt ein Beispiel eines derartigen makroökonomischen Paradoxes dar. Dabei muß aber jeweils im einzelnen sich zeigen lassen, in welcher Richtung die Wirkungen verlaufen. Insbesondere muß nachgewiesen werden, daß die

---

[17] John Maynard *Keynes*, Vom Gelde, Ins Deutsche übersetzt von Dr. Carl *Krämer* unter Mitwirkung von Louise *Krämer*, Berlin und Leipzig 1932, 113.

Bedingung ceteris paribus erfüllt ist und nicht Kompensationswirkungen den Einfluß eines einzelnen Faktors wieder aufheben. In *Bouldings* logischer Ableitung finden sich keine Überlegungen über derartige kausale Zusammenhänge.

Für das Einzelunternehmen läßt sich nicht bestreiten, daß eine erhöhte Kassenhaltung zunächst auf Kosten anderer Posten der Bilanz gehen muß, sei es, daß die Unternehmen weniger Konsumentenkredite gewähren können, sei es, daß sie neue Wertpapiere emittieren müssen, sei es, daß sie geringere Dividendenausschüttungen vornehmen. Entsprechendes gilt für den Zusammenhang innerhalb aller anderen Posten der Bilanz. Da die makroökonomische Gewinngleichung (10) durch Summierung der Einzelbilanzen der Unternehmen zustandekommt, gilt dieselbe Überlegung auch auf makroökonomischer Ebene. Die Vergrößerung eines der Posten der rechten Seite der Gewinngleichung (10) führt zwangsläufig zunächst zu einer ebenso großen Verringerung der anderen Posten, und der Gewinn selber bleibt von all diesen Veränderungen der Bilanzposten völlig unberührt. Ob aufgrund anderer Zusammenhänge die Bruttogewinnsumme sich verändert, müßte eigens untersucht werden. Aber innerhalb seiner Verteilungstheorie stellt Boulding keine diesbezüglichen Überlegungen an.

Diese Schwäche der Verteilungstheorie Bouldings ist von ihren Kritikern mit unterschiedlicher Schärfe erfaßt und herausgestellt worden. J. *Johnston* beanstandet vor allem die Behauptung, daß die Ersparnisse der Unternehmen (dG_b) unabhängig von den auf das Sparen gerichteten Entscheidungen der Unternehmen zustandekommen[18], setzt sich also vor allem mit der „Firmenspargleichung" (8) auseinander[19]:

$$dG_b \equiv dM_b + dQ_b + dK_h - dK_h'$$

Die Bedeutung dieser Gleichung hängt seiner Meinung nach davon ab, zu welchem Zeitpunkt die Unternehmen ihre Zins- und Dividendenauszahlungen leisten, aber unter äußerst extremen und unrealistischen Umständen billigt er den Ergebnissen Bouldings Gültigkeit zu[20]. Verteilen nämlich alle Unternehmen die Dividenden am *Ende der Periode*, vermindert sich dM_b um genau den Betrag von D, und die Veränderungen des Nettowerts aller Unternehmungen (dG_b) bleiben genau wie zuvor. Eine Ausschüttung der Hälfte der Dividenden etwa um die

---

[18] J. *Johnston*, A Note on Professor Boulding's Macro-economic Theory of Distribution, in: Economic Journal 62 (1952) 184—91.

[19] Vgl. oben S. 33.

[20] Ob Gleichung (8) eine wirtschaftlich bedeutungsvolle Beziehung darstellt oder nur eine nichtssagende Tautologie („a mere truism"), „depends upon the prevailing practice of business with respect to the timing of interest and dividend payments, and it can be shown that Professor Boulding's conclusions would hold good only under a most extreme and unrealistic set of circumstances." Ebd., 186.

Mitte der Periode jedoch (bei gleichbleibenden Liquiditätspräferenzen) könnte möglicherweise eine größere Nachfrage der Haushalte nach den von den Unternehmen angebotenen Gütern zur Folge haben und auf diese Weise einen positiven Einfluß auf die Gewinne ausüben. Dennoch könnten die Unternehmen ihre Ersparnisse durch entsprechende Sparentscheidungen selbst bestimmen, indem sie die Dividendenausschüttungen am Ende der Periode entsprechend verändern[21].

Läßt man die Annahme einer einheitlichen Rechnungsperiode für alle Unternehmen ganz fallen, so hält Johnston die Folgerungen Bouldings nur unter der Voraussetzung für gültig, daß alle Gewinne schon vor dem Ende der betreffenden Rechnungsperiode verteilt werden[22]. Unter dieser Voraussetzung scheint Johnston das logische Vorgehen Bouldings als gerechtfertigt anzuerkennen.

Johnston geht in seiner Argumentation wohl zu sehr vom Standpunkt der Einzelfirma aus. In einer längerfristigen makroökonomischen Betrachtungsweise, wie Boulding sie verwendet, wird unerheblich, zu welchem Zeitpunkt die Ausschüttungen erfolgen. Außerdem erscheint in der statischen Betrachtung eine Vorwegnahme der Auswirkungen der Unternehmensentscheidungen als unbedenklich, solange kein Zweifel bestehen kann über die Richtung der Kausalität.

Hat aber Johnston in seiner Interpretation von Bouldings Firmenspargleichung nicht schon zusätzliche Gedanken eingeführt, die in Bouldings Modellen gar nicht ausdrücklich enthalten sind? Johnston setzt voraus, daß die ausgeschütteten Dividenden in voller Höhe als zusätzliche Konsumnachfrage an die Unternehmen zurückfließen. Unter dieser Voraussetzung erkennt er die Richtigkeit der Überlegung Bouldings an. Aber damit ist nicht eigentlich die Ausschüttung, sondern die zusätzliche Konsumnachfrage die Ursache der Gewinnerhöhung. Zweifellos schwebte eine solche Überlegung auch Boulding bei seinen Ableitungen vor. In der Diskussion seines Vortrages „Wages" bestand Boulding gegenüber Samuelson darauf, daß die Verbraucher die Ausschüttungen wieder ausgeben müßten, damit ein Witwenkrugeffekt eintritt[23].

Diese Voraussetzung erscheint aber nicht ausdrücklich in der logischen Ableitung der Firmenspargleichung (8), wenn man nicht ein kon-

---

[21] „If businesses as a whole desired to save an amount S during the whole year, then obviously it is quite within their power to do so by variing the final distribution accordingly." Ebd., 189.

[22] „It follows from the analysis of the previous model that Professor Boulding's conclusions about the determination of business savings would hold good only if *all* dividend distributions took the form of interim payments, i. e., were made before the end of the accounting year in which they were earned." Ebd., 190.

[23] Wages, 150 f.

stantes dM_b als implizite Verhaltensgleichung interpretiert. Die Annahme, daß die Haushalte zusätzliche Dividendenausschüttungen voll und ganz für zusätzliche Konsumausgaben verwenden, ist jedoch zunächst unvereinbar mit den entsprechenden *ausdrücklichen* Haushaltsabsorptionsfunktionen aller drei Gleichgewichtsmodelle, in denen immer angenommen wird, daß mit steigendem Lohn (bzw. Lohnanteil) der Konsum mit abnehmender Rate zunimmt[24].

Entscheidender jedoch ist noch die Überlegung, daß eine erhöhte Dividendenausschüttung den Unternehmen gar nicht möglich ist, solange sie ihre relative Liquiditätspräferenz beibehalten, wie sie im Faktor dM_b zum Ausdruck kommt. Nur durch eine (wenigstens zeitweise) Verringerung ihrer liquiden Mittel (oder durch anderweitige Kreditbeschaffung) können sie den Faktor D überhaupt verändern. Mit anderen Worten: Die einzelnen Posten des Transferfaktors sind nicht unabhängig voneinander, sondern die Erhöhung des einen bedeutet mit strenger Notwendigkeit die Verminderung des andern um genau denselben Betrag. Sind drei Posten des Transferfaktors gegeben, dann ist damit bei gegebener gesamtwirtschaftlicher Gewinnsituation der vierte mit exakter Notwendigkeit bestimmt, wobei zur Erklärung der Gewinnsituation auf die kausal sie beeinflussenden Kräfte zurückgegriffen werden müßte. Der Transferfaktor selbst kann also nicht als strategische Variable angesehen werden.

Darauf hat schon *Turvey* in einer Besprechung von „Reconstruction" hingewiesen[25]. Er wendet sich besonders gegen Bouldings Behauptung, daß der Verkauf von Obligationen an die Haushalte sich als eine direkte Kraft auswirke, durch die die Bruttogewinne eingeschränkt, der Anteil der Löhne vergrößert werde. Er vergleicht die Gewinngleichung (10) unter Berücksichtigung nur der unmittelbaren Wirkungen (da Boulding in seiner Darstellung zu diesem Zeitpunkt noch keine Verhaltensgleichungen eingeführt hatte)[26] mit einer Definitionsgleichung von ähnlicher logischer Struktur, nämlich:

$$\text{Exporte} \equiv \text{Importe} + (\text{Haushaltsüberschuß} - \text{Investition} + \text{Sparen})$$

Nimmt man an, daß Importe, Investition und der Haushaltsüberschuß nicht unmittelbar vom Sparen beeinflußt werden, ergibt nach der

---

[24] Vgl. oben S. 43; 50 f.; 59 f. Für Gleichgewichtsmodell II wird die Annahme eines abnehmenden Konsumzuwachses nur aus der Form deutlich, die Boulding den Konsumkurven gibt.

[25] Ralph *Turvey*, Besprechung von „Reconstruction" in: Economica N.S. 18 (1951) 203—07.

[26] Eine Berücksichtigung der mittelbaren Auswirkungen könnte in diesem Fall übrigens sogar zu entgegengesetzten Ergebnissen führen, wie Paul *Davidson*, Theories of Aggregate Income Distribution, New Brunswick, N.J. 1960, 136, bemerkt: „One might argue, however, that the new issue was used to fund a new investment made during the period, and therefore profits will be larger rather than, as Boulding claims, smaller."

Gleichung eine Zunahme des Sparens einen erhöhten Export. Diese Aussage hält Turvey für logisch korrekt, aber irreführend und bedeutungslos — ebenso wie die Gleichung Bouldings. Eine vermehrte Verschuldung von Unternehmen wird also wieder ausgeglichen entweder durch erhöhte Investition oder durch erhöhte Kassenhaltung, wenn die Ausschüttungen sich nicht verändern[27].

In „Fruits of Progress" ging Boulding auf diese Kritik ein. Er glaubte, daß der Fehler nur in der Formulierung liege und sich leicht beheben lasse[28]. Boulding unterschied zwischen eigen- und fremdfinanzierten Investitionen. *Fremdfinanzierte* Investitionen erhöhen nach Boulding selbstverständlich nicht den Gewinn, weil sie durch eine entsprechende Erhöhung des negativen Faktors dK_h' ausgeglichen werden. Wird eine Investition aber aus *Gewinnen* finanziert, tritt nach Boulding ein „Witwenkrug"-Effekt ein. Ob die Investitionen aber aus Gewinnen oder aus Fremdmitteln finanziert werden, hängt von den Entscheidungen der Unternehmer ab. Damit glaubt Boulding, die Schwierigkeit leicht überwunden zu haben.

Mit dieser Antwort ist der Kernpunkt der Kritik Turveys nicht getroffen. Turvey stellte mit seinem Beispiel der Exportgleichung die Richtigkeit des *logischen Vorgehens* von Boulding in Frage. Was ist der genaue Sinn der Gewinngleichung (10)? Kann man aus ihr überhaupt ableiten, auf welche Ursachen die Gewinne sich zurückführen, oder muß sie nicht in streng definitorischem Sinn interpretiert werden? Als Identitätsgleichung besagt sie nur: War es den Unternehmen möglich, in einer Periode ihre Investitionen zu erhöhen, ohne daß sich die anderen Posten der Bilanz entsprechend verändert haben, dann müssen sie in diesem Maße höhere Gewinne erzielt haben, aus denen sie die Investitionen finanzieren konnten. Damit waren aber die ceteris paribus erhöhten Investitionen das Ergebnis, nicht die Ursache der Gewinne der Unternehmen. Weitergehende Schlüsse lassen sich aus dieser Gewinngleichung allein nicht ziehen.

In der Folgezeit wurden diese Gedanken in der einen oder anderen Form von den Kritikern Bouldings immer wieder aufgegriffen[29]. *Budd*

---

[27] „Since: Export $\equiv$ Import + (Budget Surplus − Investment + Saving) if Imports, Investment and die Budget Surplus are not directly affected by Saving, a rise in Saving will increase Exports. This statement is logically correct but misleading and uninteresting. So, I think, is Professor Boulding's. The analogy cannot be attacked on the grounds that *ex post* Investment and Saving are not independent of each other, for the same is true of the magnitudes in (10). Thus the proceeds of an increase in Borrowing will either be offset by increased Investment or by increased Business Hoarding, assuming Distributions to be unchanged." *Turvey*, 205 f.

[28] Fruits of Progress, 478 f. Vgl. auch Reconstruction, [2]1962, Preface.

[29] Vgl. die folgenden Besprechungen von „Reconstruction": William *Vickrey*, in: American Economic Review 41 (1951) 671—76, bes. 675: „Macroeconomics provides no automatic exorcism for the perennial bugbear of ceteris paribus";

bemerkte in seiner Diskussion des Vortrages „Fruits of Progress“, daß die von Turvey und Johnston erhobenen Einwände sich nicht einfach dadurch überwinden lassen, daß man die einzelnen Komponenten des Transferfaktors noch einmal unterteilt. Die Schwäche des Modells von Boulding sieht er vor allem darin, daß sich die wesentlichen Folgerungen schon ziehen lassen, bevor noch Verhaltensgleichungen eingeführt worden sind. Offenbar verändert Boulding nur buchhalterische Größen, ohne genügend zu berücksichtigen, daß jeder Buchungsvorgang zwei Seiten hat. Ein Hauptproblem der Verteilungslehre Bouldings scheint ihm darin zu liegen, wie die in erhöhten Dividenden ausgeschütteten Kassenbestände wieder zu den Unternehmen zurückfließen[30].

Davidson betont vor allem, daß die einzelnen Posten des Transferfaktors nicht als unabhängig voneinander angesehen werden können[31]. Allerdings scheint er die Logik der Modelle nicht immer klar zu durchschauen, wenn er beispielsweise fordert, daß alle Dividendenausschüttungen von ihren Empfängern wieder ausgegeben werden, damit die Bedingungen des „Witwenkrugeffekts“ gegeben sind[32].

Scheele sucht durch scharfsinnige Überlegungen zu beweisen, daß selbst bei konstantem Transferfaktor das Volkseinkommen nicht mit Notwendigkeit gleich bleiben muß und daher möglicherweise auch die Einkommensverteilung sich ändert. Er untersucht im einzelnen, wie sich eine Veränderung jedes einzelnen Postens des Transferfaktors auf Volkseinkommen und Einkommensverteilung auswirkt. So erhöhen beispielsweise die durch die Emission von Wertpapieren (vergrößerter Faktor dK_h') finanzierten Investitionen die Gewinne und das Lohnein-

---

David McCord *Wright*, in: The Journal of Political Economy 59 (1951) 74—75; C. F. *Carter*, in: Econometrica 20 (1952) 692—93; J. de *Graaf*, in: The Economic Journal 52 (1952) 628—29.

[30] Edward C. *Budd*, Discussion of „Fruits of Progress“, in: American Economic Review (Papers and Proceedings) 42 (1953) 498—503, bes. 501: „The objections raised against his formulations by Turvey, Johnston, and others are not adequately met, in my opinion, by a further distinction between internally and externally financed investment. I still believe that Boulding is engaging in an unconvincing, though ingenious, manipulation of accounting identities, without having introduced functional relations, based upon household or enterprise behavior, among the variables. ... Since every transaction has two sides, just how does the cash return from households to enterprises?“

[31] Paul *Davidson*, Aggregate Income Distribution, New Brunswick, N.J. 1960, bes. 69 f.: „The variables of the transfer factor need not be independent of each other, or of household absorption or business accumulation. Boulding's tacit assumption of the independence of the variables on the right-hand side of identities ... is, therefore, invalid. He has also implicitly assumed that the left-hand terms in these identities are passive. Such an interpretation is dangerous and unwarranted. Passivity may be inserted in behavioral functions, but never in definitional identities.“

[32] „Boulding is implicitly assuming that all business distributions will be spent by their recipients, thus, creating a widow's cruse.“ Ebd., 136.

kommen, aber in zunächst noch unbestimmtem Verhältnis[33]. So wichtig und wohlbegründet derartige Überlegungen auch sind, so scheint Scheele nicht immer zu beachten, daß Boulding in seinem Ansatz gar keine Multiplikatorwirkungen berücksichtigt und berücksichtigen kann. Vielmehr eliminiert Boulding alle derartigen, für die Verteilung in Wirklichkeit entscheidenden Zusammenhänge aus seinen Modellen dadurch, daß er den Transferfaktor als unabhängige Variable einführt und so das Gleichungssystem seiner Modelle schon schließt, noch bevor Überlegungen wie die von Scheele angestellten überhaupt in Betracht gezogen werden könnten. Der Fehler der Analyse liegt nicht darin, daß Boulding von der Voraussetzung konstanter Geldmenge ausgeht[34]. Diese Voraussetzung läßt er ja später fallen[35]. Vielmehr verstellt die Annahme des Transferfaktors als strategischer Variablen (statt als einer von der Verteilung abhängigen Variablen) den Blick auf die die Verteilung in Wirklichkeit bestimmenden Faktoren.

Um zu beweisen, daß der Transferfaktor nicht als Parameter angesehen werden kann, arbeitet Scheele die extremen Bedingungen heraus, unter denen der Transferfaktor bei Veränderungen des Volkseinkommens konstant bleiben würde (Marginale Konsumneigung aus Lohneinkommen gleich Eins, marginale Konsumneigung aus verteilten Gewinnen gleich Null)[36], ohne allerdings auf den Widerspruch zwischen diesen Bedingungen und den ausdrücklichen Verhaltensannahmen bei Boulding hinzuweisen[37].

Als grundlegend für die Argumentation Bouldings sieht Scheele zwei Voraussetzungen an, die nicht erfüllt sind:

„1. Die Größen von C und I müssen unabhängig von T sein, m. a. W. das Volkseinkommen darf sich bei einer Variation von T nicht ändern ...

2. Die einzelnen Bestandteile von T müssen voneinander unabhängig sein[38]."

---

[33] Erwin *Scheele*, Die makroökonomische Theorie der Einkommensverteilung, in: Jahrbuch für Sozialwissenschaft 13 (1962) 333—58; 14 (1963) 141—235, bes. 159—61.

[34] Diesen Vorwurf erhebt *Scheele* am Schluß seiner Kritik: „Schließlich ist es auch unbefriedigend, daß Boulding eine konstante Geldmenge voraussetzt. Diese Annahme schränkt — will man nicht die unrealistische Voraussetzung völlig flexibler Löhne und Preise machen — den Bereich der möglichen Gleichgewichtswerte des Volkseinkommens stark ein, nämlich auf die Schwankungsbreite der Spekulationskasse." Ebd., 163. Scheele meint, daß die Größen in Bouldings Modellen nur als Nominalwerte gedeutet werden können. Ebd., 156.

[35] Vgl. oben Abschn. I. E. Allerdings berücksichtigt Boulding in seiner Verteilungstheorie nirgendwo ausdrücklich die Auswirkungen von Schwankungen des Preisniveaus.

[36] Ebd., 161 f.

[37] Vgl. oben S. 134.

[38] Ebd., 161.

Daß diese Kritik berechtigt ist und den Kern der Verteilungstheorie Bouldings trifft, wird sich nicht bestreiten lassen.

4. Der Gleichgewichtsbegriff in den einzelnen Modellen

Aus der eigenartigen Rolle, die der Transferfaktor als strategische Variable in den Modellen Bouldings spielt, erklärt sich auch eine merkwürdige Doppeldeutigkeit des in diesen Modellen verwendeten Gleichgewichtsbegriffes. Nun bleibt im einzelnen noch zu verfolgen, wie sich diese Unklarheit des Ansatzes in den einzelnen Modellen auswirkt.

Wer die Gedanken Bouldings zur Erläuterung der graphischen Darstellung des Gleichgewichtsmodells I[39] nachzuvollziehen versucht, stößt bald auf Verständnisschwierigkeiten. Zwar läßt sich die Bedeutung der Kurve $I_wT_2C_p$, der Transferfaktorkurve, zunächst klar erkennen. In ihr werden die proportionalen Verhältnisse der Verteilung, wie sie auf der Linie O_wO_p prozentual abgemessen werden, auf das jeweilige Gesamtsozialprodukt übertragen, wie es im entsprechenden Abstand der Konsumkurve C_wC_p von der Investitionskurve I_wI_p zum Ausdruck kommt. Nimmt man mit Boulding zunächst den Transferfaktor als vorgegeben an, etwa in Höhe von O_wS_w, so ergibt sich aus der Zeichnung ein Schnittpunkt T_e als Punkt der Verteilung, die bei gegebenen Transferfaktor allen Gleichungen des Systems genügt. Würde Boulding die Bedeutung seines Modells darauf beschränkt sehen, diesen Punkt zu bestimmen, so ergäbe sich keinerlei Unklarheit.

Boulding nennt diesen Schnittpunkt der Transferfaktorkurve mit der Geraden eines gegebenen Transferfaktors jedoch den Punkt eines *stabilen Gleichgewichts* und spricht von der Dynamik und Stabilität dieses Gleichgewichts[40]. Er untersucht, was „geschehen wird", wenn der „tatsächliche" Transferfaktor größer ist als der, welcher dem angegebenen Gleichgewicht entsprechen würde[41]. Man fragt sich nach der Bedeutung dieses Punktes S_2. Unter welchen Bedingungen könnte es möglicherweise zu einer solchen Verteilung kommen? Bei einer Verteilungsproportion von O_wO_2 müßten 80 % des gesamten Sozialproduktes in die Löhne gehen, 20 % in die Gewinne. Tatsächlich ist bei S_2 der Lohnanteil aber geringer, der Gewinnanteil höher. Boulding schließt daraus: „Die Gewinne werden auf Kosten der Löhne steigen, d. h. die Verteilung (= das Verteilungsverhältnis) wird sich von O_2 auf O_e hin

---

39 Abb. 6, S. 42 ff.

40 „The dynamics and stability of this equilibrium are as follows ..." Reconstruction, 261, vgl. oben S. 45.

41 „Consider the position O_2; the actual transfer factor O_2S_2 is larger than that which would yield a distribution given by the point O_2." Ebd.

verschieben[42]." Welche Kräfte aber sollten auf ein solches „Gleichgewicht" hindrängen? In welcher der Gleichungen des Modells sind solche „Kräfte" ausgedrückt?

In der ersten Fassung seiner Verteilungstheorie spricht Boulding von einem „preferred transfer factor", von dem ein anderer Transferfaktor möglicherweise abweicht. Er erklärt dieses Abweichen dadurch, daß sich in den Kassen der Unternehmen zu viel flüssige Mittel ansammeln, daß die Unternehmen höhere Konsumentenkredite gewähren, als sie eigentlich möchten, daß sie weniger Kredite von den Haushalten bekommen, als sie möchten. Dadurch sollen Kräfte in Bewegung gesetzt werden, die durch erhöhte Auszahlungen die Verteilung wieder in Richtung der Löhne und weg von den Gewinnen verschieben, d. h. das „Gleichgewicht" wiederherstellen[43]. Aber auch hier bleibt unverständlich, wie es überhaupt möglich sein soll, daß die kurzfristigen Schwankungen im Wert der einzelnen Komponenten des Transferfaktors zu Abweichungen vom „preferred transfer factor" führen, da ein erhöhter Kassenbestand der Unternehmen durch geringere Forderungen an Haushalte oder erhöhte Verschuldung gegenüber Haushalten mit Notwendigkeit wieder aufgewogen wird. Widerspricht nicht ein vom „Gleichgewichtspunkt" abweichender Transferfaktor den gemachten Annahmen, daß also ex post der O_wO_2 entsprechende Transferfaktor I_2T_2 unmöglich überschreiten kann?

Indem Boulding in diesem Zusammenhang den Begriff des Gleichgewichts verwendet, gibt er dem ganzen Modell eine Deutung, die nicht den gemachten Annahmen entspricht. Beim Punkt T_e handelt es sich nicht um einen „Gleichgewichts-"Punkt, sondern um einen Punkt, der von *Definitionsgleichungen* bestimmt ist. Eine Abweichung des „tatsächlichen" Transferfaktors ist darum gar nicht denkbar. Jeder andere Punkt widerspräche einer der das Modell konstituierenden Gleichungen, die nicht auf Verhaltensannahmen, sondern auf strengen Identitäten beruhen. Es ist demnach sinnlos, in diesem Zusammenhang von „stabilem" und „labilem" Gleichgewicht oder von einem „gewünschten" Transferfaktor zu sprechen.

---

[42] „Profits therefore will rise at the expense of wages; i. e. the distribution will move from O_2 to the right, toward O_p." Ebd.

[43] „It can readily be seen that the equilibrium of T_p is a stable one: if the proportion of profits is greater than at T_p the transfer factor will be greater than O_pT_p, the ‚preferred' transfer factor. Looking back to identity (15) ... we see that this means that businesses may be accumulating too much liquid assets (dM_h is too large), or that they are extending more credit to consumers than they wish, or receiving less credit from households than they wish. In any case forces will be set in motion — through increased business disbursements — to shift distribution towards wages and away from profits, i. e., towards T_b." Models, 84. (Die Symbole in diesem Zitat wurden durch die in *dieser* Arbeit gebräuchlichen ersetzt.)

Wenn das Gleichgewicht des Modells aber nicht in einer Übereinstimmung zwischen dem Transferfaktor als strategischer Variablen und der ihm entsprechenden Verteilung gesehen werden kann, wodurch wird dann das Gleichgewicht des Modells bestimmt? Unter den das Modell konstituierenden Gleichungen wird keine ausdrücklich als Gleichgewichtsbedingung eingeführt.

Besondere Beachtung verdient jedoch die Gleichung des Sozialprodukts von der Verwendungsseite $Y = C + I$. Man ist zunächst geneigt, sie in gewohntem Sinne als eine reine *Identitätsgleichung* zu verstehen. Nicht abgesetzte Konsumgüter werden dabei als ungeplante Investitionen angesehen und sind im Faktor I enthalten, so daß der Faktor I sowohl die geplante als die ungeplante Investition ausdrückt. Diese übliche Interpretation der Gleichung wird besonders durch die Tatsache nahegelegt, daß Boulding sie nicht näher erörtert, sondern kommentarlos zusammen mit der anderen Gleichung über die Zusammensetzung des Sozialprodukts $Y = W + V$ als Identitätsgleichung einführt[44].

Aus der Art, wie Boulding die Komponenten C und I dieser Gleichung aber durch Verhaltensfunktionen bestimmt, wird deutlich, daß die Gleichung $Y = C + I$ in der Verteilungstheorie Bouldings nicht als notwendig erfüllte Identität, sondern als *Gleichgewichtsbedingung* zu verstehen ist.

Die Investitionsfunktion (19) macht I abhängig von der Gewinnquote und nimmt an, daß bei steigendem Gewinnanteil die Unternehmer ihre Investitionen erhöhen werden[45]. Damit kann I aber nur die geplante Investition bedeuten. Sicher falsch wäre:

$$I_{ungeplant} = f_I(v)$$

Beispielsweise werden bei sinkendem Absatz die Bruttogewinne in ihrer absoluten Höhe zurückgehen und damit, bedingt durch eine gewisse Starrheit der Löhne, auch die Gewinnquote[46]. Während die Unternehmer bei sinkendem Absatz die geplanten Investitionen vermutlich einzuschränken suchen, wachsen gleichzeitig die Lagerbestände unverhältnismäßig rasch, nehmen die ungeplanten Investitionen also zu. In diesem Sinne könnte man die ungeplante Investition sogar als eine *abnehmende* Funktion der Gewinnquote ansehen. Über die Frage,

---

[44] Vgl. Reconstruction, 259, Fußnote.

[45] Auf die Fragwürdigkeit dieser besonderen Verhaltensfunktion wurde oben schon hingewiesen, vgl. S. 49. Die folgenden Überlegungen gelten aber auch, wenn man die Investition vom Gewinn in seiner absoluten Höhe abhängig macht.

[46] Auch statistisch läßt sich während der Depression eine niedrigere Gewinnquote beobachten. Vgl. beispielsweise das statistische Material bei Wilhelm *Krelle*, Bestimmungsgründe der Einkommensverteilung in der modernen Wirtschaft, in: Schriften des Vereins für Socialpolitik, N.F. 13 (1957) 82—87.

wie sich die Gesamtinvestition ($I_{geplant} + I_{ungeplant}$) zur Gewinnquote verhält, läßt sich kaum etwas Sicheres aussagen. Soll die Investitionsfunktion $I = f_I(v)$ überhaupt sinnvoll sein, wird man I als Ausdruck nur der geplanten Investition verstehen müssen[47].

Entsprechend wird auch die Haushaltsabsorption durch eine Verhaltensgleichung bestimmt, nämlich durch die Konsumfunktion (18). Sie macht C abhängig von der Lohnquote und nimmt an, daß die Haushalte bei steigendem Lohnanteil mehr Konsumkäufe tätigen werden. Soll der Wert der Haushaltsabsorption aber tatsächlich entsprechend dieser Funktion zunehmen, dürfen die erhöhten Konsumausgaben der Haushalte nicht durch Preissteigerungen ausgeglichen werden, d. h. der tatsächliche Konsum muß dem geplanten Konsum entsprechen.

Wenn es sich bei C und I aber um *geplante* Größen handelt, dann ist die aus ihnen gebildete Gleichung $Y = C + I$ nicht mit definitorischer Notwendigkeit erfüllt. Sie stellt also keine Identität, sondern eine Gleichgewichtsbedingung dar. Auch Boulding weist an einer Stelle darauf hin. Im einleitenden Text zu diesem Modell bemerkt er ausdrücklich, daß die Gesamtabsorption, bestehend aus Haushalts- und Unternehmensabsorption, *im Gleichgewicht* dem gesamten Sozialprodukt gleich sein müsse[48].

Wie dieses Gleichgewicht zwischen geplanter Gesamtabsorption und Sozialprodukt (Output) zustandekommt, wird im Gleichgewichtsmodell I aber nicht erklärt, sondern ein bestehendes Gleichgewicht wird einfach vorausgesetzt. Durch diese Unklarheit wird Boulding in der weiteren Durchführung dazu verleitet, die rein definitorische Identität zwischen Transferfaktor und der ihm entsprechenden Verteilung als Gleichgewicht zu interpretieren.

Die Ausführungen Bouldings zum Gleichgewichtsmodell II[49] sind weniger von Unklarheiten und Doppeldeutigkeiten belastet als seine Erläuterungen zum Gleichgewichtsmodell I. Die Art der Darstellung bringt hier zur Geltung, daß das Modell eigentlich nur ein einziges Gleichgewicht besitzt, nämlich das zwischen Gesamtsozialprodukt und Gesamtabsorption. Daß es sich hierbei um die *geplante* und nicht um

---

[47] An anderer Stelle wendet sich Boulding allerdings einmal ziemlich scharf gegen die Verwendung des Begriffes der geplanten Investition, weil sich über sie keine bestimmten Aussagen machen lassen, wie er meint. Kenneth E. *Boulding*, In Defense of Statics, in: The Quarterly Journal of Economics 69 (1955) 491.

[48] „Summing the household-absorption and the business-absorption functions gives us the total-absorption function, and the condition that total absorption shall be equal to output gives us the equilibrium output and distribution." Reconstruction, 258 f.

[49] Vgl. oben Abschn. I. C.

die notwendig sich ergebende Absorption handelt, wird gelegentlich ausdrücklich erwähnt[50], und insbesondere wird der Begriff eines „Gleichgewichts" zwischen Transferfaktor und Verteilung vermieden. Die Grundlage der ganzen Konstruktion bildet allerdings der Zusammenhang zwischen Transferfaktor und Verteilung. Wäre der Transferfaktor eine von den übrigen Variablen des Modells unabhängige Größe, die durch die Verhaltensparameter der Wirtschaftssubjekte autonom bestimmt wird, so wäre das Modell einwandfrei konstruiert, und die gemachten Folgerungen ergäben sich mit logischer Richtigkeit. Diese Voraussetzung trifft aber nicht zu, wie oben gezeigt wurde[51]. Damit fehlt dem Modell eine zur Lösung erforderliche Gleichung, und die Verteilung bleibt unbestimmt.

Das Gleichgewichtsmodell III[52] kann wohl als die endgültige Fassung der Verteilungslehre Bouldings angesehen werden. Die Transferfaktorlinie KLMN in Abb. 12[53] verbindet die Punkte miteinander, in denen der volkswirtschaftliche Kreislauf geschlossen ist. Nachdem der Transferfaktor einmal von der Lohn- und Konsumseite, zum andern von der Bruttogewinn- und Investitionsseite her bestimmt wird, es sich aber jeweils um denselben Transferfaktor handelt, enthalten alle Punkte, die nicht auf dieser Kurve liegen, einen definitorischen Widerspruch zu den das Modell konstituierenden Annahmen. Die Transferfaktorlinie selbst stellt also nach der Auffassung von Boulding keinesfalls die Linie eines irgendwie gearteten Gleichgewichts dar.

Vielmehr spricht Boulding von „Gleichgewicht" bei der Erklärung des Punktes Q, der sich durch die Annahme eines von außen vorgegebenen Transferfaktors (= 20) als der Punkt ergibt, in dem alle das Modell konstituierenden Gleichungen erfüllt sind. (Entsprechendes gilt bei variablem Transferfaktor für den Punkt, der den aus der dann notwendigen Transferfaktorgleichung zu errechnenden Wert ausdrückt.) Q soll ein Punkt „stabilen Gleichgewichts" sein, dem R als der Punkt eines „labilen Gleichgewichts" gegenübergestellt wird[54]. Dabei wird offenbar wieder vorausgesetzt, daß Abweichungen vom Gleichgewichtspunkt nur entlang der Transferfaktorlinie möglich sind und daß bei jeder Abweichung Kräfte ins Spiel kommen, die das System entweder wieder zum Gleichgewichtspunkt zurückführen oder es noch weiter von ihm wegtreiben.

Hier stellen sich wieder dieselben Fragen wie bezüglich des Gleichgewichtsmodells I: Wie soll es zu einer derartigen Abweichung vom

---

[50] Models, 89; Reconstruction, 265.
[51] Vgl. Abschn. II. D. 3.
[52] Vgl. Abschn. I. D.
[53] S. 62.
[54] Vgl. oben S. 63.

„Gleichgewicht" kommen? Welcher Art sind die Kräfte, die bei einer solchen Abweichung auftreten? Offenbar versteht Boulding das „Gleichgewicht" wieder im Sinne einer Übereinstimmung zwischen Transferfaktor und Verteilung. Dies ist aber eine Beziehung, die durch eine Identitätsgleichung ausgedrückt wird und nicht durch eine Gleichgewichtsbedingung. Boulding verlegt das Gleichgewicht des Systems also an eine falsche Stelle.

Da es sich bei den Konsum- und Investitionsisomeren in Wirklichkeit um Kurven *geplanter* Absorption handelt, könnte ein Ungleichgewicht nur zwischen der geplanten und der tatsächlichen Absorption auftreten. Ein solches Ungleichgewicht würde über eine Veränderung des Preisniveaus zu neuen Isomeren des *tatsächlichen* Konsums und der tatsächlichen Investition und zu einer entsprechenden Verschiebung der Transferfaktorkurve führen.

Nachdem der Transferfaktor aber nicht als strategische Variable angesehen werden kann[55], würde selbst eine in diesem Sinne korrigierte Darstellung immer noch keine Aussage über die Verteilung ermöglichen. Die Darstellung würde in korrekter Weise rein definitorische ex-post-Beziehungen ausdrücken, aber welche Kräfte zu gerade dieser Verteilung und dem ihr entsprechenden Transferfaktor führen, bliebe unbestimmt, weil Bouldings Modelle darüber auch wirklich keine Aussagen enthalten.

5. Das Steuerparadox

Bouldings Analyse des Einflusses der staatlichen Aktivität auf die Verteilung besitzt dieselbe logische Struktur wie seine gesamte Verteilungstheorie[56] und ist daher grundsätzlich denselben Einwänden ausgesetzt. Das verblüffende „Steuerparadox", demzufolge sich die Gewinne der Unternehmen in demselben Maße erhöhen, wie Steuern an den Staat abzuführen sind, wenn nur der Staat die Steuereinnahmen wieder verausgabt und die Verhaltensweisen der Wirtschaftssubjekte sich nicht ändern, ist nach dem Prinzip des „Witwenkrugs" aufgebaut. Ausgangspunkt der Ableitung ist die Gewinngleichung in ihrer abgekürzten Form, also eine reine Definitionsgleichung:

$$V \equiv dG_b + D, \tag{9}$$

die nur durch die Hinzunahme der von den Unternehmen zu zahlenden Steuern (abzüglich Subventionen) erweitert wird zu

$$V \equiv dG_b + D + T_b \tag{41}$$

---

[55] Vgl. oben Abschn. II. D. 3.
[56] Vgl. Abschn. I. F.

In Verbindung mit der Definitionsgleichung (8) hätte sich auch, parallel zur im Vorhergehenden üblichen Gewinngleichung (10), eine ausgeschriebene Gewinngleichung mit Einbeziehung der Steuern bilden lassen von der Form:

$$V \equiv dQ_b + dM_b + dK_h - dK_h' + D + T_b \tag{59}$$

Ähnlich wie Boulding bisher aus einer Erhöhung eines jeden (positiven) Postens der rechten Seite der Gewinngleichung (10) auf eine Erhöhung des Gewinns schloß, so leitet er jetzt auch für den Faktor T_b, die Steuern, einen „Witwenkrugeffekt" ab. Diese Interpretation der Gleichung (59) ist aber logisch ebenso wenig gerechtfertigt wie die der Gewinngleichung (10). In Wirklichkeit besagt die Gleichung (59) nur, daß ex post die Unternehmen in der Periode höhere Gewinne gemacht haben müssen, wenn es ihnen möglich war, höhere Steuern zu bezahlen, ohne daß sich die anderen Posten ihrer (aggregierten) Bilanzen entsprechend vermindert haben.

Nun hat schon John Maynard *Keynes* auf die Gefahr „optischer Täuschungen" hingewiesen, wenn man aus Definitionsgleichungen Rückschlüsse auf Verhältnisse der wirtschaftlichen Wirklichkeit zieht[57]. Von J. M. Keynes stammt ja auch Gedanke und Ausdruck des „Witwenkrugeffekts"[58]. Unmittelbar vor dem Abschnitt über den Witwenkrugeffekt schreibt nun J. M. Keynes: „Diese Folgerungen sind natürlich augenfällig und mögen dazu dienen, dem Leser ins Gedächtnis zu rufen, daß alle diese Gleichungen rein formaler Natur sind; es sind bloße Identitäten, Gemeinplätze, die uns als solche nichts sagen. In dieser Beziehung ähneln sie allen anderen Versionen der Quantitätstheorie des Geldes. Ihr einziger Nutzen ist, unser Material in einer Weise zu analysieren und zu ordnen, die sich zwecks Auffindung von Ursache und Wirkung als nützlich erweisen wird, wenn wir unseren Gleichungen Leben einhauchen durch Einführung von Fakten aus der wirklichen Welt[59]."

Im Sinne dieser Bemerkung von J. M. Keynes wäre nicht ausgeschlossen, daß sich auch im Gleichungssystem Bouldings, das zunächst nur Definitionsgleichungen enthält, Hinweise finden auf *kausale* Zusammenhänge, aus denen heraus die Ergebnisse sich ableiten lassen, zu denen Boulding gelangt, allerdings unter Hinzunahme zusätzlicher Überlegungen. Solche zusätzlichen Überlegungen über Kausalzusammenhänge könnten Boulding bei der Formulierung seiner Theorie vorgeschwebt haben, wobei er sie dann in der endgültigen Fassung als

[57] John Maynard *Keynes*, Allgemeine Theorie der Beschäftigung, des Zinses und des Geldes, Ins Deutsche übersetzt von Fritz *Waeger*, Berlin 1936, 70.
[58] Vgl. Reconstruction, 250; Wages, 154 f.
[59] J. M. *Keynes*, Vom Gelde, 113.

scheinbar überflüssig weggelassen hätte, weil ihm eine kürzere Ableitung eleganter erschienen wäre.

In ihrer allgemeinen Form wird sich allerdings die Verteilungstheorie Bouldings auf diese Weise nicht retten lassen. Zusätzliche Ausschüttungen (Erhöhung des Faktors D — Entsprechendes gilt für die anderen Posten des Transferfaktors) könnten nämlich höchstens dann kausalen Einfluß auf die Gewinne nehmen, wenn sie in vollem Umfang zu einer zusätzlichen Nachfrage führen würden. Dies ist nach Bouldings eigenen Voraussetzungen aber nicht der Fall. In diesem Punkte jedoch unterscheidet sich der Staat als Empfänger von „Ausschüttungen" bei ausgeglichenem Budget von den privaten Haushalten. Während die Verwendung zusätzlich ausgeschütteter Dividenden an die Haushalte von den Konsumfunktionen der einzelnen Gleichgewichtsmodelle abhängt und dabei angenommen wird, daß Haushalts- und Unternehmensabsorption bei steigendem Einkommen nur mit *abnehmender* Rate zunehmen, wird beim Staat vorausgesetzt, daß steigende Steuereinnahmen *in vollem Umfang* wieder als steigende staatliche Nachfrage auf dem Markt auftreten. Es bleibt also zu prüfen, ob nicht durch diese zusätzliche Annahme unter Berücksichtigung der kausalen Kreislaufzusammenhänge die Überlegungen Bouldings sich doch noch als richtig erweisen könnten.

Tatsächlich wurden derartige Gedanken auch unabhängig von Boulding vorgetragen. So hat Carl *Föhl* aus einem Kreislaufmodell ein ganz ähnliches Steuerparadox abgeleitet[60]. Werden Steuern, wie das bei der progressiven Einkommenssteuer in hohem Maße der Fall ist, unmittelbar vom Unternehmergewinn erhoben und nimmt man an, daß die Gesamtkosten der Produktion und die Einkommen der Produktionsfaktoren dabei unverändert bleiben, daß jedoch der Staat die Steuern ausschließlich zur Bestreitung von Personalausgaben und Sachbeschaffungen verwendet, so fließt der Strom der Steuern wieder als zusätzliche Kaufkraft dem Verbrauchsgütermarkt zu. Vom Staat erworbene Investitionsgüter können dabei vom Standpunkt des privaten Sektors der Wirtschaft aus als Verbrauchsgüter betrachtet werden[61]. Damit steht den unverändert gebliebenen Kosten der Verbrauchsgüterproduktion ein um die gesamte Summe der erhobenen Steuern erhöhter Erlös

---

[60] Carl *Föhl*, Kritik der progressiven Einkommensbesteuerung, in: Finanzarchiv N.F. 14 (1953/54) 88—109. In einem späteren Aufsatz hat Föhl selbst auf die Grenzen der Gültigkeit seiner Auffassung hingewiesen und seine These stark eingeschränkt. Vgl. Carl *Föhl*, Das Steuerparadox, in: Finanzarchiv N.F. 17 (1956/57) 1—37, bes. 28. Für den Vergleich mit Bouldings Steuerparadox ist die ursprüngliche Fassung der Föhlschen These aber von größerer Bedeutung.

[61] *Föhl*, Einkommensbesteuerung, 96. Eine Rechtfertigung dieser Betrachtungsweise findet sich bei Alois *Oberhauser*, Finanzpolitik und private Vermögensbildung, Eine theoretische und empirische Untersuchung, Köln und Opladen 1963, 66 f.

gegenüber, und die Unternehmergewinne sind um eben diese Größe gewachsen. „Je höher also die aus dem Unternehmergewinn erhobenen Steuern sind, um so größer werden die Unternehmergewinne. Weder die Verbrauchsausgaben ... der Unternehmer, noch der unverzehrbare Anteil I — S der Unternehmer am neugeschaffenen Sachvermögen werden durch diese Art der Steuererhebung auch nur im geringsten geschmälert. Durch die letztendliche Verausgabung der Steuermittel am Verbrauchsgütermarkt werden bei dieser Erhebungsart zusätzliche Gewinne in Höhe der Staatsausgaben geradezu erzeugt, damit man sie wieder wegsteuern kann. Die Vorstellung, daß die verbleibenden Nettogewinne auf diese Weise vermindert werden könnten, erweist sich als ein glatter Trugschluß[62]."

Föhls Argument beruht somit nicht wie das von Boulding allein auf einer Definitionsgleichung, sondern auf der Tatsache, daß „die Sache nicht zu Ende ist mit der Wirkung, die A auf B ausübt, sondern daß die Reaktion von B ihrerseits wieder auf A zurückwirkt und so fort"[63]. Es werden also im Wirtschaftskreislauf auftretende kausale Zusammenhänge mit zur Begründung herangezogen.

Für eine Beurteilung dieser Argumentation muß zunächst geklärt werden, was mit der Annahme unveränderter Gesamtkosten der Produktion und unveränderter Einkommen der Produktionsfaktoren gemeint sein soll[64]. Man wird diese Annahme wohl nur im Sinne voller Ausnutzung der vorhandenen Kapazitäten verstehen können, d. h. von Vollbeschäftigung, jedenfalls im industriellen Bereich[65]. In einer unterbeschäftigten Wirtschaft würde nämlich sonst die zusätzlich auftretende Nachfrage des Staates zu einer Ausweitung der Produktion und Erhöhung der Beschäftigung führen, wobei nur ein Teil der vom Staat verausgabten Steuerbeträge bei den Unternehmen verbleiben, der andere Teil jedoch zu Einkommen der Produktionsfaktoren werden würde[66].

Noch eine zweite Voraussetzung bleibt zu berücksichtigen. Die erhöhten Staatsausgaben fließen entsprechend den gemachten Annahmen

---

[62] *Föhl*, Einkommensbesteuerung, 98.

[63] Ebd., 99.

[64] „Gesamtkosten der Produktion und Einkommen der Produktionsfaktoren bleiben dabei unverändert." *Föhl*, Einkommensbesteuerung, 98. *Boulding*s entsprechende Annahmen sind noch weniger präzis formuliert: „... assuming that there is no change in business or household *policies* as a result of the imposition of taxes." Reconstruction, 295.

[65] Für zusätzliche Staatsausgaben in Form von Angestelltenlöhnen muß eine gewisse Reserve an Arbeitslosen noch zur Verfügung stehen.

[66] Insofern diese Einkommen der Produktionsfaktoren nicht gespart, sondern für Konsumgüter ausgegeben werden, würden sich übrigens auch in diesem Falle die Gewinne entsprechend erhöhen. Vgl. Heinz *Haller*, Netto-Umsatzsteuer versus Gewinnsteuer, in: Finanzarchiv N.F. 16 (1955) 201—26, bes. 212.

nur zum Teil unmittelbar an die Unternehmer zurück, indem der Staat industrielle Güter und Dienstleistungen bei ihnen einkauft. Ein anderer nicht unbeträchtlicher Teil gelangt als erhöhte Lohn- und Gehaltszahlungen an die staatlichen Beamten und Angestellten und erhöht so das Verbrauchereinkommen. Damit der Kreislauf im Sinne Föhls geschlossen wird, muß angenommen werden, daß diese Gruppe der Verbraucherschaft sich nicht entsprechend den Haushaltsabsorptionsfunktionen der Modelle Bouldings verhält, also einen Teil ihres zusätzlichen Einkommens spart, sondern das zusätzliche Einkommen in vollem Umfang für Konsumgüterkäufe bei den Unternehmen verwendet.

Schließlich berücksichtigt diese Betrachtung (bei Boulding wie bei Föhl) keinerlei zeitliche Verzögerungen, sondern hält sich in einem rein statischen Rahmen.

Unter diesen Voraussetzungen jedoch scheinen die zunächst auf reinen Definitionsgleichungen aufgebauten Überlegungen von Boulding bei *Föhl* durch Betrachtung von Kausalzusammenhängen ergänzt und als richtig erwiesen zu sein. Die erhöhten Steuern auf die Gewinne der Unternehmen führen über die erhöhte Nachfrage des Staates wieder zu erhöhten Gewinnen in gleichem Umfang.

Dennoch läßt sich auch durch die Argumentation Föhls die Auffassung von Boulding nicht rechtfertigen, und zwar aus zwei Gründen:

a) Die Argumentation von Föhl beruht auf *zusätzlichen speziellen Voraussetzungen;*

b) Die Auffassungen von Boulding und von Föhl *unterscheiden* sich in wesentlichen Punkten.

Zu a): Zur Ableitung seines „Steuerparadoxons" unterstellt Föhl zusätzlich zur erhöhten Gewinnsteuer noch eine weitere Datenänderung, ohne sie ausdrücklich zu erwähnen. Für die Unternehmen stellt sich nämlich die Frage, woher sie die zur Zahlung der Gewinnsteuern zunächst erforderlichen *flüssigen Mittel* nehmen sollen. Am einfachsten würde sich diese Frage lösen, wenn man mit einer erhöhten Umlaufsgeschwindigkeit des Geldes rechnen könnte. Gegen diese Lösung wird häufig geltend gemacht, daß selbst im günstigsten Falle die bezahlten Steuern über den Staat und den von ihm besoldeten Personenkreis frühestens erst zum nächsten Steuertermin zu den Unternehmen zurückgeflossen sein werden. Die Steuerzahlungen sind dann nur unter gleichzeitiger Vermehrung der umlaufenden Geldmenge möglich.

Am elegantesten würde sich eine vom Staat vorgenommene „Vorfinanzierung" der aus der Gewinnsteuer zu erwartenden zusätzlichen Einnahmen der Unternehmer in das Modell Föhls einfügen. Die zusätzlichen Kaufmittel setzen auf Grund der höheren Konsumentennachfrage — sofern die Investition als konstant unterstellt wird — eine Preissteigerung durch, die den Unternehmergewinn anwachsen läßt. Für einen solchen Vorgriff des Staates auf zu erwartende Steuereinnahmen wäre allerdings in Deutschland die Zustimmung der Notenbank erforderlich[67].

Es ist aber auch nicht ausgeschlossen, daß die Unternehmer sich die benötigten flüssigen Mittel durch eine Ausweitung der Bankkredite beschaffen. Stellen ihnen die Banken einen derartigen Kreditspielraum zur Verfügung, dann kann es den Unternehmen gelingen, bei gleichbleibender Produktion über erhöhte Preise ihr altes Gewinniveau wiederzugewinnen und sich so in die Lage zu versetzen, später die aufgenommenen Kredite wieder zurückzubezahlen[68]. Da der private Sektor dabei in demselben Maße seine Absorption einschränken muß, wie die staatliche Absorption zunimmt, werden die Steuern einfach auf die privaten Haushalte überwälzt[69].

Ob nun der Staat selbst oder die Banken die für die Zahlung der Gewinnsteuern erforderlichen Mittel den Unternehmen vorschießen, in jedem Falle ist die Ursache der gleichbleibenden Gewinne nicht allein die Steuererhöhung, sondern auch die mit der Steuererhöhung verbundene *Kreditausweitung* und *Geldvermehrung*. „Die Auferlegung erhöhter Steuern steht mit der Bildung zusätzlicher Gewinne also nur in einem ganz zufälligen Zusammenhang, der in der Föhlschen Ableitung dadurch hergestellt wird, daß er zwei Datenänderungen gleichzeitig einführt, von denen er aber explicite nur die eine, nämlich die Steuererhöhung, erwähnt[70].“

Das Steuerparadoxon Föhls beruht damit in seinem eigentlichen Kern auf dem Nachweis, daß unter bestimmten Voraussetzungen erhöhte Gewinnsteuern über eine erhöhte staatliche Nachfrage und eine daraus sich ergebende inflationäre Preisentwicklung wieder zu ent-

---

[67] Vgl. Horst C. *Recktenwald*, Bedeutung, Grenzen und neuere Entwicklung des Steuerüberwälzungslehre, in: Finanzarchiv N.F. 16 (1955/56) 274—93, bes. 286; ferner auch: Hanns-Joachim *Rüstow*, Gewinnbesteuerung und Einkommensverteilung, in: Finanzarchiv N.F. 14 (1953/54) 360—66, bes. 363.

[68] Diese Annahme einer hinreichenden Elastizität des Geldangebotes entspricht wohl weitgehend der Wirklichkeit. Vgl. Werner *Ehrlicher*, Die Wirkungen der Unternehmungssteuern auf Investitionen, Gewinne und Löhne, in: Finanzarchiv N.F. 18 (1957/58) 373—412, bes, 387 f.; *Oberhauser*, Finanzpolitik und private Vermögensbildung, 74—80.

[69] Eine progressive Gewinnsteuer trifft selbstverständlich nicht alle Unternehmen in gleichem Maße, sondern übt eine nivellierende Wirkung auf die Unternehmensgewinne aus. Nur die Gesamtheit der Unternehmen, nicht das Einzelunternehmen vermag darum eine Gewinnsteuer voll auf die privaten Haushalte zu überwälzen. — Mit dem Begriff der „Überwälzung“ dürfen im übrigen keinerlei negative sittliche Wertungen verbunden werden, da es sich zunächst um reine Kreislaufzusammenhänge handelt.

[70] Rudolf *Stucken* und Werner *Ehrlicher*, Zur Frage der Überwälzung der Unternehmungssteuern, in: Finanzarchiv N.F. 14 (1953/54) 367—77, bes. 374.

sprechenden Unternehmergewinnen führen können[71]. Ob die Steuerwirkung eintritt, hängt ganz von diesen Voraussetzungen ab. Darum läßt sich aus den Überlegungen Föhls nicht ableiten, daß Gewinnsteuern *ganz allgemein* ohne Einfluß auf die Nettogewinne der Unternehmen bleiben, wenn der Staat die vereinnahmten Steuerbeträge nur wieder ausgibt.

Zu b): Boulding geht nicht von den Voraussetzungen aus, mit denen Föhl sein Steuerparadoxon begründet. Die Ergebnisse der Ableitungen von Boulding und Föhl stimmen insofern überein, als bei beiden erhöhte Gewinnsteuern wieder zu erhöhten Gewinnen führen. Während aber bei Boulding die Realeinkommen der Produktionsfaktoren ungeschmälert bleiben, weil er Geldwertveränderungen als Folge der Besteuerung überhaupt nicht in Betracht zieht, werden bei Föhl die Gewinnsteuern ausdrücklich auf dem Umweg über Preiserhöhungen auf die Verbraucher überwälzt. Nur das Nominaleinkommen der Produktionsfaktoren bleibt bei Föhl gleich, ihr Realeinkommen hingegen sinkt um den Wert der vom Staat aus den Steuereinnahmen gekauften Güter und Dienstleistungen. Bei Föhl bleibt das von Preissteigerungen bereinigte Volkseinkommen vor und nach der Steuererhöhung zunächst konstant, bei Boulding erhöht sich das reale Volkseinkommen um genau die der staatlichen Nachfrage entsprechende Größe.

Auch durch Hinzunahme der Überlegungen Föhls kann also das Steuerparadox von Boulding nicht bewiesen werden. Es beruht vielmehr auf einem Trugschluß, indem in logisch unzulässiger Weise aus einer Definitionsgleichung Aussagen über Kausalzusammenhänge abgeleitet werden.

6. Geldwert und Einkommensverteilung

Eine grundsätzliche und allgemeine Schwäche des Ansatzes von Boulding, die im Vorhergehenden schon erwähnt wurde, muß noch genauer herausgearbeitet werden. Boulding berücksichtigt nicht die Auswirkungen *inflationärer Preisentwicklungen* auf die Verteilung. Er setzt eine unterbeschäftigte Wirtschaft voraus, in der jede Nachfrageerhöhung ohne inflationäre Geldwertveränderung befriedigt werden kann, weil das Angebot auf allen Stufen voll elastisch ist. Das (reale) Sozialprodukt wird damit einfachhin zu einer Funktion der Gesamtnachfrage, wenigstens für den Normalfall[72]. Eine Erhöhung der Nach-

---

[71] Auf die Frage der Wirklichkeitsnähe der Annahmen Föhls braucht in diesem Zusammenhang nicht weiter eingegangen zu werden. Vgl. hierzu: *Oberhauser*, Finanzpolitik und private Vermögensbildung, 61—108.

[72] So ergibt sich beispielsweise im ersten Gleichgewichtsmodell Bouldings die Gesamtabsorptionskurve einfachhin aus der Addition der Haushaltsabsorptions- und Unternehmensabsorptionskurven, also von Verhaltensfunk-

frage führt also unmittelbar zu einem höheren Volkseinkommen und müßte unter den von Boulding gemachten Voraussetzungen als uneingeschränkt wünschenswert erscheinen.

Die Möglichkeit, daß erhöhte Nachfrage an die „Schwelle der Inflation" führen könnte, hat Boulding zwar keineswegs ganz übersehen. Er sieht sie aber nur im Fall der Vollbeschäftigung gegeben, in der eine Wirtschaft die Kapazitätsgrenze erreicht. Dann würde eine Preisinflation — oder bei Preiskontrolle die auftretende Güterknappheit — die Konsum- und Investitionsfunktionen verändern[73].

Erhöhungen des Preisniveaus treten aber nicht erst in diesem Sonderfall auf, wenn die Gesamtwirtschaft die Kapazitätsgrenze erreicht. Zusätzliche Nachfrage nach einer bestimmten Gruppe von Gütern kann schon sehr bald in einzelnen Branchen zu Engpässen führen, denen die Produktion nicht sofort entsprechen kann. Daraus werden sich Preissteigerungen in dieser Branche und zusätzliche Unternehmergewinne ergeben. Solche Preissteigerungen könnten makroökonomisch bei einem völlig flexiblen Preissystem möglicherweise durch Preissenkungen in anderen Branchen wieder ausgeglichen werden, oder die Wirtschaft könnte sich bei großer Mobilität der Arbeitskräfte schnell an die neue Situation anpassen, wenn die Gesamtnachfrage die Gesamtkapazität nicht übersteigt. Diese Annahmen sind jedoch nicht sehr realistisch.

Makroökonomisch ist für die Konstanz des Preisniveaus von entscheidender Bedeutung, ob das *freiwillige Sparen* gerade die Höhe der geplanten Investitionen erreicht[74]. In seiner Verteilungstheorie geht Boulding überraschenderweise jedoch nicht auf das Sparen der privaten Haushalte ein, also auf die Differenz zwischen Gesamteinkommen und Konsumausgaben der privaten Haushalte[75]. Damit versäumt er, einen für die Verteilung wichtigen Zusammenhang zu berücksichtigen auf den J. M. Keynes gerade an der Stelle hingewiesen hatte, von der die „Witwenkrug"-Betrachtung ihren Ausgang nahm. J. M. Keynes wollte mit der Herausarbeitung seines „Witwenkrug"-Effektes zeigen,

---

tionen. Vgl. Reconstruction, 259 f. und oben S. 42 f. Sinnvoll lassen sich die Modelle Bouldings nur interpretieren, wenn man annimmt, daß sie reale und nicht nur nominelle Größen ausdrücken sollen.

[73] Reconstruction, 263 f. und Kenneth E. *Boulding*, Collective Bargaining and Fiscal Policy, in: American Economic Review (Papers and Proceedings) 40 (1950) 306—20, bes. 312.

[74] Da Boulding den gesamten Nettowertzuwachs der Unternehmen unmittelbar den Haushalten zurechnet, die unverteilten Gewinne also den Haushalten in Form von Kurssteigerungen zugute kommen läßt (vgl. oben S. 29), hängt im Ansatz von Boulding das freiwillige Sparen ausschließlich von den Entscheidungen der Haushalte ab.

[75] Wohl aber spricht Boulding vom „Firmensparen", meint jedoch damit nur die Erhöhung des Nettowertes der Unternehmen (unverteilte Gewinne) im Gegensatz zu den Gewinnausschüttungen an private Haushalte. Vgl. oben S. 33—35.

welchen Einfluß das Sparen, d. h. die Nichtverwendung von Einkommensteilen für Konsumgüter, auf die Höhe der Unternehmergewinne ausübt. Es ist daher erforderlich, zum Vergleich auf die Argumentation von J. M. Keynes einzugehen. Sie läßt sich in einer kurzen Ableitung zusammenfassen[76].

In einer geschlossenen Volkswirtschaft ohne staatliche Aktivität ist der Gewinn aus der Produktion und dem Verkauf von Konsumgütern (Q_1) gleich der Differenz zwischen dem Erlös, den die Unternehmer erzielen, und den Herstellungskosten der Konsumgüter. Dieser Erlös ist wiederum gleich der Differenz zwischen dem gesamten Nominaleinkommen eines Gemeinwesens in einem Zeitabschnitt (E) und der Summe der Ersparnisse (S), definiert ganz allgemein als die Einkommensteile, die nicht für Konsumgüter verwendet werden. Alle Einkommensteile, die nicht gespart werden, fließen definitionsgemäß zu den Unternehmern als Erlöse für Konsumgüter zurück. Die Herstellungskosten der Konsumgüter andererseits sind gleich der Differenz zwischen dem gesamten Nominaleinkommen des Gemeinwesens (E) und den Herstellungskosten der Investitionsgüter (I'), da das gesamte Nominaleinkommen entweder bei der Produktion von Investitionsgütern oder von Konsumgütern verdient wird. Es gilt also:

$$\begin{aligned} Q_1 &= E - S - (E - I') \\ &= I' - S. \end{aligned}$$

Die gesamtwirtschaftlichen Unternehmergewinne aus der Produktion von Konsumgütern sind also gleich der Differenz zwischen den Herstellungskosten der Investitionsgüter und der Summe der Ersparnisse der betreffenden Periode.

Die Unternehmergewinne aus der Produktion und dem Verkauf von Investitionsgütern (Q_2) sind gleich der Differenz zwischen den Erlösen aus Investitionsgütern (I) und ihren Produktionskosten (I'). Daraus ergibt sich der Gesamtgewinn:

$$\begin{aligned} Q_2 &= I - I' \\ Q &= Q_1 + Q_2 \\ &= I - S. \end{aligned}$$

Aus diesen Definitionsgleichungen leitet J. M. Keynes bestimmte Wirkungen ab, die sich aus Verhaltensweisen der Unternehmer ergeben: „Wenn die Unternehmer es vorziehen, einen Teil ihrer Gewinne für den Konsum zu verwenden (und es gibt natürlich nichts, was sie daran hindern könnte), so hat das die Wirkung, den Gewinn aus dem Verkauf liquider Konsumgüter genau um den Betrag der Gewinne zu erhöhen, die auf diese Weise verausgabt worden sind. Das folgt aus

[76] Zum Folgenden vgl. J. M. *Keynes,* Vom Gelde, 110—14.

unserer Definition, weil eine solche Ausgabe eine Verminderung der Spartätigkeit und deshalb eine Erhöhung der Differenz zwischen I' und S darstellt. Welchen Teil ihrer Gewinne demnach die Unternehmer auch für den Konsum verwenden, der Vermögenszuwachs zugunsten der Unternehmer bleibt der gleiche wie zuvor. Somit sind die Gewinne, als eine Quelle der Kapitalakkumulation bei den Unternehmern, unerschöpflich wie der Krug der Witwe, wie viel davon auch immer einer ausschweifenden Lebensführung dient. Wenn andererseits die Unternehmer Verluste erleiden und versuchen, diese Verluste durch Einschränkung ihres normalen Verbrauchs, das heißt durch erhöhtes Sparen, wieder einzuholen, so wird der Krug zu einem Faß der Danaiden, das nie gefüllt werden kann, denn die Wirkung dieser verminderten Verbrauchsaufwendungen besteht darin, den Produzenten von Konsumgütern einen Verlust in gleicher Höhe zuzufügen. Somit ist, wenn man die ganze Unternehmerschaft heranzieht, trotz ihrem Sparen die Verminderung ihres Vermögens genau so groß wie zuvor[77]."

Durch tautologische Umformung von Definitionsgleichungen kommt hier Keynes also zu einer Aussage über Wirkungen eines bestimmten Unternehmerverhaltens, d. h. über Kausalbeziehungen. Wieder muß, wie bei Boulding und bei Föhl, überprüft werden, welche realen Sachverhalte diesen zunächst rein formalen Zusammenhängen entsprechen, welche Bedingungen erfüllt sein müssen, damit die bezeichneten Wirkungen eintreten, und worin ihre eigentliche Ursache zu sehen ist.

An der Definitionsgleichung, die diesen Überlegungen zugrundeliegt, fällt auf, daß das Volkseinkommen nicht mehr in ihr vorkommt. Der Gewinn ergibt sich aus einer Differenz zwischen zwei Größen, den Kosten der Investitionsgüter und der Summe der Ersparnisse, unabhängig von der Höhe des gesamten Nominaleinkommens. Dabei ist der Begriff dieses Gewinnes wesentlich verschieden von dem bei Boulding verwendeten: J. M. Keynes berücksichtigt nur die Marktlagengewinne, die der Unternehmerschaft als ganzer zufließen, während Gewinne aus unternehmerischer Leistung wie alle Zins- und Grundrenteneinkommen offenbar summarisch unter die Produktionskosten gerechnet werden. Doch selbst mit diesen Einschränkungen erscheinen die aus der Gleichung gezogenen Folgerungen paradox. Wie erklären sie sich?

Am wenigsten will unmittelbar einleuchten, warum sich die Gewinne der Konsumgüterproduzenten erhöhen sollen, wenn die Herstellungskosten der Investitionsgüter ceteris paribus zunehmen, gerechnet jedesmal in nominellen Größen. Das aber besagt die Gleichung.

Bleibt das Gesamteinkommen konstant, so bedeutet eine Erhöhung der Herstellungskosten für Investitionsgüter, daß die Herstellungs-

[77] Ebd., 113 f.

kosten der Konsumgüter sinken. Dies folgt aus der zugrundegelegten Definition der Produktionskosten für Konsumgüter als der Differenz zwischen Gesamteinkommen und Produktionskosten für Investitionsgüter (E — I'). Die Produzenten der Konsumgüter erzielen also ceteris paribus einen höheren Gewinn, da ihnen derselbe Erlös bei geringeren eigenen Kosten zufließt. Dabei bleibt unerheblich, ob die Senkung der Produktionskosten durch eine verbesserte Produktionsweise (= derselbe reale Produktionsausstoß zu geringeren Kosten) oder durch Produktionseinschränkung (= weniger produzierte Güter, aber zu höheren Preisen abgesetzt) erreicht wurde, wenn die Unternehmer für ihre Gesamtproduktion an Konsumgütern nur denselben Erlös erzielen wie früher.

Steigt jedoch infolge der Erhöhung der Herstellungskosten der Investitionsgüter das (nominelle) Volkseinkommen um den vollen Betrag dieser Erhöhung, ohne daß (nominell) mehr gespart wird (= konstantes S), so nehmen ebenfalls die Gewinne der Konsumgüterproduzenten zu, da jetzt das zu konstanten Kosten produzierte Konsumgüterangebot zu erhöhten Preisen abgesetzt wird. In diesem Falle müssen aber die höheren Produktionskosten der Investitionsgüter zunächst einmal durch zusätzliche Kredite finanziert werden, wenn man nicht einen Ausgleich über erhöhte Umlaufsgeschwindigkeit des Geldes annehmen will. Auf alle Fälle sinkt der Geldwert.

Für den „Witwenkrugeffekt" bei Keynes eigentlich entscheidend sind die Ersparnisse (S). Sie werden definiert als die Differenz zwischen Gesamteinkommen und Konsumausgaben. Eine Abnahme der Ersparnisse bedeutet demgemäß erhöhte Ausgaben für Konsumgüter entsprechend dem jeweiligen Volkseinkommen und damit erhöhte Gewinne der Konsumgüterproduzenten. Wie diese erhöhte Konsumgüternachfrage zustandekommt, darüber macht die Gleichung keine Aussage.

Erhöhte Konsumgüternachfrage von seiten der *Unternehmer* führt bei konstantem Konsumgüterangebot zu steigenden Konsumgüterpreisen. Würden sich die Konsumgüterpreise nicht erhöhen, beispielsweise infolge mangelnder Preisflexibilität, müßten Kaufwünsche unbefriedigt bleiben und so ein erzwungenes Sparen eintreten, eine Erhöhung von S. Vorausgesetzt wird dabei, daß die Ausgaben der Nichtunternehmer für Konsumgüter und auch die Ausgaben für Investitionsgüter sich nicht verändern.

Hier nimmt Keynes, ähnlich wie Föhl[78], eine stillschweigende *Datenänderung* vor. Eine Erhöhung der Konsumausgaben der Unternehmer erfordert nämlich zusätzliche Geldmittel. Stellen ihnen die Banken

---

[78] Vgl. oben S. 156 f.

derartige Kredite zur Verfügung, was maßgeblich von der Geldpolitik der Zentralnotenbank beeinflußt wird, werden die ausgegebenen Beträge später im Laufe der Anpassung des Wirtschaftssystems an die inflationäre Vermehrung der Geldmenge wieder in Form erhöhter Gewinne an sie zurückfließen. Eine restriktive Kreditpolitik könnte jedoch durchaus solchen inflationären Tendenzen entgegenzutreten suchen. Die Bemerkung von J. M. Keynes, daß nichts die Unternehmer daran hindern kann, einen Teil ihrer Gewinne für den Konsum zu verwenden[79], ist nicht ganz richtig.

Eine Geldwertveränderung beeinflußt also unmittelbar die Gewinnsituation der Unternehmerschaft. Jede Abweichung vom Gleichgewicht zwischen Investition und Ersparnis führt zu (positiven oder negativen) Gewinnen der Unternehmerschaft als ganzer. Dabei haben es die Unternehmer im Rahmen des ihnen zur Verfügung stehenden Kreditspielraumes tatsächlich selbst in der Hand, ihre eigene makroökonomische Gewinnsituation zu beeinflussen. Andererseits können die Nichtunternehmer durch eine entsprechende (gemeinsame) „Sparpolitik“ versuchen, die Marktlagengewinne der Unternehmerschaft zu beschneiden.

Die Chancen, den Geldwert und damit die Marktlagengewinne zu beeinflussen, sind allerdings verschieden für die Unternehmer und die Nichtunternehmer. Das Geschäftsinteresse wird bei Gewinnaussichten die Unternehmer von selbst veranlassen, den Kreditspielraum auszuweiten. Ein gemeinsames Sparen der Nichtunternehmer läßt sich hingegen nur mit großen Schwierigkeiten organisieren, weil bei einer drohenden Inflation das Einzelinteresse der Nichtunternehmer ihrem gemeinsamen Interesse zuwiderläuft. Nur wenn die Arbeitnehmerschaft *als ganze* spart, kann es ihr gelingen, die Marktlagengewinne der Unternehmerschaft einzuschränken. Kommt es nicht zu einem der Geldvermehrung entsprechenden Sparen der Arbeitnehmerschaft, fällt ein Teil der Ersparnisse der Arbeitnehmer, die sich makroökonomisch „richtig“ verhalten haben, auch noch der Inflation zum Opfer. Hier handelt es sich also um ein echtes „makroökonomisches Paradox“.

Außerdem wird die Unternehmerschaft schon sehr früh auf rückläufige Gewinne (als Folge höheren Sparens der Arbeitnehmerschaft) mit Einschränkung der Produktion und Entlassungen reagieren, weil die Grenzbetriebe schon sehr rasch in die Verlustzone geraten, während andere Betriebe noch mit Gewinn arbeiten. Um eine Depression zu vermeiden, wird die Zentralnotenbank mit geldpolitischen Erleichterungen nicht warten, bis das volle Gleichgewicht zwischen Investition und Sparen erreicht ist. Selbst für die Nichtunternehmer ist die Auf-

---

[79] Vgl. J. M. *Keynes,* Vom Gelde, 113.

rechterhaltung der Vollbeschäftigung von größerer Bedeutung als die Ausschaltung aller Marktlagengewinne. Aus all dem ergibt sich in der modernen Wirtschaft eine Neigung zur leichten Inflation mit einer entsprechenden Verschiebung der Verteilung zugunsten der Unternehmerschaft.

Es bleibt aber immer noch zu klären, wie sich derartige kausale Zusammenhänge aus reinen Definitionsgleichungen ableiten lassen. Die eigentliche Ursache dafür, daß eine Geldwertverschlechterung sich in erhöhten Unternehmergewinnen auswirkt und nicht einfachhin gleichmäßig auf alle Beteiligten erstreckt, ist in der Tatsache zu suchen, daß J. M. Keynes voraussetzt (und mit Recht voraussetzen kann), daß die Erhöhung der Produktionskosten, insbesondere der Löhne, hinter Preissteigerungen herhinken[80]. Wäre dies nicht der Fall, würden erhöhte Herstellungskosten der Investitionsgüter bei gleichbleibendem Erlös aus Konsumgütern unmittelbar durch erhöhtes Sparen der Nichtunternehmer wieder ausgeglichen. Erhöhte Konsumgüternachfrage der Unternehmer mit der daraus sich ergebenden Geldwertverschlechterung müßte bei konstanten Reallöhnen zu einer unmittelbaren entsprechenden Erhöhung der Nominallöhne führen, was bei konstanten nominellen Konsumausgaben der Nichtunternehmer ebenfalls erhöhtes Sparen bedeuten würde. Man sieht jedoch sofort, wie wirklichkeitsfremd die Annahme einer sofortigen Anpassung des Reallohnniveaus an gestiegene Preise als Bedingung einer konstanten Verteilungsproportion sind. Der Witwenkrugeffekt von J. M. Keynes stellt damit jedenfalls, obwohl auf reinen Definitionsgleichungen aufgebaut, einen für die Einkommensverteilung hochbedeutsamen Zusammenhang heraus.

Obwohl die Analyse von J. M. Keynes und insbesondere sein Witwenkrugeffekt ganz offenbar den Ausgangspunkt der verteilungstheoretischen Überlegungen von Boulding bildete, findet doch gerade dieser entscheidende Zusammenhang in der Verteilungstheorie von Boulding keine Berücksichtigung, weil Boulding von vornherein ein Gleichgewicht zwischen Investition und Sparen unterstellt. Zwar hat Boulding auch die Keynessche Gleichung $I = S$ einmal ausdrücklich untersucht, jedoch nur im Sinne einer Definitionsgleichung[81]. Wenn man I und S (bzw. C) aber durch Verhaltensgleichungen bestimmt sein läßt, womit nur ex-ante-Größen gemeint sein können, nimmt die Gleichung $I = S$ mit Notwendigkeit den Charakter einer Gleichgewichtsbedin-

---

[80] Selbstverständlich ist auch der umgekehrte Fall denkbar, daß durch gewerkschaftlichen Druck die Löhne den Preisen vorauseilen. Er braucht zur Interpretation des Keynesschen Witwenkrugeffektes jedoch nicht berücksichtigt zu werden. Außerdem haben die Unternehmer eher die Möglichkeit, die Preise rasch den gestiegenen Produktionskosten anzugleichen.

[81] Prof. Tarshis, 96.

gung an[82]. Der eigentliche Witwenkrug-Effekt im Sinne von J. M. Keynes ergibt sich über eine Veränderung des Geldwertes erst dann, wenn diese Gleichgewichtsbedingung nicht erfüllt ist. Für eine makroökonomische Verteilungstheorie hätte Boulding also klar zwischen ex-ante- und ex-post-Größen, zwischen nominellen und realen Werten unterscheiden müssen. Indem er Veränderungen des Geldwertes nicht berücksichtigt, verschwindet ein für die Verteilung entscheidender Zusammenhang aus dem Blickfeld[83].

7. Einkommensverteilung auf lange Sicht

Die Erwägungen, die Boulding über die Einkommensverteilung auf lange Sicht anstellt, mit denen er seine Überlegungen jeweils abschließt und denen er besondere Bedeutung beimißt[84], bauen fast ganz auf der Transferfaktoranalyse auf und machen deren Schwäche noch einmal besonders deutlich. Erreicht die Wirtschaft einen stationären Zustand, in dem Nettoinvestitionen, Veränderungen der „Zahlungsbilanz" zwischen Unternehmen und Haushalten und der Verschuldung der Unternehmen bei Haushalten gegen Null tendieren, müßten die Gewinne der Unternehmen ebenfalls verschwinden, wenn keine Dividenden ausgeschüttet werden. Daß die Wirtschaft einem derartigen Zustand zustrebt, in dem die Möglichkeiten gewinnbringender Nettoinvestitionen immer geringer werden, wird von Boulding ohne nähere Begründung unterstellt.

Boulding hält es für wünschenswert, daß auch in einer derartigen stationären Wirtschaft die Unternehmen insgesamt einen positiven Gewinnsaldo aufweisen, obwohl diese Gewinne durch keinerlei unternehmerische Leistungen gerechtfertigt sind, da etwaige Pioniergewinne im Sinne *Schumpeters,* sollte man sie überhaupt noch für möglich halten, in der makroökonomisch stationären Wirtschaft durch entsprechende Verluste anderer Unternehmen ausgeglichen werden müßten und Vergütungen für Unternehmensführung wie auch alle Zins- und Grundrentenzahlungen unter die vertraglich festgelegten Einkommen zu rechnen wären. Boulding betrachtet einen positiven Gewinnsaldo

---

[82] Vgl. oben S. 149 ff.

[83] Aus einer Bemerkung in der Diskussion seines Vortrages „Wages" wird deutlich, daß Boulding diese Schwäche seines Ansatzes nicht ganz übersehen hat. Er sagt vom Witwenkrugeffekt seiner Modelle: „This effect may depend on the existence of a certain slack in the economy. ... One of the things that worries me ... is that we have never succeeded in putting the price system explicitly into these models. Until we do that they have to be treated with kid gloves. They have been very dangerous." Wages, 151. Trotzdem hält Boulding an seinem Ansatz fest.

[84] Models, 93—95; Reconstruction, 307 f.; Wages, 146—48; Fruits of Progress, 479—83; vgl. oben S. 87—92.

als den Preis, der von der Gesellschaft für ein freies Wirtschaftssystem gezahlt werden muß.

Es kann hier nicht die Frage entschieden werden, ob das kapitalistische Wirtschaftssystem diesen Preis wert ist. Man müßte sich darüber klar werden, unter welchen Bedingungen man es als vertretbar ansieht, daß die Unternehmerhaushalte laufende Dividendenzahlungen für Konsumzwecke erhalten, für die sie keinerlei Gegenleistungen erbringen. Die marxistische Kapitalismuskritik entzündete sich schon an dem „arbeitslosen Einkommen“, das den Besitzern von Produktionsmitteln im kapitalistischen Wirtschaftssystem mit Notwendigkeit zufließt. Bouldings Auffassung von der Notwendigkeit von Dividendenausschüttungen an Unternehmerhaushalte, die nicht einmal mehr Produktivvermögen zur Verfügung stellen, wäre wohl in noch stärkerem Maße solchen Einwänden ausgesetzt.

Aber ist die Analyse überhaupt richtig? Notwendige Bedingung für einen dauernden positiven Gewinnsaldo der Unternehmen ist zweifellos, daß die Gewinne in irgend einer Form wieder von den Unternehmen an die Haushalte zurückfließen. Hält man alle anderen Posten für lange Frist konstant, kann das nur auf dem Weg der Dividendenausschüttungen geschehen, die dann allerdings in voller Höhe wieder für Konsumausgaben der Unternehmerhaushalte verwendet werden müßten, um den Kreislauf zu schließen, da voraussetzungsgemäß keine Nettoinvestitionen mehr vorgenommen werden.

Von diesen zunächst rein logischen Ableitungen darf man aber nicht unmittelbar zu Aussagen über die langfristigen Verteilungsprozesse der Wirklichkeit übergehen. Es wäre in erster Linie einmal zu prüfen, ob die Wirtschaft sich tatsächlich auf einen stationären Endzustand hinbewegt. Es wären dann die kausalen Kräfte zu analysieren, die in einem derartigen stationären Wirtschaftssystem wirksam werden, um die konstanten von den variablen Faktoren unterscheiden zu können. So ließe sich vielleicht eine Reihe von Bedingungen herausarbeiten, die für die Erhaltung eines freien Wirtschaftssystems als notwendig angesehen werden müssen. Selbst damit wären diese Bedingungen aber noch nicht als hinreichend erwiesen. Mit anderen Worten: Eine „dynamische“ Analyse im Sinne Bouldings, d. h. eine Untersuchung über die Einkommensverteilung im Entwicklungsprozeß der Gesellschaft, bedürfte eines breiten soziologischen, aus empirischen und historischen Studien gewonnenen theoretischen Ansatzes, wie er in den Verteilungsmodellen Bouldings nicht im entferntesten enthalten ist.

Man könnte nun die Ausführungen Bouldings zur langfristigen Wirtschaftsentwicklung in einem wesentlich eingeschränkteren Sinne zu deuten suchen: Er wolle nur negativ den Einwand ausräumen, das kapitalistische Wirtschaftssystem sei auf lange Sicht deshalb zum Untergang verurteilt, weil sich in einer einmal unterstellten stationären Wirtschaft keine Gewinne mehr bilden könnten. Gegen diesen Einwand wolle Boulding geltend machen, daß nicht eherne Gesetze, sondern menschliche Verhaltensweisen das Wirtschaftsgeschehen bestimmen: Nimmt man an, daß die Unternehmen nur genügend Dividenden verteilen, können sich auch weiterhin Gewinne bilden.

Aber selbst unter dieser Einschränkung ist die Argumentation Bouldings nicht durchschlagend. Sie setzt nämlich voraus, daß die Unternehmen ohne Veränderung der anderen Posten ihrer Bilanzen solche Ausschüttungen vornehmen können. Diese Voraussetzung trifft nicht zu: Weder die Unternehmen als einzelne noch die Gesamtheit der Unternehmen können ihre Ausschüttungen erhöhen, ohne gleichzeitig ihre Kassenhaltung im Verhältnis zu den Haushalten zu vermindern oder ihre Verschuldung zu erhöhen. Aus dem Ansatz Bouldings würde sogar das Gegenteil folgen: Nicht menschliche Entscheidungen, sondern die ehernen Gesetze der Buchführung bestimmten das Wirtschaftsgeschehen.

Der ursprüngliche Ansatz von J. M. Keynes läßt jedoch durchaus die Schlußfolgerung zu, daß nicht starre Wirtschaftsgesetze, sondern menschliche Entscheidungen die Entwicklung der Wirtschaft und der Verteilung bestimmen, nämlich einerseits die Investitionsentscheidungen der Unternehmen, andererseits das Konsum- bzw. Sparverhalten der Unternehmerhaushalte und der Arbeitnehmerhaushalte. Es wäre aber durch eingehende Einzeluntersuchungen noch zu klären, welche zusätzlichen technischen, sozialen, institutionellen, rechtlichen und sittlichen Bedingungen erfüllt sein müssen, damit das bestehende Wirtschaftssystem weiterhin funktionsfähig bleibt, bevor sich zuverlässige Aussagen über die Entwicklung auf lange Sicht machen lassen.

Die Erwägungen, die Boulding über die Auswirkungen einer Umverteilung auf das Wirtschaftswachstum anstellt, sind nicht vom Grundansatz seiner Verteilungstheorie abhängig und daher auch nicht deren Einwänden ausgesetzt. Für ihre wirtschaftspolitische Auswertung bleibt nur zu beachten, daß das reale Wachstum des Sozialproduktes nicht nur von der Zunahme der Nachfrage, also der geplanten Investition und des geplanten Konsums, abhängt, wie Boulding in seinen Verteilungsmodellen unterstellt, sondern daß hierfür die wesentlich differenzierteren Erkenntnisse der modernen Wachstumstheorie berücksichtigt werden müssen[85].

---

[85] Vgl. etwa Gottfried *Bombach*, Zur Theorie des wirtschaftlichen Wachstums, in: Weltwirtschaftliches Archiv 70 (1953) 110—65; Erich *Schneider*, Einführung in die Wirtschaftstheorie III, Geld, Kredit, Volkseinkommen und Beschäftigung, Tübingen 1957; Gottfried *Bombach*, Preisstabilität, wirtschaftliches Wachstum und Einkommensverteilung, in: Schweizerische Zeitschrift für Volkswirtschaft und Statistik 95 (1959) 1—20.

Zusammenfassung

Im Folgenden sollen die Ergebnisse dieser kritischen Untersuchung noch einmal kurz in Thesenform zusammengefaßt werden. Die dabei gewonnenen Einsichten sind in ihrer Geltung nicht eingeschränkt auf die Verteilungslehre Bouldings, sondern lassen sich mit entsprechenden Änderungen auch auf andere derartige makroökonomische Verteilungstheorien übertragen.

1. Die modelltheoretische Analyse steht in keinem grundsätzlichen Gegensatz zu einer mehr geisteswissenschaftlich orientierten Methode, die die menschlichen, werthaften, sozialen und normativen Elemente der Verteilung berücksichtigt. Je nach der Ebene der Fragestellung sind beide Methoden berechtigt.

2. Erkenntnisziel eines sozialwissenschaftlichen Modells sind nicht allgemeingültige Gesetze menschlichen Verhaltens, sondern logisch notwendige Zusammenhänge, die sich aufgrund hypothetisch unterstellter menschlicher Verhaltensweisen ergeben. Insofern die gemachten Annahmen der geschichtlich sich wandelnden Wirklichkeit entsprechen, vermag ein Modell durch Entfaltung logischer Implikationen neue Einsichten über diese Wirklichkeit zu vermitteln.

3. Die Zweiteilung der Einkommensempfänger in Bezieher von Lohneinkommen und Besitzeinkommen stellt eine grobe Vereinfachung der wirtschaftlichen Wirklichkeit dar und eignet sich darum wenig für statistische Nachprüfung. Solange der Gegensatz zwischen den Beziehern dieser beiden Einkommensarten jedoch von wirtschaftspolitischer und allgemein politischer Bedeutung ist, bleibt es sinnvoll, mit derartig vereinfachenden Kategorien zu arbeiten, um Einsichten in Zusammenhänge zu gewinnen, die die Verteilung zwischen diesen beiden Großgruppen bestimmen. Ob die Bezieher verschiedenen funktionellen Einkommens auch personell verschieden sind, ist dabei von geringerer grundsätzlicher Bedeutung.

4. Die makroökonomischen Kreislaufzusammenhänge üben auf die Einkommensverteilung einen wesentlichen Einfluß aus und müssen darum in ein realistisches Verteilungsmodell eingebaut werden. Insbesondere verdienen „makroökonomische Paradoxe" Berücksichtigung, d. h. Gegensätze zwischen den angestrebten Zielen einzelwirtschaftlichen Handelns und den im Kreislaufzusammenhang aus diesem Handeln sich ergebenden Wirkungen.

5. Damit sich aus einem Verteilungsmodell logisch richtige Folgerungen ableiten lassen, genügt es nicht, daß bei den tautologischen Umformungen die Regeln der mathematischen Logik nicht verletzt werden. Vielmehr verdient bei der Ausarbeitung von Modellen insbesondere statischen Charakters zusätzliche Beachtung, in welcher Richtung die im Modell ausgedrückten kausalen Abhängigkeiten verlaufen.

6. Distributionsmodelle bedürfen wenigstens einer Gleichgewichtsbedingung, d. h. einer Aussage darüber, wann die in den Modellen gemachten Annahmen gemeinsam verwirklicht sein können. Einzelne der in makroökonomischen Verteilungsmodellen üblicherweise als Identitäten eingeführten Gleichungen gewinnen leicht den Charakter von Gleichgewichtsbedingungen, ohne daß dies ausdrücklich bemerkt wird, wenn die in ihnen enthaltenen Größen von Verhaltensfunktionen abhängig gemacht werden. Bei Boulding trifft dies zu für die als Definitionsgleichung eingeführte Beziehung $Y = I + C$. Die in anderen Modellen verwendete Gleichung $I = S$ birgt leicht eine ähnliche Doppeldeutigkeit.

7. Der Transferfaktor, der in Bouldings Verteilungstheorie die entscheidende Rolle spielt, stellt keine strategische Variable dar, sondern ist die mit der Notwendigkeit der Buchführung sich ergebende Resultante anderer, die Verteilung ursprünglich bestimmender Faktoren. Damit fehlt den Verteilungsmodellen Bouldings eine zur Lösung erforderliche Gleichung. Die aus der Transferfaktoranalyse gezogenen Folgerungen sind nicht haltbar.

8. Dem eigentlichen Keynesschen Ansatz entspricht eine makroökonomische Verteilungstheorie, die die Auswirkungen der Veränderungen des Geldwertes auf die Verteilung mitberücksichtigt. Dafür spielen vor allem einerseits das Investitionsverhalten der Unternehmer, andererseits das Konsumverhalten der privaten Haushalte eine Rolle, wobei noch einmal zwischen dem Konsumverhalten der Unternehmerhaushalte und der Arbeitnehmerhaushalte unterschieden werden muß.

9. Aussagen über die langfristige Entwicklung der Wirtschaft und der Einkommensverteilung lassen sich nicht aus einfachen Gleichgewichtsmodellen ableiten, sondern sind nur als Ergebnis breit angelegter Forschung verschiedener sozialwissenschaftlicher Disziplinen möglich.

Literaturverzeichnis

I. Veröffentlichungen von Kenneth E. Boulding

The Theory of a Single Investment, in: The Quarterly Journal of Economics 49 (1934/35) 475—94.

Equilibrium and Wealth: A Word of Encouragement to Economists, in: The Canadian Journal of Economics and Political Science 5 (1939) 1—18.

The Theory of the Firm in the last ten Years, in: The American Economic Review 32 (1942) 791—802.

A Liquidity Preference Theory of Market Prices, in: Economica N.S. 11 (1944) 55—63; abgedruckt in: Readings in Price Theory, London 1953, 311—28.

In Defense of Monopoly, in: The Quarterly Journal of Economics 59 (1944/45) 524—42.

The Consumption Concept in Economic Theory, in: The American Economic Review (Papers and Proceedings) 35 (1945) 1—14; Discussion: 56—66.

The Economics of Peace, New York 1945; deutsch: Friedenswirtschaft, Bern o. J.

Professor Tarshis and the State of Economics, in: The American Economic Review 38 (1948) 92—102.

Samuelson's Foundations: The Role of Mathematics in Economics, in: The Journal of Political Economy 56 (1948) 187—99.

Income or Welfare, in: Review of Economic Studies 17 (1949/50) 77—86.

The Background and Structure of a Macro-Economic Theory of Distribution, in: Economic Theory in Review, Ed. C. Lawrence Christenson, Bloomington, Ind. 1950, 66—81.

The Models for a Macro-Economic Theory of Distribution, in: Economic Theory in Review, Ed. C. Lawrence Christenson, Bloomington, Ind. 1950, 82—95.

Collective Bargaining and Fiscal Policy, in: The American Economic Review (Papers and Proceedings) 40 (1950) 306—20.

A Reconstruction of Economics, [1]New York and London 1950, [2]New York 1962.

Defense and Opulence: The Ethics of International Economics, in: The American Economic Review (Papers and Proceedings) 41 (1951) 210—20.

Wages as a Share in the National Income, in: The Impact of the Union, Ed. David McCord Wright, New York 1951, 123—48; Discussion: 149—67.

Implications for General Economics of More Realistic Theories of the Firm, in: The American Economic Review (Papers and Proceedings) 42 (1952) 35—55.

Religious Foundations of Economic Process, in: Harvard Business Review 30/3 (May/June 1952) 33—40.

Economic Issues in International Conflict, in: Kyklos 6 (1953) 97—118.

The Fruits of Progress and the Dynamics of Distribution, in: The American Economic Review (Papers and Proceedings) 43 (1953) 473—83.

The Organizational Revolution, A Study in the Ethics of Economic Organization, New York 1953.

Toward a General Theory of Growth, in: The Canadian Journal of Economics and Political Science 19 (1953) 326—40.

In Defense of Statics, in: The Quarterly Journal of Economics 69 (1955) 485—502.

Economic Analysis, New York [3]1955.

Structure and Stability, The Economics of the Next Adjustment, in: Policies to Combat Depression, A Conference of the Universities, Princeton 1956, 59—74. Discussion: 74—76.

The Image, Ann Arbor 1956; deutsch: Die neuen Leitbilder, Düsseldorf 1958.

Principles of Economic Policy, Englewood Cliffs, N. J. 1958.

Conflict and Defense, A General Theory, New York 1962.

The Role of the Price Structure in Economic Development, in: The American Economic Review (Papers and Proceedings) 52 (1962) 28—38.

Towards a Pure Theory of Threat Systems, in: The American Economic Review (Papers and Proceedings) 53 (1963) 424—34.

The World War Industry as an Economic Problem, in: Emile Benoit and Kennet E. Boulding, Disarmament and the Economy, New York 1963.

II. Sonstige Veröffentlichungen

Albers, Willi, Preisliche Wirkungen der Besteuerung, in: Finanzarchiv N.F. 16 (1955/56) 227—57.

— Sparen und Investieren als Bestimmungsgründe des Wachstums und der Verteilung des Sozialproduktes, in: Weltwirtschaftliches Archiv 81 (1958) 1—37.

Albert, Hans, Tautologisches und Ideologisches, Bemerkungen zu einem Aufsatz von Erich Preiser, in: Schweizerische Zeitschrift für Volkswirtschaft und Statistik 90 (1954) 219—24.

— Macht und Zurechnung, Von der funktionellen zur institutionellen Verteilungstheorie, in: Schmollers Jahrbuch 75 (1955) 57—85.

— Entmythologisierung der Sozialwissenschaften, Die Bedeutung der analytischen Philosophie für die soziologische Erkenntnis, in: Kölner Zeitschrift für Soziologie und Sozialpsychologie 8 (1956) 243—71.

— Wachstumsmodelle und Realität, Bemerkungen zu Roses Kritik der Wachstumstheorie, in: Jahrbücher für Nationalökonomie und Statistik 169 (1957) 120—24.

— Marktsoziologie und Entscheidungslogik, Objektbereich und Problemstellung der theoretischen Nationalökonomie, in: Zeitschrift für die gesamte Staatswissenschaft 114 (1958) 269—96.

— Der logische Charakter der theoretischen Nationalökonomie, Zur Diskussion um die exakte Wirtschaftstheorie, in: Jahrbücher für Nationalökonomie und Statistik 171 (1959) 1—13.

— Nationalökonomie als Soziologie, Zur sozialwissenschaftlichen Integrationsproblematik, in: Kyklos 13 (1960) 1—43.

Albert, Hans, Die Problematik der ökonomischen Perspektive, in: Zeitschrift für die gesamte Staatswissenschaft 117 (1961) 438—67.

— Eine Theorie des Marktverhaltens großer Unternehmungen, Bemerkungen zu William J. Baumols neuem Buch: Business Behaviour, Value and Growth, in: Jahrbücher für Nationalökonomie und Statistik 173 (1961) 191—98.

— Der moderne Methodenstreit und die Grenzen des Methodenpluralismus, in: Jahrbuch für Sozialwissenschaft 13 (1962) 143—69.

— Empirische Verhaltensforschung und ökonomische Theorie, in: Zeitschrift für Nationalökonomie 23 (1963) 209—17.

— Modell-Platonismus, Der neo-klassische Stil des ökonomischen Denkens in kritischer Beleuchtung, in: Sozialwissenschaft und Gesellschaftsgestaltung, Festschrift für Gerhard Weisser, Berlin 1963, 45—76.

— Der Marktmechanismus im sozialen Kräftefeld, Zur soziologischen Problematik pretialer Steuerungssysteme, in: Systeme und Methoden in den Wirtschafts- und Sozialwissenschaften, Tübingen 1964, 83—105.

— Probleme der Theoriebildung, in: Theorie und Realität, Tübingen 1964, 3—70.

Bombach, Gottfried, Zur Theorie des wirtschaftlichen Wachstums, in: Weltwirtschaftliches Archiv 70 (1953) 110—65.

— Preisstabilität, wirtschaftliches Wachstum und Einkommensverteilung, in: Schweizerische Zeitschrift für Volkswirtschaft und Statistik 95 (1959) 1—20.

— Quantitative und monetäre Aspekte des Wirtschaftswachstums, in: Finanz- und währungspolitische Bedingungen stetigen Wirtschaftswachstums, Schriften des Vereins für Socialpolitik N.F. 15 (1959) 158—230.

— Die verschiedenen Ansätze der Verteilungstheorie, in: Einkommensverteilung und technischer Fortschritt, Schriften des Vereins für Socialpolitik N.F. 17 (1959) 95—154.

— Die Modellbildung in der Wirtschaftswissenschaft, in: Studium Generale 18 (1965) 339—46.

Brehm, Jack W. and *Cohen*, Arthur R., Explorations in Cognitive Dissonance, New York 1962.

Carter, C. F., Besprechung von: K. E. Boulding, A Reconstruction of Economics, in: Econometrica 20 (1952) 692—93.

Cartter, Allan M., Theory of Wages and Employment, Homewood, Ill. 1959.

Colm, Gerhard, „Don't Throw the Baby Out With the Bath", Comments on recent articles on Progressive Income and Corporate Income Taxes, in: Finanzarchiv N.F. 14 (1953/54) 525—30.

Davidson, Paul, Theories of Aggregate Income Distribution, New Brunswick, N.J. 1960.

Ehrlicher, Werner, Die Wirkungen der Unternehmungssteuern auf Investitionen, Gewinne und Löhne, in: Finanzarchiv N.F. 18 (1957/58) 373—412.

Falise, Michel, L'Analyse de la Répartition du Revenu National de N. Kaldor, in: Revue d'Économie Politique 70 (1960) 393—418.

Ferguson, C. E., Theories of Distribution and Relative Shares, in: Jahrbücher für Nationalökonomie und Statistik 176 (1964) 23—37.

Festinger, Leon, A Theory of Cognitive Dissonance, London 1957.

de Finance, Joseph, Existence et Liberté, Paris 1955.

Föhl, Carl, Kritik der progressiven Einkommensbesteuerung, in: Finanzarchiv N.F. 14 (1953/54) 88—109.

— Das Steuerparadoxon, in: Finanzarchiv N.F. 17 (1956/57) 1—37.

— Über die Möglichkeit einer Beeinflussung der Vermögensbildung und ihrer Verteilung, in: Finanzarchiv N.F. 19 (1958/59) 132—56.

— Lohnpolitik, Verteilungstheorie und Geldwertstabilität, in: Lohnpolitik und Vermögensbildung, Frankfurter Gespräch der List Gesellschaft, Basel und Tübingen, 7—17.

Graaff, J. de V., Besprechung von: K. E. Boulding, A Reconstruction of Economics, in: The Economic Journal 62 (1952) 628—29.

Guitton, Henri, Besprechung von: K. E. Boulding, A Reconstruction of Economics, in: Revue d'Économie Politique 60 (1950) 704—05.

Gundlach, Gustav, Euckens Grundlagen der Nationalökonomie, in: Gregorianum 34 (1953) 680—93.

Hättich, Manfred, Wirtschaftsordnung und katholische Soziallehre, Die subsidiäre und berufsständische Gliederung der Gesellschaft in ihrem Verhältnis zu den wirtschaftlichen Lenkungssystemen, Stuttgart 1957.

Häuser, Karl und *Richter*, Rudolf, Zum Problem der Einkommensteuerüberwälzung, in: Finanzarchiv N.F. 16 (1955/56) 258—73.

Haller, Heinz, Netto-Umsatzsteuer versus Gewinnsteuer, Grundfragen des Steuersystems unter besonderer Berücksichtigung der Überwälzungsproblematik, in: Finanzarchiv N.F. 16 (1955/56) 201—26.

— Die Steuern, Grundlinien eines rationalen Systems öffentlicher Abgaben, Tübingen 1964.

von Hayek, Friedrich A., Die Ungerechtigkeit der Steuerprogression, in: Schweizerische Monatshefte 32 (1952) 508—17.

Heuss, Ernst, Die Verbindung von mikroökonomischer und makroökonomischer Verteilungstheorie, Tübingen 1965.

Hoffmann, Walter G. und *Müller*, J. Heinz, Das deutsche Volkseinkommen 1851—1957, Tübingen 1959.

Holtrop, Marius W., Die Umlaufsgeschwindigkeit des Geldes, in: Friedrich A. von Hayek, Beiträge zur Geldtheorie, Wien 1933, 115—209.

Hosmalin, Guy, Der soziologische Ansatz und die ökonomische Theorie der Einkommensverteilung in Frankreich, in: Jahrbücher für Nationalökonomie und Statistik 172 (1960) 273—302.

Jecht, Horst, Staatliche Wirtschaftspolitik und Einkommensverteilung, in: Einkommensbildung und Einkommensverteilung, Schriften des Vereins für Sozialpolitik N.F. 13 (1957) 126—48.

Johnston, J., A Note on Professor Boulding's Macro-Economic Theory of Distribution, in: Economic Journal 62 (1952) 184—91.

Kaldor, Nicholas, Alternative Theories of Distribution, in: Review of Economic Studies 23 (1956) 94—100.

— A Model of Economic Growth, in: Economic Journal 67 (1957) 591—624.

Kalecki, Michael, The Distribution of the National Income, Essays in the Theory of Economic Fluctuations, London 1939.

Katona, George, Psychological Analysis of Economic Behavior, New York 1951; deutsch: Das Verhalten der Verbraucher und Unternehmer, Tübingen 1960.

von Kempski, Jürgen, Zur Logik der Ordnungsbegriffe, besonders in den Sozialwissenschaften, in: Studium Generale 5 (1952) 205—18; abgedruckt in: Theorie und Realität, Tübingen 1964, 209—32.

Keynes, John Maynard, Vom Gelde, Ins Deutsche übersetzt von Dr. Carl Krämer unter Mitwirkung von Louise Krämer, Berlin und Leipzig 1932.

— Allgemeine Theorie der Beschäftigung, des Zinses und des Geldes, Ins Deutsche übersetzt von Fritz Waeger, Berlin 1936.

Krelle, Wilhelm, Zur Wirkung der progressiven Einkommensbesteuerung, Bemerkungen zu Carl Föhls „Kritik der progressiven Einkommensbesteuerung", in: Finanzarchiv N.F. 16 (1955/56) 22—30.

— Bestimmungsgründe der Einkommensverteilung in der modernen Wirtschaft, in: Einkommensbildung und Einkommensverteilung, Schriften des Vereins für Socialpolitik N.F. 13 (1957) 55—109.

— Verteilungstheorie, Tübingen 1962.

— Investition und Wachstum, in: Jahrbücher für Nationalökonomie und Statistik 176 (1964) 1—22.

Lawrence, Douglas H. and *Festinger,* Leon, Deterrents and Reinforcements, The Psychology of Insufficient Reward, Stanford 1962.

Levinson, Harold M., Discussion of K. E. Boulding, The Fruits of Progress and the Dynamics of Distribution, in: The American Economic Review (Papers and Proceedings) 43 (1953) 495—98.

Littmann, Konrad, Bestimmungsgründe der Einkommensverteilung in der modernen Wirtschaft? in: Zeitschrift für die gesamte Staatswissenschaft 113 (1957) 678—94.

— Über einige Zwangsläufigkeiten der Vermögensverteilung in der Marktwirtschaft, Wirtschaftstheoretische Bemerkungen zur neueren sozialpolitischen Diskussion, in: Zeitschrift für die gesamte Staatswissenschaft 113 (1957) 205—22.

Lübbert, Jens, Untersuchungen zur Theorie der gesamtwirtschaftlichen Einkommensverteilung, Tübingen 1964.

Machlup, Fritz, Der Wettstreit zwischen Mikro- und Makrotheorien in der Nationalökonomie, Tübingen 1960.

Marchal, Jean et *Lecaillon,* Jacques, La Répartition du Revenu National, 3 Bd., Paris 1958.

Marchal, Jean, Théorie de la Répartition du Revenu National et Catégories de Capitalistes, in: Revue Économique (1959) 1—21.

— Les Modèles Macroéconomiques de la Répartition du Revenu National de K. E. Boulding, in: Revue d'Économie Politique 70 (1960) 324—92.

— Note Complémentaire sur le Modèle de Répartition du Revenu National Proposé par Nicholas Kaldor, in: Revue d'Économie Politique 70 (1960) 463—529.

Milhau, Jules, Mentalité Paysanne et Psychologie Économique, in: Revue de l'Économie Méridionale 7 (1959) 217—25.

Müller, J. Heinz, Nivellierung und Differenzierung der Arbeitseinkommen in Deutschland seit 1925, Berlin 1954.

— Artikel: Einkommen, in: Staatslexikon der Görresgesellschaft ⁶II, Freiburg 1958, 1092—99.

— Sparen als Investitionsvoraussetzung und als Nachfrageausfall, in: Beiträge zur Theorie des Sparens und der wirtschaftlichen Entwicklung, Berlin 1958, 105—16.

Müller, J. Heinz, Artikel: Lohn, in: Staatslexikon der Görresgesellschaft [6]V, Freiburg 1960, 416—42.

— Der neue Ansatz zur Erklärung der Einkommensverteilung von Marchal und Lecaillon, in: Finanzarchiv N.F. 22 (1962/63) 335—45.

— Determinanten der Lohnquote, in: Zeitschrift für die gesamte Staatswissenschaft 119 (1963) 300—12.

— Artikel: Verteilungstheorie, in: Staatslexikon der Görresgesellschaft [6]VIII, Freiburg 1963, 203—10.

— Einkommenspolitik in der Marktwirtschaft, in: Einkommenspolitik in der modernen Wirtschaftsordnung, Köln-Deutz 1965.

Nawroth, Egon Edgar, Die Sozial- und Wirtschaftsphilosophie des Neoliberalismus, Heidelberg 1961.

Neisser, Hans, Kreislauftheoretisches zur Gewinnsteuer, in: Finanzarchiv N.F. 14 (1953/54) 687—94.

von Neumann, John und *Morgenstern*, Oskar, Spieltheorie und wirtschaftliches Verhalten, Übersetzt von M. Leppig, Würzburg 1961.

Niehans, Jürg, Die Wirkung von Lohnerhöhungen, technischen Fortschritten, Steuern und Spargewohnheiten auf Preise, Produktion und Einkommensverteilung, in: Einkommensverteilung und technischer Fortschritt, Schriften des Vereins für Socialpolitik N.F. 17 (1959) 9—94.

Oberhauser, Alois, Vermögensbildung der Arbeitnehmer, Rottenburg 1962.

— Finanzpolitik und private Vermögensbildung, Eine theoretische und empirische Untersuchung, Köln und Opladen 1963.

— Zahlungsbilanzüberschüsse und Einkommensverteilung, in: Weltwirtschaftliches Archiv 93 (1964) 286—300.

Ottel, Fritz, Zwei Nationalökonomien, in: Jahrbücher für Nationalökonomie und Statistik 168 (1956) 206—25.

Pasinetti, Luigi, Rate of Profit and Income Distribution in Relation to the Rate of Economic Growth, in: Review of Economic Studies 29 (1962) 267—79.

Peter, Hans, Formen der Einkommensbildung und Einkommensverteilung, in: Einkommensbildung und Einkommensverteilung, Schriften des Vereins für Socialpolitik N.F. 13 (1957) 42—54.

Popper, Karl, Logik der Forschung, Wien 1935.

— The Logic of Scientific Discovery, London 1959.

— Conjectures and Refutations, The Growth of Scientific Knowledge, London 1963.

Preiser, Erich, Das Rationalprinzip in der Wirtschaft und in der Wirtschaftspolitik, in: Jahrbücher für Nationalökonomie und Statistik 158 (1943) 1—21.

— Sparen und Investieren, in: Jahrbücher für Nationalökonomie und Statistik 159 (1944) 257—309; abgedruckt in: Bildung und Verteilung des Volkseinkommens, Göttingen [2]1961, 9—64.

— Besitz und Macht in der Distributionstheorie, in: Synopsis, Festgabe für Alfred Weber, Heidelberg, 1948, 333—58; abgedruckt in: Bildung und Verteilung des Volkseinkommens, Göttingen [2]1961, 227—46.

— Geldschöpfung oder Sparen? Ein Beitrag zur Diskussion um die aktive Konjunkturpolitik, in: Jahrbücher für Nationalökonomie und Statistik 162 (1950) 245—59; abgedruckt in: Bildung und Verteilung des Volkseinkommens, Göttingen [2]1961, 65—81.

Preiser, Erich, Erkenntniswert und Grenzen der Grenzproduktivitätstheorie, in: Schweizerische Zeitschrift für Volkswirtschaft und Statistik 89 (1953) 25—45; abgedruckt in: Bildung und Verteilung des Volkseinkommens, Göttingen [2]1961, 265—89.

— Multiplikatorprozeß und dynamischer Unternehmergewinn, in: Jahrbücher für Nationalökonomie und Statistik 167 (1955) 89—126; abgedruckt in: Bildung und Verteilung des Volkseinkommens, Göttingen [2]1961, 124—67.

— Artikel: Distribution I (Theorie), in: Handwörterbuch der Sozialwissenschaften II, Göttingen-Tübingen 1959, 620—35; abgedruckt in: Bildung und Verteilung des Volkseinkommens, Göttingen [2]1961, 290—318.

— Wachstum und Einkommensverteilung, Sitzungsberichte der Heidelberger Akademie der Wissenschaften, Heidelberg 1961.

Recktenwald, Horst C., Bedeutung, Grenzen und neuere Entwicklung der Steuerüberwälzungslehre, in: Finanzarchiv N.F. 16 (1955/56) 274—93.

Reder, Melvin W., Alternative Theories of Labor's Share, in: The Allocation of Economic Resources, Essays in honour of Bernard Haley, Stanford, Cal. 1959.

Ricardo, David, Grundsätze der Volkswirtschaft und Besteuerung, Nach der Ausgabe letzter Hand ins Deutsche übertragen von Heinrich Waentig, Jena 1923.

Robinson, Joan, The Theory of Distribution, in: Collected Economic Papers II, Oxford 1960, 145—58.

Rose, Klaus, Der Erkenntniswert der Wachstumsmodelle, in: Jahrbücher für Nationalökonomie und Statistik 168 (1956) 321—36.

Rothschild, Kurt W., Der Lohnanteil am Gesamteinkommen, in: Weltwirtschaftliches Archiv 78 (1957) 157—202.

Rüstow, Hanns-Joachim, Gewinnbesteuerung und Einkommensverteilung, in: Finanzarchiv N.F. 14 (1953/54) 360—66.

Scheele, Erwin, Die makroökonomische Theorie der Einkommensverteilung, in: Jahrbuch für Sozialwissenschaft 13 (1962) 333—58; 14 (1963) 141—235.

— Einkommensverteilung und Wirtschaftswachstum, Tübingen 1965.

Schmölders, Günter, Ökonomische Verhaltensforschung, Köln 1957.

Schneider, Erich, Industrielles Rechnungswesen, Tübingen [2]1954.

— Income and Income Distribution in Macro-Economic Theory, in: International Economic Papers No. 8, London 1958, 111—21.

— Einführung in die Wirtschaftstheorie III, Geld, Kredit, Volkseinkommen und Beschäftigung, Tübingen [4]1957.

Schreiber, Wilfrid, Investieren, Sparen, Wirtschaftswachstum und Eigentumsbildung, in: Jahrbücher für Nationalökonomie und Statistik 171 (1959) 251—61.

Smith, Adam, Eine Untersuchung über Natur und Wesen des Volkswohlstandes, Übersetzung von Ernst Grünfeld, Hrsg. von Heinrich Waentig, Jena 1923.

Solow, Robert M., A Skeptical Note on the Constancy of Relative Shares, in: The American Economic Review 48 (1958) 618—31.

Stobbe, Alfred, Kurzfristige und langfristige Bestimmungsgründe der Einkommensverteilung, in: Schweizerische Zeitschrift für Volkswirtschaft und Statistik 96 (1960) 131—55.

Stobbe, Alfred, Untersuchungen zur makroökonomischen Theorie der Einkommensverteilung, Tübingen 1962.

Stucken, Rudolf und *Ehrlicher,* Werner, Zur Frage der Überwälzung der Unternehmungssteuern, in: Finanzarchiv N.F. 14 (1953/54) 367—77.

Tautscher, Anton, Wirtschaftsethik, München 1957.

Tinbergen, Jan, Statistical Evidence on the Acceleration Principle, in: Economica N.S. 5 (1938) 164—76.

— Vérification Statistique des Théories des Cycles Économiques I, Une Méthode et son Application au Mouvements des Investissements, Genf 1939.

Turvey, Ralph, Besprechung von: K. E. Boulding, A Reconstruction of Economics, in: Economica N.S. 18 (1951) 203—07.

Vickrey, William, Besprechung von: K. E. Boulding, A Reconstruction of Economics, in: The American Economic Review 41 (1951) 671—76.

Weippert, Georg, W. Euckens Grundlagen der Nationalökonomie, in: Zeitschrift für die gesamte Staatswissenschaft 102 (1942) 1—58; 271—337.

Wright, David McCord, Besprechung von: K. E. Boulding, A Reconstruction of Economics, in: The Journal of Political Economy 59 (1951) 74—75.

Zarnowitz, Viktor, Die Theorie der Einkommensverteilung, Entwicklung und heutiger Stand, Tübingen 1951.